学習方略の使用におけるメタ認知的知識と達成目標の役割

山　口　　剛　著

風　間　書　房

目　　次

第1章　問題と目的 ……………………………………………… 1

　第1節　はじめに ……………………………………………… 1

　第2節　学習方略の使用と動機づけ理論 …………………… 5

　第3節　学習方略の使用と認知的要因：メタ認知的知識に注目して …… 29

　第4節　定期試験を基準とした測定時期 …………………… 39

　第5節　本論文の目的と構成 ………………………………… 41

第2章　学習方略の使用を規定する要因の検討 …………… 47

　第1節　目的 …………………………………………………… 47

　第2節　研究1：学習方略の使用に対する認知的要因と動機づけ

　　　　　要因の影響 ………………………………………… 48

　第3節　研究2：学習者の学習方略使用の特徴と規定要因の違い …… 64

　第4節　総合考察 ……………………………………………… 71

第3章　学習方略の使用とメタ認知的知識の検討 ………… 77

　第1節　目的 …………………………………………………… 77

　第2節　研究3：学習方略の使用に対する方略知識の影響 ………… 81

　第3節　研究4：学習方略を「いつ」「どのように」使用するかの

　　　　　有効性の認知 …………………………………………… 96

　第4節　総合考察 ……………………………………………… 114

第4章　測定時期による違いの検討 ………………………… 119

　第1節　目的 …………………………………………………… 119

第2節　研究5：試験時・平常時における学習方略使用の規定要因……122

第3節　研究6：平常時の認知が試験時の学習方略の使用に与える
　　　　　影響………………………………………………………132

第4節　総合考察……………………………………………………147

第5章　有効性の認知を統制した達成目標の影響 …………………153

第1節　目的…………………………………………………………153

第2節　研究7：単語の体制化に対する達成目標の影響………………163

第3節　総合考察……………………………………………………182

第6章　総合考察……………………………………………………187

第1節　本論文のまとめ……………………………………………187

第2節　教育実践への示唆…………………………………………197

第3節　本論文の限界と今後の展望………………………………200

引用文献………………………………………………………………207

Appendix　分析の方法 ………………………………………………219

第1節　個人間相関と個人内相関…………………………………219

第2節　混合効果モデル……………………………………………223

第3節　マルチレベル構造方程式モデリング……………………227

謝辞……………………………………………………………………229

第1章　問題と目的

第1節　はじめに

　適応的な学習者とはどのような学習者を指すのだろうか。我々はどのようにして学習をすれば，適応的な学習者になれるのだろうか。そして，学習者が適切な学習を行うように，いかにして介入をすべきであろうか。教育心理学における教授・学習について検討した研究の文脈では，課題や学習者自身の状況に合わせて，自己の認知を把握し適切な方略を選択する自己調整学習 (self-regulated learning: Pintrich & De Groot, 1990; Zimmerman & Martinez-Pons, 1988) が望ましいとされている。それは，このような学習者は自律的・自発的に学習行動を起こすことができ，課題に合わせて適切に行動を変化させることができるためである。このような（客観的に）適切な学習を行える学習者を自己調整学習者という。自律的に学習に取り組むことが可能となるように，教育実践では教育介入に取り組む必要がある。

　近年における日本の教育界では，学力低下に関する論争や調査が頻繁に行われている（市川, 2002; 苅谷・志水, 2004)。また，2011年度からは新たな学習指導要領が改定され，学習範囲や学習時間が大幅に見直された。このように，我々が通う学校という教育の場において，学習内容の見直しや学習の機会を増加させることは，学力の改善において重要な対策の一つであるといえよう。

　それでは，上述のような必須の学習範囲や学習時間の見直しによってのみで，学習者は適切な学習を行うことは可能なのだろうか。そして，その学習経験を通して，適応的な学習者になることはできるのだろうか。この問いに

対して，教育心理学や認知心理学の研究では「学習方略 (learning strategies)」という概念に注目してきた。学習方略とは，学習を効果的ないしは効率的に行うために，学習者が意図的に行う工夫や計画である。辰野 (1997) はこの学習方略を世間一般にいわれる学習方法や勉強法と同義であるとしている。取り組む課題に対して適切な学習方略を使用することで，後述するように，その遂行成績の改善，あるいは向上を見込むことが可能である。課題に適切な学習方略を使用できるようにすることで，学力改善の一助となると期待できる。なお，記憶研究において学習者が学習する際の取り組みは，learning strategies ではなく study strategies と表現される。これは，記憶の文脈において「学習に取り組めばかならずしも学習（習得）できるとは限らない」といった立場による表現であると考えられる。学習方略の研究においても，この立場を取るべきであると考えられるが，先行研究との整合性も考慮して，本論文においても learning strategies を学習方略と表現する。なお，本論文では study strategies の知見も参考にするため，その際には「符号化の取り組み」と表現する。

　現在までに様々な学習方略が提案されているが，大きく三つに分類できるとされている（村山，2007，Table 1-1）。まず，学習内容の習得にもっとも関与する方略として認知的方略 (cognitive strategies) がある。認知的方略は，認知心理学の記憶研究における符号化の手法から提案される方略が多い。例えば，異なる分野の類似した内容をまとめて憶える体制化，学習内容を自身の身近なことや既にある知識と関連づける精緻化，学習内容の意味には関与せずにそのまま憶える丸暗記，内容は関係なくとにかく学習を繰り返す単純反復，などが認知的方略にあたる。そして，処理水準効果 (Craik & Lockhart, 1972) の観点から，体制化や精緻化は深い情報処理が伴うため，深い処理の方略といわれる。教育心理学の研究内では，意味理解を中心とした学習方略も深い処理の方略にあたる。一方で，丸暗記や単純反復は情報処理の水準が低いため，浅い処理の方略といわれる。深い処理の方略である体制化や

第1章　問題と目的　3

Table 1-1
本論文において使用程度や有効性の認知が検討される学習方略の分類（村山，2007を
改変）

	認知的方略	メタ認知的方略	外的リソース方略
概要	深い処理の方略：意味理解中心 浅い処理の方略：単純反復中心	自分の認知状態の 把握や行動の調整 など	図書館・インターネット の活用や学業的援助要請 など
研究1	体制化，精緻化，丸暗記	モニタリング， コントロール， プランニング	自律的援助要請， 依存的援助要請
研究2		**研究1と同様**	
研究3	読解方略	読解方略	—
研究4	認知的方略	メタ認知的方略	—
研究5		**研究1と同様**	—
研究6	認知的方略	メタ認知的方略	—
研究7	体制化	—	—

精緻化を使用する学習者ほど遂行成績が高いという正の相関関係があること
が示されている（堀野・市川，1997）。

　次に，学習者が自分自身の学習状況を把握し，学習行動を制御・調整する
メタ認知的方略（metacognitive strategies）がある。メタ認知的方略は，メタ
認知における活動（Flavell, 1979）の側面に焦点を当てた方略である。メタ認
知的活動にはモニタリングやコントロールがあり（Nelson & Narens, 1990），
コントロールの側面の派生として学習計画を立てるなどのプランニングも提
案されている（佐藤・新井，1998）。なお，認知的方略とメタ認知的方略は学
習者個人内での活動として行われる（村山，2007）。認知的方略とメタ認知的
方略は，この自己調整学習の文脈で検討が多く重ねられている。その中で，
メタ認知的方略を使用している学習者ほど学業成績が高いという正の相関関
係が示されている（Pintrich & De Groot, 1990）。

　そして，外的リソース方略である。外的リソースとは，学習者個人の外に
ある様々なツールのことであり，分からないことをインターネットや図書館
の本をあたって調べる，などがこれにあたる。外的リソースには他者の存在

も含まれており，特に学業における援助要請を学業的援助要請（academic help-seeking; Ryan, Pintrich, & Midgley, 2001）という。学業的援助要請はさらに自律性の側面から，分からないところを自分で考えてから他者に質問するといった自律的援助要請，解らないところがあればすぐに他者に問い合わせる依存的援助要請に分けられ，自律的援助要請が適応的な方略であるということが示されている（瀬尾，2007）。

　上述のように学習方略は多様にあり，認知的方略における深い処理の方略やメタ認知的方略の全般は，使用することで学業成績の向上が見込めるということが明らかとなっている。一方で，丸暗記方略などの認知的方略は，全く学習をしていない状況と比較して学業成績は獲得できるが，効率的ではないため望ましいとはいえない。このように学習方略の使用と学業成績との関係性には多くの知見があり，明確となっているといえる。そのため，近年ではどのような学習者が適切な学習方略を使用しているのかを明らかにするために，学習方略の使用を規定する要因の検討が多くなされている。

　学習方略の使用を規定する要因は大きく二つに分けて考えることができる（cf. Alexander, Graham, & Harris, 1998; Nolen, 1996; Renkl, Mandl, & Gruber, 1996; 佐藤，1998）。一つは学習者が学習を行う際にもつ理由の性質やその程度に注目した動機づけの要因である。ここでは，学習者がもつ動機づけは個人によって変化し，その個人差によって使用する学習方略の種類やその程度が異なるかを検討している。もう一方は認知的な要因である。認知的な要因には学習そのものに対する認知と，使用する学習方略そのものに対する認知がある。学習そのものに対する認知では，学習内容やその課題に対してどのような認知をもつかによって，動機づけと同様に，その個人差によって使用する学習方略の種類やその程度が異なるかを検討している。学習方略の使用に対する認知では，ある方略に対して効果的か，面倒かなどの認知の程度によってその方略がどの程度用いられているかが検討される。次節（第2節）では学習方略の使用を規定する要因として動機づけ（motivation）要因を，第3節では

認知的要因を取り上げ，学習方略の使用とどのような知見が示されているかを述べる。

第2節　学習方略の使用と動機づけ理論[1]

　動機づけは，行動を喚起する程度である強度（intensity）と，どのような理由・性質でその行動を行うのかといった方向性（direction）という二つの視点に大別できる（鹿毛，2004）。強度の視点は，その行動の程度の違いを示す。例えば，同じ学習に対する期待があったとして，その期待が強い（高い）学習者は，あまり強くない学習者よりも学習が持続すると予想できるだろう。方向性の視点は，その行動を起こす理由の違いを示す。例えば，同じ学習という行動でも，ある学習者はその内容自体が楽しくて取り組むかもしれないし，他のある学習者は将来の自分のために取り組むかもしれない。

　そして，多様にある動機づけ理論はそれぞれ独自の方向性について注目しているといえる。例えば，達成目標理論（achievement goal theory）は課題達成場面にもつ目標について注目している。自己決定理論（self-determinaition theory）は知的好奇心を満たす欲求に注目している。自己効力感（self-efficacy; Bandura, 1977）は能力への自信や有能感と同義であるとされ（Zimmerman, 1989），ある課題に対する自信の強度について注目している。

　ここでは，近年活発に理論的な検討が行われており，学習行動との関係性についても多くの知見があるため，達成目標理論と自己決定理論について取り上げる。まず，各理論が多様な動機づけ理論の中で，どのような分類に当てはまるのかについて触れる。そして，各理論の変遷と展開を学習や学習方略との関係から捉え，相違点を述べる。本論文では学習や課題に取り組む場面に注目し，学習方略の使用を規定する要因を検討する。このような場面の

1）「山口　剛（2012）．動機づけの変遷と近年の動向──達成目標理論と自己決定理論に注目して ── 法政大学大学院紀要（人文科学・社会科学系），（69），21-38.」を一部加筆・修正した。

6

知見があるのは達成目標理論であり，以下では達成目標理論と自己決定理論について取り上げた上で，学習方略の使用に至るまでの過程を検討する際に取り上げるべきは達成目標理論であることを明確にする。また本節の最後には，学習者個人内における学習方略の使用に至る過程について生じる個人差としての動機づけの考え方についても述べる。

　達成目標理論と自己決定理論の二つの理論について取り上げるが，自己効力感についても学習方略の使用との関係性が検討されることが多い。それは，Pintrich & De Groot（1990）による Motivated Strategies for Learning Questionnaire（MSLQ）が，自己調整学習の文脈から学習方略の使用を規定する変数として取り上げているためであると考えられる。そのため，本論文においても学習方略の使用を規定する要因を検討する研究6と，学習方略の使用に至るまでの個人内過程を統制した研究7では，自己効力感を測定し，個人差の変数として取り上げている。

2-1.　動機づけを形成する要素とその理論

　人が行動を起こす際には何らかの認知（cognition），情動（emotion），欲求（need）が伴う。動機づけは，認知・情動・欲求・環境のように様々な要素が挙げられる。鹿毛（2004）によると，認知とはある個人の主観的な解釈であり，動機づけはその認知のあり方によって規定されるといった考え方である。情動とは，個人の経験や置かれた状況などから喚起された情動によって動機づけが規定されるといった考え方である。欲求とは，生理的・心理的・社会的な欲求から動機づけが規定されるといった考え方である。これら3要素は，それぞれ独立して作用しているわけではなく，お互いに影響し合っていると考えられ（鹿毛，2004），3要素の相互作用によって動機づけが決定づけられる。

2-1-1. 動機づけにおける認知の側面

　動機づけにおける認知の側面は，最も影響を与えたであろう J. W. Atkin-son の期待×価値モデルから，期待（expectancy）と価値（value）に分けられる。期待は，ある行動を起こせば望ましい結果が返ってくるだろうといった，行動する主体が主観的に持つ予想および予期である。このような信念に関する研究は盛んに行われている。例えば，自己効力感，学習性無力感（learned helplessness; Abramson, Seligman, & Teasdale, 1978），統制の位置（locus of control; internal versus external control of reinforcement：内的－外的統制；Rotter, 1966）などは期待に注目した理論であるといえる。

　一方で価値は，ある行動を起こすことに価値があるかといった，行動する主体が主観的に持つ価値づけである。価値に関しては主に目標（goal）の問題として研究が発展した（鹿毛，2004）。例えば，近年活発に研究されている達成目標理論（Dweck, 1986; Elliot, 1999; Nicholls, 1984）は目標，すなわち価値に注目した理論である。

2-1-2. 動機づけにおける情動の側面

　上記の認知を中心とした動機づけを説明する試みでは，行動の主体が自身の認知，とりわけ期待や価値（目標）を意識し統制できることを前提としていた。しかし，我々の動機づけは認知のみで説明することはできない。おそらく誰もが，頭では分かってはいるがそれとは別の行動を起こしてしまった，という経験をもっているのではないだろうか。このように，情動は動機づけを説明するうえで重要な側面である。近年の動機づけの情動に関する研究は，主観的な体験を主軸に捉えようとし，情動の質を見出そうとしている。例えば，行為の主体が自然に集中しコストを感じずに活動に没頭できるフローに注目した理論は（フロー理論：flow theory; cf. 浅川，2012），フローという心理状態の体験を捉えており，情動に注目した理論であるといえる。ただし，認知的側面である目標や以下の欲求の側面と異なり，情動が喚起される時間が

短い，喚起されている間にその情動を正確に認知することが難しいために，質問紙尺度を用いて強度や方向性を測定するのは難しいといえるだろう。

2-1-3. 動機づけにおける欲求の側面

欲求とは我々の願望を示すものであり，最も身近な例では空腹を満たすための食欲などが挙げられる。これは生理的欲求とされ，動機づけ研究では特に，他者との良好な関係性を望むという欲求のような心理的な欲求（psychological needs）とは区別されて検討される。例えば心理的欲求について，有能さへの欲求，関係性への欲求，自律性への欲求という三つの欲求を生得的な欲求であるとする自己決定理論（Ryan & Deci, 2000, 2002）は，動機づけの欲求に関する理論の中でも代表的な理論であるといえるだろう。

上記のとおり，達成目標理論は動機づけの認知の側面に注目し，自己決定理論は動機づけの欲求の側面に注目している。それぞれは異なる側面に注目しているが，どのようなきっかけから派生し，発展してきたのだろうか。以下では，達成目標理論と自己決定理論をそれぞれ歴史的な背景から現在までを，学習活動との関連から考察する。

2-2. 達成目標理論

達成目標理論は，人間は行動を喚起させるにあたって目標を設定し，その目標を達成するために計画や工夫をしながら行動を起こす合理的で目的に合わせた存在であるとする目標理論（goal theory）の主要かつ活発に研究が重ねられている理論である。一般的な達成目標理論は，学業達成などの課題達成場面において，行動の主体がもつであろう目標を複数の典型的な内容に合わせて分類し，行動の主体がその目標を持つことでどのような達成行動が喚起され，その結果として課題成績や自己に対する評価，達成に関連する感情に結びつくといったプロセスを検討する理論的な枠組である。目標理論の中でも，有能さに注目している点で，他の理論とは異なる独自性が見出せる

（村山，2003c）。近年では特に「典型的な内容」，つまり達成目標における志向性の枠組みもしくはモデルに関して様々な検討が行われている。

　達成目標理論は，目標（価値）に関する研究枠組みであると同時に，H. A. Murray, D. C. McClelland, J. W. Atkinson を理論的な系譜とした達成動機づけ理論の枠組みといった側面もある（村山，2003c；奈須，1995）。特に達成動機づけ理論の中でも原因帰属理論（Weiner, 1985）を背景におき，原因帰属理論では説明できない，もしくは十分に検討されてこなかった側面にアプローチをし，発展してきた（村山，2003c）。

2-2-1. 二つの目標

　ここでは，原因帰属理論を批判的に捉えた研究として，独自に発展したにもかかわらず類似点が多く，最終的にまとめられた Nicholls（1984）と Dweck（1986）を中心に取り上げ，Ames & Archer（1987, 1988）による統合の試みを示す。また，そこで生じた問題を検討する。

　J. G. Nicholls の課題関与と自我関与　Nicholls（1984）の達成目標理論は，原因帰属理論における帰属因の概念は，発達とともにそれぞれ分けて捉えられるようになると考えたところに起源がある（村山，2003c）。特に能力と努力が未分化な状態では，行動の結果としてよい結果が得られたとしても，それが自分の能力によるものなのか，それとも努力によるものなのか判断できず，努力した量をそのまま能力として認知する。一方で，能力と努力が分化できている状態であれば，結果が同じである場合努力した量が少ない方が能力を高いと認知する。これは，発達をすれば完全に分化されるのではなく，課題によって未分化な状態と分化した状態のどちらでもなりうるという。

　Nicholls（1984）は，未分化−分化という能力概念の違いに注目した。この概念は達成状況で有能さを得ることが人間のもつ基本的な仮定であるとした。課題を習得することが目標である場合は未分化概念が用いられ，他者と比較して優位に立つことを目標とした場合は分化概念が用いられる。つまり，課

題を習得することが目標である場合は，努力は能力を増大させるために重要と認知するが，他者と比較して優位に立つことが目標の場合は努力を増やすことは能力が低いと思われると認知する。前者の未分化概念を用いた課題の習得を目標とした状態を課題関与（task-involvement）とし，後者の分化状態を用いて課題に取り組んでいる状態を自我関与（ego-involvement）と呼ばれる（Nicholls, 1984）。

C. S. Dweck の学習目標と遂行目標　Dweck の達成目標理論は，人間が達成状況において有能さを求めると仮定している点で Nicholls と同様であるが（上淵・川瀬，1995），原因帰属の個人差を生む要因という側面に注目し，独自の発展を遂げた（村山，2003c）。

Dweck は自身が行った，子どもの学習性無力感に関する一連の研究において，課題を失敗して容易に学習性無力感に陥る子どもと，課題を失敗した後でも課題に足して粘り強い子どもに注目した。そして，この二通りの子どもの違いについて，達成目標からの説明を試みたのである（Dweck, 1986; Dweck & Leggett, 1988）。それは，有能さの基準を自身におき，新しいことを習得しようとする学習目標（learning goal）と，有能さの基準を他者におき，良い評価を得て悪い評価を避けようとする遂行目標（performance goal）という二つの達成目標志向性によってである。

また，Dweck の枠組みの特徴として，（暗黙の）知能観（theories of intelligence）がある（Dweck & Master, 2008; 上淵，2003）。知能観とは，個人がもつ能力や知能に対する信念であり（村山，2003c; 上淵，2003），Dweck（1986）や Dweck & Leggett（1988）は，人間のもつ知能は可変であり，いつでも大きく変えられるといった増大的知能観（増大理論：incremental theory：あるいは道具理論：instrumental theory）とし，一方で，人間のもつ知能は一定であり，それを変えるのは難しいとする固定的知能観（固定理論：entity theory）を提案した。

以上のように，学習目標と遂行目標という二つの達成目標志向性と，増大

知能観	目標志向性	能力への自信 （有能観）	行動パターン
増大理論 ⟶ 学習目標		高い	⟶ 習得志向的
		低い	⟶ 習得志向的
固定理論 ⟶ 遂行目標		高い	⟶ 習得志向的
		低い	⟶ 無力感

Figure 1-1. Dweck（1986）の知能観，達成目標，能力への自信からみた行動パターン（村山，2003c を一部改変）。

的知能観と固定的知能観という二つの知能観によって，Dweck（1986; Dweck & Leggett, 1988）は学習性無力感に陥りやすい子どもと粘り強い子どもの違いを捉えようとした（Figure 1-1）。Dweck（1986）のモデルは，知能観によって行動の主体がもつ達成目標志向性が異なり，さらに能力への自信（有能感）の高低によって，行動のパターンの違いを示した。例えば，増大的知能観をもつ場合，達成目標志向性は学習目標になり，能力への自信の高低に関わらず行動のパターンは課題に対して粘り強くなる。一方で，固定的知能観をもつ場合，達成目標志向性は遂行目標となり，能力への自信が高い場合には課題に対して粘り強くなるが，能力への自信が低い場合に学習性無力感に陥りやすくなるとされる。知能観そのものが理論的な側面が強いという指摘こそあるが（Elliot & McGregor, 2001），Dweck の理論を特徴づける重要な概念である（村山，2003c）。また，実証的な検討も行われてきている。

C. Ames と J. Archer による統合　達成目標を捉えようとした二項対立的な考え方は，その後様々な類似概念として散見されるようになった（村山，2003c）。Ames & Archer（1987, 1988）は Nicholls（1984）の課題関与，Dweck（1986）の学習目標，Ames & Ames（1984）の個人的目標構造（individualistic goal structure）をまとめて習得目標（mastery goal）とし，同著者の自我関与，遂行目標，競争的目標構造（competitive goal structure）をまとめて遂行目標（performance goal）とした[2]。Ames（1992）によると，習得目標とは，向自

的な評価基準により学習することそれ自体を目標とし，努力することに価値をおいている目標志向性である。一方で，遂行目標は，他者との比較を評価基準にすることにより，学習は有能感を示す手段であり，比較されうる他者よりも高い遂行成績を示すことを目標とし，できる限りの少ない努力で成功することに価値をおいている目標志向性である。

学習活動との関係　この統合によって，主に学習分野において達成目標理論の有用性が示されたといえる（村山，2003c）。習得目標では，習得目標が高い学習者ほど課題に適切な学習をよく用いるという正の相関関係が示されている（Elliott & Dweck, 1988）。適切な学習とは，学業成績が向上する，あるいは学習内容の意味理解が深まるといったことを期待することができる学習である。例えば，ある学習に対してその内容を習得するという志向性が高い学習者ほど，その内容について深く理解し，自分の理解状況を把握し適宜方略を変え，その上で理解できない個所を聞きに行くといった，適応的な学習者であるといえる。

また一方で，ある課題に対して学習者を習得目標か遂行目標（後述する接近の価にあたる習得接近目標と遂行接近目標）に方向付ける・誘導することで，その課題の遂行成績の変化を検討した研究もある（Crouzevialle & Butera, 2013; Crouzevialle, Smeding, & Butera, 2015; Ikeda, Castel, & Murayama, 2015; Murayama & Elliot, 2011）。後述するように，達成目標は基本的に妥当性の検討がなされた尺度を用いて，学習者の調査時にもつ状態としての目標を測定してきた。教示などによってある目標に直接働きかけて誘導する検討は新しい試みであり知見こそ少ないが，学習者に課題への臨み方を伝えるだけで学習行動が変化する可能性がある。そのため，教育実践の観点からも価値がある

2）もともと達成目標理論で取り上げられている目標志向性は共通点が多く，それ故にいくつかの目標志向性にまとめられたのが現状であるが，まとめられた目標志向性においてもその名称は様々である。理論的な系譜をたどる上で取り上げる特徴的な研究において，こだわって用いられている名称はそのまま用いるが，本論文では特にことわりが無い場合は mastery goal を習得目標，performance goal を遂行目標と表現する。

試みであるといえるだろう。記憶研究の枠組みにおいても達成目標の教示による誘導の検討がなされている。例えば，符号化過程について Murayama & Elliot（2011）は，Dweck（1986）や Nichols（1984）にみられる基本的な習得目標と遂行目標を取り上げ，偶発学習課題を用いて各目標への教示による方向付けの効果を検討した。結果として，学習直後では遂行接近目標条件の方が，1週間後では習得接近目標条件の方が高い Remember 反応率（学習の際に呈示されていて，学習したときの状況も伴って思い出すことができる）がみられることを示した。

二つの目標の問題点 このように，Ames & Archer（1987, 1988）が行った達成目標志向性を習得目標と遂行目標の二つの志向性に分ける試みは，達成目標理論研究において重要であったといえるだろう。しかし，この達成目標志向性の統合は，様々な類似概念の共通点を取り上げたに過ぎず，いくつかの問題点がある。村山（2003c）は Ames & Archer（1987, 1988）による達成目標理論志向性の統合を緩い統合と批判し，特性－状況の問題，目標の数の問題，遂行目標における結果の非一貫性の問題という三つの問題点から考察している。特性－状況の問題とは，行動の主体の達成目標が，性格やパーソナリティのような特性により規定されるのか，あるいは行動の主体がおかれた状況により規定されるのか，といった問題である。目標の数の問題とは，習得目標と遂行目標という二つの目標志向性のみを取り上げているが，社会的目標（social goal）のような，その他にも目標志向性があるのではないかといった問題である。遂行目標における結果の非一貫性の問題とは，遂行目標と学習行動や他の動機づけ変数との相関関係が，正か負かといったレベルで一致しない点である。特に遂行目標における結果の非一貫性の問題に対して村山（2003c）は，有能さ，多目標視点，個人差変数という三つの解釈から検討を行っている[3]。

2-2-2. 三目標視点

二つの目標という枠組みにおいて，遂行目標と学業成績との間に一貫性が
みられないといった遂行目標における結果の非一貫性という問題において，
Ames & Archer（1987, 1988）による達成目標志向性の統合は妥当であるとは
いえない。そこで Elliot & Harackiewicz（1996）は，Nicholls（1984）や Dweck
（1986; Dweck & Leggett, 1988）が初期に弁別に用いることがあった，遂行目標
の成功接近的な要素と失敗回避的な要素に注目した。具体的に，遂行目標を
遂行接近目標（performance-approach goal）と遂行回避目標（performance-avoid-
ance goal）の二つに分けて概念化し，従来の習得目標と合わせて三目標視点
（trichotomous achievement goal framework）を提唱した。Elliot（1999）は，有
能さを絶対的－相対的といった定義の要因と，正－負（接近－回避）という
価（value）の要因に分け，この 2 要因の組み合わせで達成目標が分かれると
した（Figure 1-2）。

Elliot（1999）によると，評価が向自的，つまり絶対的な基準である場合に
は習得目標であり，他者との比較，つまり相対的な基準である場合には遂行
目標になる。それに加え，成功接近か失敗回避かという要因から，行動の主
体がもった習得目標あるいは遂行目標が接近的か回避的か判断される。この

		有能さの定義（評価基準）	
		絶対的／個人内	相対的
価	正 （成功接近）	習得接近目標 （従来の習得目標）	遂行接近目標
	負 （失敗回避）	習得回避目標	遂行回避目標

Figure 1-2. 有能さの定義と価による 2 × 2 の達成目標志向性の分類
（Elliot & McGregor, 2001；図は村山，2003c より一部改変）。

3）特性－状況の問題，目標の数の問題，遂行目標における結果の非一貫性という三つの問題や，
遂行目標における結果の非一貫性に対する解釈は，詳細かつ明確に検討がなされているため，村
山（2003c）を参照されたい。

遂行目標の二分化は，メタ分析によってもその有効性が示されている（Rawsthorne & Elliot, 1999）。また，達成目標の先行要因も検討されており，Elliot & Church（1997）や田中・山内（2000）にみられる達成動機づけを先行要因とした検討，鈴木・櫻井（2011）にみられる内発的－外発的価値を先行要因とした検討など，達成目標の階層性も検討されている。

学習活動との関係　習得目標に関しては，前述の二つの目標における結果と同様である。つまり，習得目標が高い学習者ほど状況に合わせた適切な方略を用いることができ，高い学業成績が期待できるといえる。鈴木・櫻井（2011）は三つの目標を説明変数，メタ認知的方略を目的変数とした重回帰分析の結果，習得目標のみが有意な正の影響を示した。つまり，学習に関しては，他者に勝つことを目標にする，もしくは他者に負けるのを避けることを目標にするかどうかは学習にはあまり関係なく，習得目標の高低が関係していると考えられる。

三目標視点の問題点　示された研究結果としては，一貫して習得目標が様々な変数に対してポジティブな影響をもっており，遂行接近－回避目標はどちらもネガティブな影響をもつというものであった。しかし，遂行接近目標は，能力への自信があり，不安が少ない場合は学業成績に対してポジティブな影響を与えることが示されている（Midgley, Kaplan, & Middleton, 2001）。また，メタ分析の結果において遂行接近目標そのものの結果が一致していないという報告もある（Hulleman, Schrager, Bodmann, & Harackiewicz, 2010）。つまり，遂行目標に関して接近－回避という価の要因を加え検討したが，結果の不安定については解消されたとは言い難い。

2-2-3.　2×2の達成目標

　三目標視点では，遂行目標を接近－回避の価から遂行接近目標と遂行回避目標を分けて検討した。Harackiewicz, Barron, & Elliot（1998）は，行動の主体がもつ目標は，接近的なのか回避的なのかによって適応的もしくは不適

応的になるとしている。これを踏まえ，Elliot（1999）は習得目標においても接近－回避動機づけの考え方を導入することを提案した。実際に，Elliot & McGregor（2001）は因子分析の手法を用いて，習得目標と遂行目標がそれぞれ接近－回避によって分離できる可能性を示した（Figure 1-2）。つまり，遂行目標だけでなく習得目標においても接近－回避によって分離することができ，習得接近目標と習得回避目標とした。Elliot & Murayama（2008）が作成した Achievement Goal Questionnaire-Revised（AGQ-R）は，遂行接近目標と遂行回避目標の弁別性が示されており（Murayama, Elliot, & Yamagata, 2011），数ある達成目標を測定する尺度の中でもよく使用されている。

　学習活動との関係　ここで新しく追加されたのは，習得回避目標である。Howell & Watson（2007）は四つの達成目標志向性と学習方略の関係を検討した。取り上げた学習方略は，Wolters（2003）より反復，精緻化，体制化からなる認知的方略，計画，把握，調整（制御：regulation）からなるメタ認知的方略，Elliot, McGregor, & Gable（1999）より深い処理と浅い処理であった。この中では，特にメタ認知的方略と深い記憶処理は学業成績に対してポジティブな影響があると考えられる。相関分析の結果，習得接近目標は認知的方略（$r = .45$），メタ認知的方略（.48），深い処理の方略（.26）と有意な正の相関がみられた。習得回避目標は認知的方略（.21），浅い処理の方略（.23）と正の相関がみられた。遂行接近目標は認知的方略（.26），メタ認知的方略（.32），深い処理の方略（.27）有意な正の相関がみられた。遂行回避目標は認知的方略（.19），浅い処理の方略（.27）と有意な正の相関がみられた。習得接近目標と遂行接近目標，習得回避目標と遂行回避目標で結果が非常に類似している。つまり接近－回避動機づけの分類で，学習方略との関係性が異なると考えられる。

　上記の結果から，学習内容を獲得すること，もしくは他者よりも勝ることを目標とする学習者，つまり学習すること自体に積極的な学習者は，より高次の学習内容を獲得するために学業成績が上がるような方略を用いる。一方，

学習内容を習得できないのを避ける，もしくは他者に負けることを避けることを目標とする学習者，つまり学習すること自体に対しては積極的でない学習者は，その場で悪い成績を取らないようにとりあえず浅い処理の学習を行っていると思われる。

　2×2の枠組みの問題点　しかし，接近－回避動機づけの分類はDweck & Leggett（1988）が示した，現在の能力への自信の高低によって課題に接近もしくは回避するという，知力に対する自信の区別と類似しているという指摘がある（Midgley, Kaplan, & Middleton, 2001）。また，三目標視点と同様，遂行接近目標そのものの示す結果が一貫していない。

2-2-4. 3×2の達成目標

　達成目標理論は有能さ（competence）に注目した理論である。そのため，各目標志向性も有能さに基づいているといえる。しかし上述のように，達成目標理論のいままでの枠組みは研究者やそのグループによって独自に取り上げられていた目標志向性を，Ames & Archer（1987, 1988）が習得目標と遂行目標にまとめたところから始まったと考えられる。つまり，有能さに注目していたのは研究の当初からではあるが（Nicholls, 1984），今までの枠組みによって示された目標志向性は，有能さの下位概念からトップダウン的に導きだされた目標志向性ではない。

　Elliot（1999）やElliot & Thrash（2001）は有能さを概念化した際に，課題基準（task-referential）と自己基準（self-referential；あるいは過去基準：past-referential）は習得目標にあたり，他者基準（other-referential）は遂行目標にあたるとした。課題基準は，ある課題を達成するという目標を基準とした際の達成の度合いから感じる有能さである。自己基準は，自身の過去の能力を基準とした向上の程度から感じられる有能さである。他者基準は，他者と比較した際に感じられる有能さである。

　Elliot, Murayama, & Pekrun（2011）は，三つの有能さに接近－回避動機

18

		有能さの定義（評価基準）		
		絶対的 （課題）	個人内 （自己）	個人間 （他者）
価	正 （成功接近）	課題接近目標	自己接近目標	遂行接近目標
	負 （失敗回避）	課題回避目標	自己回避目標	遂行回避目標

Figure 1-3. 有能さの定義と価による 3 × 2 の達成目標志向性の分類
（Elliot, Murayama, & Pekrun, 2011 より一部改変）。

づけの考えを導入し，課題接近目標（task-approach goal），課題回避目標
（task-avoidance goal），自己接近目標（self-approach goal），自己回避目標
（self-avoidance goal），他者接近目標（other-approach goal），他者回避目標（oth-
er-avoidance goal）の 6 志向性からなる 3 （有能さ：概念）× 2 （接近－回避：価）
の達成目標の枠組みを提案した（Figure 1-3）。このモデルは，今までの二つ
の目標，三目標視点，2 × 2 の目標枠組みを包括するものである。Elliot,
Murayama, & Pekrun（2011, study 1）は質問紙調査を実施し，確認的因子分
析の結果 3 × 2 の枠組みが最も適合度が良いことを示した。また，各概念の
内部一貫性も高かった（$as \geq .77$）。

　学習活動との関係　Elliot, Murayama, & Pekrun（2011, study 2）の大学生
を対象とした 3 × 2 の目標志向性を説明変数，試験の成績と内発的動機づけ
を目的変数とした分析では，試験の成績に対して他者接近目標が正の影響を，
他者回避目標が負の影響を示した。また，内発的動機づけに対しては課題接
近目標が正の影響を示した。これは，今までの枠組みにおけるいくつかの研
究でも示された結果だが，習得目標が課題目標と自己目標に分けられること
によって，より内発的動機づけとの関係性が明確になったと考えられる。

　3 × 2 の枠組みの問題点　提案されたばかりであるため，上記の学習活動
との関係と同様，これから検討される枠組みである。しかし，今のところ二
点の懸念があげられる。まず，他者目標に関してである。他者目標はそれま

第1章　問題と目的　19

での遂行目標にあたる。つまり，他者接近目標が試験の成績に正の影響を示したが，遂行接近目標そのものの結果が一致していないという報告もあるため（Hulleman et al., 2010），今後研究が重ねられ，この非一貫性を解消する新たな枠組みの提唱が必要かもしれない。次に，接近－回避の価を基準とした概念の弁別性である。Elliot, Murayama, & Pekrun（2011）の結果では，どちらの調査においても課題接近－回避目標間，自己接近－回避目標間，他者接近－回避目標間の相関が高かった（$rs \geq .56$）。そのため，価の次元としては異なると考えられても，回答者に取ってはそれほど明確に弁別できないのかもしれない。また，相関が高いことによって，説明変数としても用いた際に多重共線性などの問題が出てくる可能性があるだろう。

2-2-5.　まとめ

　これまでの枠組みが捉え直されてきた流れを Figure 1-4 に示す。達成目標理論における初期の研究（Ames & Archer, 1987, 1988; Dweck, 1986; Dweck & Leggett, 1988; Nicholls, 1984）では，主に有能さといった評価基準に注目し，習得目標と遂行目標といった二つの目標から志向性を捉えようとした。しかし，この統合には特に遂行目標における結果の非一貫性といった問題があり，それ以降 Elliot & Harackiewicz（1996）や Elliot & Church（1997）をはじめとする遂行目標を遂行接近目標と遂行回避目標に二分化した三目標視点，Elliot & McGregor（2001）をはじめとする二分化された遂行目標に加え，習得目標を習得接近目標と習得回避目標に二分化した 2 × 2 の枠組みなどによって検討されてきた。しかし，遂行接近目標に関しては安定した結果が得られず，現在では 3（課題，自己，他者）× 2（接近－回避）といった枠組みが提唱されている（Elliot, Murayama, & Pekrun, 2011）。

　このように，達成目標理論では二つの目標という一つの枠組みから，その問題点を解決しようとすることで発展してきたといえる。こういった発展の仕方は以下で示す自己決定理論と異なり，一つの枠組みに対して多くの研究

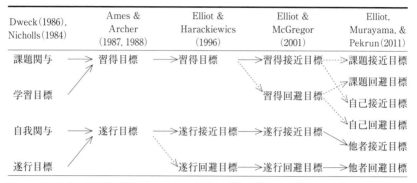

Figure 1-4. 達成目標の枠組みとそれに伴う目標志向性の分類とその変化。

が蓄積されるという点で理論的に優れている。また，達成目標理論は学習活動とその関係が多く検討されてきた。特に習得（接近）目標は学業成績と関連の高い適切な学習と正の相関関係があり，近年では教示などによって課題に対してある目標への誘導による検討もみられる。学習者の学習過程や動機づけを検討する上で，達成目標理論を用いることは有用であるといえるだろう。

2-3. 自己決定理論

自身の知的好奇心を満たすため，もしくは達成感を感じるために行動している場合，内発的動機づけ（intrinsic motivation）が高い状態であるといえる。自己決定理論とは，この内発的動機づけに関する理論を発展させたものであり，行動に対して自律的であることが高い学業成績や良い精神的健康がもたらされるという理論である。つまり，行動に対していかに自己決定性が高いかが重要である。自己決定性は行動に対する自律性（autonomy）に対する欲求であり，自己決定理論ではその他にも有能さ（competence）と関係性（relatedness）を仮定している（長沼，2004）。また，自己決定理論では上記の仮定をもとに，現在五つのミニ理論から学業成績や精神的健康との関係が検討さ

れている（櫻井，2012）。以下では，内発的動機づけをもとに，自己決定理論研究の歴史的系譜と五つのミニ理論について，学習活動との関係を中心に取り上げる。

　五つのミニ理論を取り上げる際に，ミニ理論間の相互の関係性が達成目標理論における枠組みの関係性とは異なり薄いため，特にミニ理論ごとの問題点を取り上げることはしない。また，本論文は学習活動との関係を中心に検討しているため，精神的健康との関係を主に検討している基本的心理欲求理論や目標内容理論，動機づけをパーソナリティとして捉えた因果志向性理論も取り上げず，認知的評価理論と有機的統合理論の二つのミニ理論について取り上げる。

　内発的動機づけに関する研究は，生理的欲求を満たすことができない状態が原因で引き起こされるといった動機づけを想定した C. L. Hull の動因低減説に反論する形で誕生した（鹿毛，1995）。例えば学習者は，課題を達成すると報酬がもらえるとして，報酬が欲しい場合には課題に取り組むと考えられるが（動因低減説），報酬がもらえない場合でも課題そのものに対する好奇心から課題に取り組む（e.g., 探索行動）可能性がある。R. W. White は動因に代わる動機づけとしてコンピテンス動機づけ（有能さに関する動機づけ）を取り上げた。ここでいうコンピテンスとは，人が自身の置かれた環境と効果的に相互作用をもつという能力のことである。このコンピテンス動機づけの概念を踏まえ，E. J. Murray は感性，好奇心，活動性，認知の四つを取り上げ，内発的動機づけを定義した。

　この内発的動機づけが，与えられた報酬によって低減するといったアンダーマイニング現象（undermining phenomenon）に関する研究が多く行われた。それが以下で取り上げる認知的評価理論であり，自己決定理論として発展していく。

2-3-1. 認知的評価理論

認知的評価理論（cognitive evaluation theory）は，自己決定理論におけるミニ理論でも初期に提唱された。この理論をもとにした研究では，外的な報酬によって内発的動機づけがどのように変化するかを主に検討しており（cf. アンダーマイニング現象，エンハンシング現象），認知的評価理論は内発的動機づけに関する理論であるといえる。認知的評価理論には三つの命題がある。その命題とは，制御的側面を反映している知覚された因果（perceived causality），情緒的側面を反映している知覚された有能さ（perceived competence），上記の制御的側面と情緒的側面に加え非動機づけ的側面からなる三つの側面が顕在性によって決定されるという機能的重要性（functional significance）である（櫻井，2009）。

第一の命題（知覚された因果）はアンダーマイニング現象に関するものである。自律性に注目して，行動を自身の判断で決められているという自己決定感をもつ状態から，他者に決められているという被統制感をもつ状態であると行動の主体が感じた場合，内発的動機づけが下がるというものである。第二の命題（知覚された有能さ）はエンハンシング現象（enhancing phenomenon）に関するものであると考えられ，第一の命題の自己決定感が高い状態で，有能感が高まるような報酬を得ると内発的動機づけが上がるというものである。第三の命題は第一の命題と第二の命題に加えて「非動機づけ（amotivation）」を加えたもので，制御的側面は自己決定感にネガティブな影響，情緒的側面は有能感にポジティブな影響，非動機づけ的側面は有能感にネガティブな影響をもつとされる。

学習活動との関係　認知的評価理論は内発的動機づけがどのように変化するかを検討しているため，「動機づけ→学習活動→課題→結果」といった検討ではなく，「課題→結果→報酬→動機づけ」といった検討が多い。代表的な研究としては，大学生を対象にした Deci（1971）や，幼稚園児を対象にした Greene & Lepper（1974）などがある。Greene & Lepper（1974）では，絵

を描くことに対して，報酬（賞状）を予期させ報酬を与える報酬期待群，報酬を予期させないが報酬を与える報酬無期待群，報酬を予期させず報酬を与えなかった無報酬群の三つの群から検討した。その結果，介入を行う前は，三群間において自由時間に絵を描く時間に有意な差はみられなかったが，介入後に報酬期待群が他の二群よりも有意に絵を描く時間が少なかった。この結果から，報酬を与えられると内発的動機づけが下がるのではなく，報酬を予期されると絵を描くという行動に自律性が失われ，内発的動機づけが低下すると考えられる。

　実際の学習場面に置き換えてみると，次に行われるテストに向けて学習していた場合，そのテストで良い点数が取れればおこづかい（報酬）をあげる約束（予期）をした場合，内発的動機づけが下がる可能性がある。また，留意しなくてはならないのが，予期しなければ報酬をあげても内発的動機づけは下がらないということであったが，実際の学習場面ではテストは繰り返し実施されるため，テストの度に予期はしなくとも，学習者がそれ以前の経験から報酬を予期してしまう可能性である。このような報酬は，行動主義の観点から動機づけがない学習者には有用であるが，認知的評価理論の研究結果が示すように，すでに自発的に学習している学習者には，安易に報酬を提示するのは学習者の内発的動機づけを損ねる危険性がある。

2-3-2. 有機的統合理論

　有機的統合理論（organismic integration theory）は，外発的動機づけ（extrinsic motivation）に関する理論であり，無動機づけ，外発的動機づけ，内発的動機づけを自律性の程度によって分類したものである（Figure 1-5）。自律性が高くなるにつれて内発的動機づけに近づくと考えられており，その中でも特に外発的動機づけを四つの段階に分けた。外的調整の段階，取り入れ的調整の段階，同一化的調整の段階，統合的調整の段階である。調整というのは自己調整（内在化）のことであり，どのような自己調整かによって自律性が

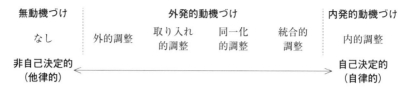

Figure 1-5. 有機的統合理論における動機づけと自己調整のタイプを中心とした自己決定連続身体のタイプ（櫻井，2009より一部改変）。

決まるとされる（櫻井，2012）。外的調整（external regulation）は報酬や罰など，外部からの統制に従う段階であり，従来の外発的動機づけにあたる。取り入れ的調整（introjected regulation）はその行動や活動に対する価値はみとめている段階ではあるが，外部からの統制に従う段階である。同一化的調整（identified regulation）は行動や活動に対する価値をみとめている段階であり，積極的に行動を喚起しようとする。統合的調整（integrated regulation）は自身の価値観と行動や活動を行う価値観が一致している段階であり，その行動に取り組みたいと思える。特に同一化的調整と統合的調整および内的調整（内発的動機づけ）を自律的動機づけ（automatic motivation）とし，学業成績や精神的健康になどに良い影響を与えるとされる。また，統合的調整は探索的因子分析を行うと内的調整や同一化的調整に項目が含まれるということもあり，近年の研究ではあまり取り上げられていない（e.g., 西村・河村・櫻井，2011；岡田・中谷，2006）。

学習活動との関係 学習活動との関係に注目した際，従来の内発的―外発的動機づけ研究では，内発的な動機づけが高い学習者は適切な学習方略を使用し，課題そのものに対して積極的であるという結果が示されていた。西村他（2011）は，時点1での内的調整，同一化的調整，取り入れ的調整，外的調整の四つの段階がとメタ認知的方略が，その後の別の時点2でのメタ認知的方略と，時点2のメタ認知的方略を加えた五つの変数がその後の別の時点での学業成績を説明するか検討した。その結果，従来の研究からは内発的動機づけにあたる内的調整がメタ認知的方略に影響を示すはずだが，動機づけ

では同一化的調整のみが有意な正の影響を示した。つまり，課題そのものに興味を抱き，課題を行うことでポジティブな感情を得るといった動機づけではなく，ある程度知識を獲得する手段として取り組んでいる学習者の方が，学習内容を獲得するといった目的が明確であるため，適切な方略を用いた可能性がある。

2-3-3. まとめ

　一言に自己決定理論と表現しても，五つのミニ理論によって様々な心理現象を捉え，その結果学習活動や精神的な健康に与える影響を検討していた。その結果は一貫して，内発的動機づけは精神的健康を高め，自律性の高い外発的動機づけは学業成績を高めるというものであり，つまり，自律的な動機づけが良い学習者となる重要な動機づけであるといえる。その中でも本論文の目的である学習活動との関係は，特に有機的統合理論によって検討されている。また，理論全体の特徴としては，その動機づけによってどのような行動が喚起されるかが主な焦点ではなく，むしろ動機づけそのものが自律性，有能さ，関係性によってどのように変化していくかが重要な論点となっている。五つのミニ理論間の関係を明確にすべきであるが，様々な心理現象を捉えられるという点で理論的に優れている。

　ただし，本論文の目的である学習活動との関係は，動機づけそのものの変化に注目しているため，達成目標理論と比較するとあまり検討されていない。メタ認知的方略や学業成績との関係を検討する研究もあるなど（e.g., 西村他, 2011），今後学習活動との関係に関する検討も期待される。

2-4. 達成目標理論と自己決定理論の相違点

　これまでに，達成目標理論と自己決定理論という近年活発に研究されている二つの動機づけ理論について，現在と現在に至るまでの歴史的な変遷を取り上げた。また，その際に実際の研究例として学習活動との関係を取り上げ

た。動機づけの異なる要素と考えられる二つの理論であるが，以下では2理論間の共通点と相違点について考察する。

2-4-1. 理論的な違い

歴史的な系譜をみれば明確にように，それぞれ達成動機づけにおける原因帰属理論の批判として誕生した達成目標理論と，コンピテンス動機づけから派生した内発的動機づけから誕生した自己決定理というように，関わり合いが少ないまま発展した。そのため，動機づけとしての要素も，認知（達成目標理論）と欲求（自己決定理論）というように異なっていた。さらに，理論の構造について，達成目標理論はある一つの枠組みについて検討され，その問題点をもとに枠組みを改めていたが，自己決定理論では一つの枠組みを研究の対象とするのではなく，自己決定理論の定義を詳細に反映した五つのミニ理論から様々な心理現象を捉えていた。達成目標理論は自己決定理論と比較して枠組みが精緻されている可能性があるが，自己決定理論のように様々な心理現象を捉えるのは難しい。一方で，自己決定理論は各ミニ理論が，達成目標理論の枠組みと比較した場合，検討が不十分であるといえるだろう。

2-4-2. 学習活動との関係性における違い

理論的な枠組みとして，達成目標理論は達成行動に対する目標を概念として取り上げているため，学習活動の喚起を予測するといった予測的妥当性が高かった。一方で，自己決定理論は動機づけそのものの変化を研究の焦点としているため，学習活動との関係性については十分に検討されているとはいえない。次に学習活動との詳細な関係について，自己決定理論，とりわけ有機的統合理論は，従来の内発的―外発的動機づけに自律性の考え方を加えることによって動機づけの変化を捉えようとした。これにより，学習者の動機づけの程度が捉えやすく，どのような調整段階が適切な学習方略の使用を促進するかを明確にすることができる。また，教育現場では既に用意されてい

る尺度を用いれば，一次元で学習者の動機づけを捉えられるのは有用であろう。また，無動機づけという段階を明確に仮定しているのは，学習者の状態について解釈するのには適している。

　達成目標理論では，このような一次元性や無動機づけを想定していないため，学習者が全ての目標志向性について，特に低い評定をした場合の解釈が難しい。有能さを獲得するための目標であるため，達成目標理論で取り上げられている目標志向性はすでに自律的な動機づけであると考えられる。しかしながら，有能さの定義について注目することで，いくつかの異なる質の動機づけを想定し，さらに，接近─回避の価を加えることでより広範的に動機づけを捉えられるという利点もある。有機的統合理論では自律性の次元でしか捉えられなかった自律的動機づけが，達成目標理論では有能さや接近─回避の価によってより詳細に捉えることができると考えられる。このことから，学習活動との関係を捉えようとしたとき，学習行動が喚起されるかといった予測的妥当性については達成目標理論が優れている。また，ある達成目標に学習者を誘導する試みもあり（e.g., Murayama & Elliot, 2011），知見の多さからも動機づけとして本論文では達成目標を取り上げる。

　本論文では，研究1，2，5において国内の先行研究で取り上げられることの多かった三目標視点を取り上げる（e.g., 村山，2003a，2003b；鈴木・櫻井，2011；田中・山内，2000）。研究3では，学習者の学習に対する目標の個人差を詳細に捉えるために，3×2の達成目標を用いることとした。研究4，6，7では，2×2の達成目標を用いる。理由として，国外の先行研究では広く用いられること（e.g., Howell & Watson, 2007），結論を先に述べると研究3では3×2の達成目標の各変数による一貫した説明がみられなかったことが挙げられる。三目標視点も2×2の達成目標と同じく広く用いられているが，Howell & Watson（2007）が示したように，接近と回避の価によって使用される学習方略の傾向が異なった。このことからも，価を考慮することは学習者の個人差をより体系的に捉えるのに重要であると考えられる。

2-5. 個人差としての動機づけ

　上記の通り，学習方略の使用を規定する要因として，動機づけには多くの知見がある。そして，その研究の多くは集団における相関関係をもとにその結果を報告している。それは，動機づけが学習者個人によってその方向性（タイプ）も異なれば，強度（高低といった程度）も異なるためである。例えば，2 × 2 の枠組みにおける達成目標理論でいえば，方向性は習得接近目標や遂行回避目標といった各目標であり，さらにその高低によって用いる学習方略とその程度が異なるということである（e.g., Elliot et al., 1999; Howell & Watson, 2007; 三木・山内，2005）。つまり，学習や学習方略の使用における動機づけの変数は，学習者の学習に対する個人差であるといえる。

　実際に，達成目標は個人差として学習者の個人内過程を調整するという結果が示されている。例えば，授業への認知と感情の個人内相関の個人差を達成目標が説明可能であると報告されている（Tanaka & Murayama, 2014）。これは，学習方略の使用に至るまでの過程においても当てはめて考えることができる。学習者が学習方略を使用するまでの個人内過程（使用する方略の選択やその程度）に注目した場合では，個人差を反映する調整変数としての役割をもつ可能性がある。実際に，個人間での検討であるが，村山（2003a, 2003b, 2004）は学習方略の使用に対する有効性の認知やテスト形式の影響について，個人差を反映した調整変数として達成目標を投入し，適性処遇交互作用（aptitude treatment interaction: ATI）そのものやその可能性を検討した。結果として，有効性の認知がもつ学習方略の使用に対する効果における，達成目標の調整効果はみられなかった（村山，2003b）。しかし，このような知見は現在のところ少なく，学習方略の使用と有効性の認知との関係について達成目標の調整効果がないと結論づけるのには慎重になるべきである。そして，本論文の研究3，4，6では学習方略の使用と，後述する有効性の認知との関係性を学習者個人内の分散によって検討するために，学習方略と有効性

の認知との関係性について個人差としてばらつきが生じる可能性がある。そのため，これまでに学習方略との関連性が示されている達成目標の調整効果を検討すべきであろう。例えば，習得接近目標が高い学習者は学習内容を身につけるために効果的だと思う方略をよく使用するかもしれない。一方で，遂行接近目標が高い学習者は成績の向上は他者よりも優位に立つための手段であるために，効果的であると認知していても，コスト感によって使用しないかもしれない。その代わりとして，課題に対して適切かは関係なく，学習者自身が使用しやすい学習方略を使用するということも考えられる。研究3, 4, 6では達成目標を規定要因としてではなく，個人差を反映する調整変数として取り上げることとする。

第3節　学習方略の使用と認知的要因：メタ認知的知識に 注目して

　第2節では，学習方略の使用を規定する要因として動機づけ要因について述べた。動機づけは方向性や強度が学習者個人によって異なる。つまり，学習者個人の学習に対する姿勢を特徴付ける要因であり，個人ごとで変わることを前提とした変数である。一方で，学習者は，（最も単純には）学習している科目が好きあるいは嫌いのように，学習する科目や課題，学習するという行動そのもの，使用する学習方略に対してなど，学習や学習方略に対する認知が使用する学習方略の種類やその程度に影響している可能性もあるだろう。本節（第3節）では，学習方略の使用を規定する要因として学習そのものや使用する学習方略に対する認知について取り上げる。

3-1. 先行研究にみられる認知的要因

　まず，学習するという行動そのものに対する認知として学習観（beliefs about learning）や認識論的信念（epistemic beliefs）がある。学習観とは学習に

ついての価値観である。例えば植木（2002）は方略使用に注目した方略志向，勉強量に注目した勉強量志向，学習環境に注目した環境志向という三つの学習観を取り上げ，方略志向が高い学習者ほど深い処理の方略やメタ認知的方略を使用するという関係を示した。また，中山（2005）は大学生の英語学習について，学習観が習得目標からメタ認知的方略使用への媒介変数としての役割をもつことを示した。また，認識論的信念は学習において知識の性質に関する個人の信念であり（Muis, 2007），自己調整学習に関する研究の文脈において学習方略の使用との関係性が検討されてきた。例えば，学習内容を批判的に評価すべきであるという信念が高い学習者ほど，メタ認知的方略（コントロール，批判的思考）や認知的方略（精緻化，反復）を使用するということが報告されている（Muis, Pekrun, Sinatra, Azevedo, Trevors, Meier, & Heddy, 2015）。

　次に学習方略の使用それ自体に対する認知や評価として，ある方略を使用することに対して効果的だと思う有効性の認知（perceived benefit）や，面倒だと思うコスト感（perceived cost）がある（森，2004；村山，2003b；佐藤，1998）。森（2004）は有効性の認知およびコスト感が，自己効力感などの動機づけ要因から学習方略の使用における媒介変数となることを示した。また，佐藤（1998）は有効性を高く認知した方略，コストを低く認知した方略ほど，学習者はよく使用することを示した。

　現在のところ，こうした認知的要因による方略使用を検討する研究は動機づけ要因を扱った研究よりも少ない。しかし，村山（2003b）は動機づけ要因は変容・促進すること自体が難しいこと，それと比較して認知的要因は教示などによる介入が比較的容易であることを指摘している。そのため，教育実践への介入を想定するのであれば，認知的要因についてもより詳細に検討すべきである。

　上述の通り，動機づけ要因と認知的要因はそれぞれ学習方略の使用に対する効果が示されてきた。しかし，先行研究のほとんどがどちらかの要因のみ

を取り上げていた。例外として，中山（2005）は大学生の英語学習における両方の要因を取り上げているが，学習観が会話に関するものなど，日本人英語学習者にとって必ずしも適切とはいえなかった。Beger & Karabenick（2011）は認知的要因として学習に関する価値を取り上げた。結果として，単相関の場合には深い情報処理が伴う精緻化やメタ認知的方略との正の関係性が示されているが，動機づけ要因の変数である自己効力感の影響を統制すると浅い情報処理である反復方略に対してのみ説明力をもつことを示した。また，Nolen（1988）はある学習方略を使用することへの価値を認知的要因として取り上げた（有効性の認知として捉えることが可能である）。結果として，深い情報処理の方略とその使用価値には正の単相関が示されているが，動機づけ変数である課題関与志向性を考慮すると有意なパスがみられないことが報告されている。つまり，認知的要因よりも動機づけ要因が学習方略の使用を規定するとされた知見も複数ある（Beger & Karabenick, 2011; Nolen, 1988）。このように，Beger & Karabenick（2011）や Nolen（1988）のように動機づけ要因の変数が学習方略の使用をより規定すると示している研究もある一方で，村山（2003b）や佐藤（1998）をはじめとして，認知的要因，とりわけ有効性の認知が学習方略の使用を直接規定すると想定している研究もみられる。どちらの要因が学習方略の使用をより強く規定するのかを明確にすることで，教育実践でより効果的な介入ができると考えられる。学習方略の使用を規定する要因としての動機づけ要因と認知的要因のイメージを Figure 1-6 を示す。

　動機づけ要因と認知的要因のどちらの変数がより学習方略の使用を規定するかを明確にするために，研究1では動機づけ要因と認知的要因の両方を同時に測定し，モデルに同時に投入する。森（2004）や中山（2005）を参考に，動機づけ要因として達成目標を，認知的要因として学習観と有効性の認知およびコスト感を取り上げる。また学習方略の種類によって規定する要因が異なる可能性があるため，研究1では網羅的に認知的方略，メタ認知的方略，

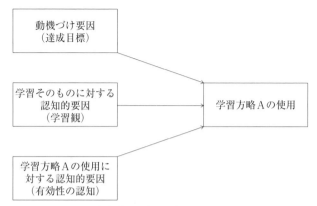

Figure 1-6. ある一つの学習方略（学習方略A）の使用を規定する動機づけと認知的要因が学習方略の使用に対して影響をもつ。この図は各要因が独立し，学習方略の使用に対する影響も互いに独立していると仮定した場合である。

学業的援助要請を取り上げる。認知的方略に関しては，学業成績と正の相関が示されている深い処理の方略の重要性が高いことは当然のことである。一方で，何も方略を使用しないよりは，浅い処理の方略でも使用すればある程度の成績が取れることが指摘されている（Garner, 1990）。多様な学習者を対象にした場合にはよく使用される方略である可能性があるため，浅い処理の方略も取り上げる。

　上述の先行研究やその文脈を踏襲する研究1は，ある一つの方略の使用程度の高低を相関関係により検討する。一方で，学習者個人が一つの方略のみを用いて学習するとは限らない。特に適切な学習方略は状況によって変わりうる（藤田, 2007b）。そのため，学習者がどのような方略を使用しているのかを明確にすることは重要であると考えられる。しかし，様々な学習方略の使用を包括的に捉え，使い分けを検討している研究は少ない。学習方略は上述のように，内容を理解・暗記する認知的方略，自己の学習活動を把握・調整するメタ認知的方略，他者に尋ねる学業的援助要請がある（村山, 2007）。これらの学習方略の使い分けに影響する変数として，二つの変数が挙げられ

る。一つは学習方略の使用を規定する要因と同様の動機づけ要因の変数である。動機づけはすでに紹介したように，学習方略使用を規定する要因として多くの研究によってその知見が示されている。特に達成目標理論では，課題を習得することを目的とした習得目標が高い学習者ほど，意味理解を伴う方略を使用することが示されている（三木・山内，2005）。もう一つはメタ認知的方略である。メタ認知的方略は学習方略の一部ではあるが，認知的方略や学業的援助要請の先行要因であることが示されている（佐藤，2004）。これらの傾向を踏まえて，研究2では使用する学習方略の種類に傾向があるか，その傾向が先行研究で言及されている達成目標やメタ認知によって説明できるかを検討することとした。

3-2. 学習方略の使用とそのメタ認知的知識

有効性の認知やコスト感は，学習方略の使用に対する認知である。しかし，有効性の認知やコスト感は学習方略の使用に対して単独に説明力をもつ変数であると判断するのには慎重になる必要がある。これらの変数は，学習方略の使用に対するメタ認知的知識（metacognitive knowledge）の一部として捉えることが可能である。

3-2-1. 学習方略の使用におけるメタ認知的知識

学習方略の使用に対するメタ認知的知識は，宣言的知識（declarative knowledge），手続知識（procedural knowledge），条件知識（conditional knowledge）に分けられる（Schraw & Moshman, 1995）。宣言的知識は，学習方略そのものの記述的あるいは教科書的な知識である。例えば，英単語学習における体制化は，「似た意味の複数の単語を合わせて憶える」といった記述的な知識がそれにあたる。本論文では，宣言的知識は方略そのものの基礎知識であるために，方略知識（knowledge about strategy）と表現する。手続知識は，学習方略の使用の仕方に関する知識である。体制化の例では，実際に複数の単語か

らいくつか選んでまとめて憶えようとする試みがそれにあたる。条件知識は，ある方略がいつ，どのように使用できるかといった知識である。体制化をどのような課題に使用できるかなどがその例である。有効性の認知やコスト感は，使用することが効果的，あるいは面倒であるという認知であるため，宣言的知識と手続知識が必要である。そして，「いつ」や「どのように」使用することが効果的あるいは面倒かの条件が伴うため，有効性の認知とコスト感は，この条件知識に内包されている。

　メタ認知的知識の特徴として，各知識の間には階層性がある（Figure 1-7左側ピラミッド）。宣言的知識はその他の知識の基礎となる知識である。宣言的知識は手続知識と条件知識の必要条件であり，例えば体制化について説明できない場合には，それを使用することもできず，また使用することの有効性も認知することはできない。同様にして，手続知識は条件知識の必要条件である。留意すべきは，調査研究において有効性の認知など，上位である条件知識がみられたとしても，下位の手続知識や宣言的知識があるとはいえない

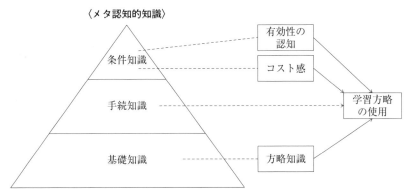

Figure 1-7．ある一つの学習方略の使用に対するメタ認知的知識を構成する三つの知識（左側ピラミッド）とその変数。学習方略が複数ある場合は，それぞれにメタ認知的知識のピラミッドが存在する。ピラミッドの下層となる知識がその上層となる知識の必要条件となる。例えば，下層の知識がない場合には，その上層の知識をもつことはできない。一方で，下層の知識があればその上層の知識も得られるわけではないため，下層の知識は上層の知識の十分条件ではない。

ことである。調査研究の場合は，質問項目によって宣言的知識（方略知識）を得ることができてしまうため，条件知識についても回答することができてしまうことがその原因である。つまり，より上層の知識は下層の知識の十分条件ではない。

　また，手続知識は実際にその方略を使用させて確認する必要があるため，調査研究においては測定することが困難である。研究1から研究6では，先行研究の手続きに沿って尺度を用いた調査を実施するが，研究7では手続知識を考慮するためにも，実験を実施する。

3-2-2. 方略知識と有効性の認知

　上述の通り，下層のメタ認知的知識である方略知識（宣言的知識）がなければその方略を使用することはできない。しかし，方略知識があったとしても，その方略を使用するとは限らない。それには条件知識の影響がある。そして，この条件知識にあたるのが有効性の認知（McCombs, 1986）やコスト感（Garner, 1990; Paris, Lipson, & Wixson, 1983）である（Figure 1-7）。条件知識として有効性の認知やコスト感を捉えた際に，ある方略が「常に」効果的あるいは面倒なのではなく，ある方略が効果的かあるいは面倒かは課題や学習者の学習状況などの「条件に」よって変わると考えられる。例えば，認知的方略に知見を提供している記憶研究の文脈では，適切な符号化の取り組みは学習者が置かれている状況によって変わることが指摘されているため（藤田, 2007b），有効性の認知やコスト感を条件知識としてここで捉えることは妥当であるといえる。なお，方略知識は知識そのものが方略を使用するのに必要な手続きに関する知識でもある。そのため，方略知識がある方略に関しては，使用した経験がある可能性がある。また，手続知識はある方略の使用を実施するように求めたうえで測定する必要があるため，複数の学習方略を測定しようとする質問紙調査においてはその測定は容易ではない。研究7を除いて，先行研究との比較も目的の一つとして質問紙調査を実施する。そのため本論

文では研究 7 を除いて，手続知識は考慮しないこととした。以下では，方略知識および有効性の認知がいかに学習方略の使用と関係しているかについて取り上げる。

方略知識と学習方略の使用　方略知識と学習方略の使用との関係については，記憶研究の文脈である符号化の取り組み（study strategies）に関する研究の知見が参考となる。ある符号化の取り組みが実際に記憶成績を高めるかを検討した研究では，課題に適した符号化の取り組みを用いることで高い記憶成績が期待できることを示した（Ozubko, Hourihan, & MacLeod, 2012; Yue, Storm, Kornell, & Bjork, 2015）。しかし，そのような理論的に適応的な方略が必ずしも使用されていないということも報告されている（Hartwig & Dunlosky, 2012; Kornell & Bjork, 2007）。その理由として，学習者はいくつかの効果的な方法に気がついていない可能性が指摘されている（McCabe, 2011）。つまり，教育実践においても方略知識を教授することが重要であり，調査研究においても方略知識を明確に測定する必要があるといえるだろう。

有効性の認知と学習方略の使用　有効性の認知がもつ学習方略の使用に対する効果については，効率的に学習することを検討したメタ記憶の枠組みの知見が参考になる。ある刺激を学習した後に再学習する機会が与えられた場合，学習者は主観的にもう少しで習得できそうだと判断した項目を重視する形で学習スケジュールを組む（Kornell & Metcalfe, 2006; Metcalfe, 2009）。この学習スケジュールの計画は，学習者が自身の学習を効率化するために最も効果的だと思う取り組み方を反映しているといえる。そして，この最適なスケジュールは，与えられた課題の困難さや分量によって変化する（最近接学習領域：region of proximal learning; Kornell & Metcalfe, 2006; Metcalfe, 2009）。つまり，ある学習方略を使用することに対する条件知識である有効性の認知が重要であるといえる。

このように，ある学習内容を学習・習得するためには，ある方略の方略知識と有効性の認知が重要であるといえる。Berger & Karabenick（2011）や

Nolen（1988）では，有効性の認知（学習の価値，学習方略の使用価値）よりも動機づけ要因の方が学習方略の使用をより規定することが示されている。しかし，これらの研究には方略知識が考慮されていない。その他にも，本論文で取り上げた先行研究の多くは質問紙を用いた研究であり，参加者はその場合質問項目によって宣言的知識を得ることができる。そのため，その調査に参加するまでに実際にその方略について知らない場合でも，使用しているか否か，効果的か否かについての回答が可能となっている。特に，ある方略について知識がないことには，その方略が効果的な条件を知ることもできないため，有効性の認知に加えて方略知識の有無を測定することも重要であると考えられる。研究3では，方略知識の有無を測定する。そして，学習方略の使用に対する方略知識の主効果，および方略知識×有効性の認知の交互作用を検討し，方略知識が担う学習方略の使用に対する役割を明確にする。

3-2-3. 有効性を認知する条件

条件知識は，例えば，「いつ」や「どのように」使用するのが適切かといった知識である。そして，有効性の認知は条件知識に内包されることも上述したとおりである。村山（2003b）はこのことに注目し，「いつ効果的か」といった時期の条件について，次のテストに向けた学習に対する短期的な有効性の認知と，将来学習を続けていく上での長期的な有効性の認知に分けた。そして，短期的な有効性の認知が長期的な有効性の認知よりも学習方略の使用に対してより影響していることを示し，長期的な有効性の認知から学習方略の使用に対する線形関係を媒介する変数として機能する可能性を示した。このように有効性の認知を条件知識として捉えることで，学習方略の使用に対する有効性の認知の効果をより詳細に検討できる。

学習方略には様々な種類があるが（村山, 2007），記憶研究の枠組みから示されているように（藤田, 2007b; Hartwig & Dunlosky, 2012; Kornell & Bjork, 2007; Ozubko et al., 2012; Yue et al., 2015），いついかなる状況においても効果的

であるといった学習方略は想定されていない。そのため,「どのように」使用することが効果的かといった使用法の条件も重要である。学習方略の使用は,主に自己調整学習の枠組みで検討されてきた（Pintrich & De Groot, 1990）。自己調整学習は学習者が主体的に自身の学習状況を把握して適切な方略を使用する学習形態である。一方で,自己調整学習が適用できない場合,自身の状況を把握せずに,何らかの学習方略をとにかく使用し続けている可能性がある。特に適切な学習方略は状況によって変わりうるため（藤田,2007b）,学習者がもつ方略の適切な使用に対する認知と学習方略の使用との関係を明確にすることは,自己調整学習の枠組みにとっても重要である。研究4では,とにかく使い続けることが効果的であるという認知を「恒常的な有効性の認知」,状況に合わせて使うことが効果的であるという認知を「適宜的な有効性の認知」として検討する。

3-3. 学習者個人内での方略の使用とメタ認知的知識

これまでの先行研究は,学習方略の使用と有効性の認知の相関関係を個人差によって捉えてきた（e.g., 村山,2003b）。この場合,結果の解釈は参加者が基準となる。吉田・村山（2013）はこの点を批判的に捉えた。彼らは数学学習における多様な方略を測定し,個人内での各方略項目の使用得点と専門家集団による各方略項目の有効性の評価との相関によって,効果的な方略が適切に用いられているかを検討した。研究4においてもこれらの先行研究と同様に,学習方略の使用と方略知識との関係や,「いつ」「どのように」といった条件を設けた有効性の認知との相関関係について,方略項目を基準とした個人内相関によって検討する。このように個人内相関を検討することは,生態学的妥当性が高い方法であると考えられる。

例えば,我々はよく複数の選択肢から何らかの理由によってその一つを選択する（Kahneman, 2011）。学習場面においても,学習者はある学習課題に対して複数の方略から使用する方略を選択している可能性がある。なぜその方

略を選択して使用するのかを明確にするためにも，個人内相関に注目することは有益であると考えられる。本研究では個人内での使用・回答傾向を分散させるために，先行研究では分けられている方略（e.g., 意味理解方略と丸暗記方略，モニタリング方略とコントロール方略）の項目を分けずに分析に用いる。

　ただし，個人間相関によって学習方略の使用を規定する要因を検討してきた先行研究と同じ個人間のレベルにおいても規定要因を明確化することが望ましいと考えられる。そのため，研究 1，2，5 では参加者を基準に，個人間レベルでの検討を行うこととする。

第 4 節　定期試験を基準とした測定時期

　教育実践的な視点に立つと，上述した先行研究のようにある時点における学習方略の使用を測定するだけでなく，その後どの程度使用するつもりかといった学習方略の使用意志を測定することも重要であると考えられる。学習方略の使用を規定する要因と定期試験を基準とした測定時期という二つの問題点は，どちらも学習者全般にあてはまるものである。しかし，学習方略の使用意志に注目したとき，定期試験の得点やその予想によって，学習方略の使用に対する規定要因の影響が異なる可能性がある。例えば，得点が高かった学習者は試験の前後で方略の使用を変える必要性は感じないであろうし，低かった学習者はそれを機に変える必要性を感じるかもしれない。中学生，高校生，大学生は学習に取り組むにあたり，その遂行に対して成績評価が伴うことが多い。そして，この成績評価を決めるには定期試験での成績が大きな割合を占めるだろう。テスト形式（村山，2003a）や機会としての定期試験（鈴木・西村・孫，2015）が学習に与える影響は検討されている。そこで研究1では，学習者が定期試験直後に予想した得点の高低によって，「学習方略の使用意志」が規定される要因の様相が異なるか否かについても検討する。さらに，研究5，6では定期試験時の学習に対して影響する要因を明確にす

るために，定期試験前の平常時にも注目する。

一方で，定期試験に出題される学習内容は，定期試験直前に学習した内容に，その範囲が限定されることはないだろう。試験までは期間があるが，学習している内容が出題される可能性のある平常時の学習によって，試験時の学習が変化する可能性がある（e.g., 平常時の学習が不十分なので，試験時により勉強する必要がある）。このように，平常時の学習が試験時の学習とどのように関連しているかを明確にすることによって，試験以外の場面においても学習者の学習行動を改善するための示唆が得られると考えられる。

まず，試験がもつ学習への影響について，村山（2003a）はテスト形式によって使用する学習方略が変化するかを検討した。結果として，空所補充型テストを予期した場合は丸暗記方略の使用が高まり，記述式テストを予期した場合は意味理解方略の使用が高まることを示した。その他にも試験と学習について，授業への負の感情と遂行成績との悪循環の関係（Pekrun, Hall, Goetz, & Perry, 2014），試験への認識による自律的な動機づけの変化の違い（鈴木他，2015），定期試験のストレスと情動知能の関係（野崎，2013）が示されている。このように，試験は学習方略などの学習に関わる変数との関係性が示されている。受田・藤田（2010; 藤田・受田，2010）は中学生を対象とし，達成目標が試験時では3因子構造（習得接近目標，遂行接近目標，遂行回避目標）になるが平常時では2因子構造（習得目標，遂行目標）になるなど，測定時期によって潜在因子の様態が異なるという結果を示した。このように特に日本人の学習者を対象としたときに試験の影響が考えられるが，測定時期に留意した研究はあまり見受けられないのが現状である。研究5では，平常時と試験時のそれぞれの時点において，学習方略の使用を規定する要因が異なるかを明確にする。

一方で，学習者は試験時だけではなく，定期試験まで時間のある時期（平常時）においても学習を行うことが望ましい。定期試験においては平常時に学習した内容も出題されると考えられる。つまり，平常時と試験時は独立し

て考えるべきではなく，学習者にとって連続しているだろう。村山（2003a）の知見は教育実践に近い実験であったが，学習後すぐに試験が設けられた。そのため，平常時の学習を考慮することはできない。また，上述の感情や動機づけの研究においても，各変数は試験時に測定されていた。このように，学習者にとっては平常時と試験時がつながる可能性があるにもかかわらず，平常時における学習は未検討である。このことからも，平常時の学習について注目することには価値がある。そして，定期試験を基準として，定期試験時の学習に対して，平常時の学習がどのように関係しているかを明確にすることで，教育実践に対して，介入時期を考慮した介入方法の提案が可能となる。

　加えて，研究1で取り上げる学習方略の使用意志が，次の試験期間中の学習方略の使用やその認知との関係も検討すべきである。学習方略の使用意志と有効性の認知との関係を明確にすることで，学習方略の使用を促進するために有効性の認知にどのように介入すべきかを明確にすることができる。例えば，ある学習方略の使用に対して，使用意志と有効性の認知が独立に方略使用に影響している場合，試験時に介入することで，その方略使用を促進できる可能性がある。一方で，学習方略の使用意志が有効性の認知にも影響していた場合，平常時の段階で試験時ではどのような方略を使用すると良いかを教授する必要があるかもしれない。研究6では，前の時点（平常時）にもった学習方略の使用意志が，次の時点（試験時）の学習方略の使用やその有効性の認知とどのような関係性をもつかを明確にする。

第5節　本論文の目的と構成

　第1章の第1節では，学力低下や適切な学習者とは何かについて取り上げ，学習方略の使用に注目することで，学習内容のより効率的な習得や遂行成績の向上が期待できる可能性に言及した。そして，第2節から第4節では学習

方略の使用を規定する要因について，学習方略の使用との関係が検討されて
きた動機づけ要因と認知的要因の各変数について取り上げた。

　第2節では，学習そのものに対する姿勢，そして学習する理由である動機
づけを取り上げた。その中でも特に近年理論的な発展および検討が活発であ
る達成目標理論と自己決定理論の各変数と，学習行動および学習方略の使用
との関係性について述べた。そして，学習方略の使用を規定する変数として，
得られた結果の解釈と先行研究との理論的な比較といった観点から，達成目
標理論が優れていると結論づけた。そのため，本論文では学習者の達成目標
を測定し，学習方略の使用に対する影響を検討する（研究1，2，5）。また，
動機づけは学習者個人の学習に対する姿勢や理由を特徴付けるものである。
そのような学習者個人の動機づけの性質やその程度の違いから，学習方略の
使用とその方略を使用することに関する認知との個人内での関係性の個人差
について，説明できる可能性についても述べた（研究2，3，6）。また，近年
は達成目標を教示などによって働きかけてある特定の目標に誘導した検討も
あることも取り上げた（e.g., Murayama & Elliot, 2011）。

　第3節では，第2節の動機づけ要因と比較して先行研究では取り上げられ
ることは少なかったが，教育実践において動機づけ要因よりも介入が容易で
ある（村山，2003b），認知的要因について述べた。認知的要因には学習その
ものに関する認知と学習方略の使用に対する認知があり，その中でも特に学
習方略の使用に対するメタ認知的知識を取り上げた。メタ認知的知識は，方
略そのものに関する知識（方略知識），使用の仕方の知識（手続知識），どのよ
うなときに使用できるかといった知識（有効性の認知，コスト感）に分けるこ
とができる。そして，有効性の認知が高い方略ほどよく使用するなど，学習
方略の使用と有効性の認知との間には正の相関関係が示されている（村山，
2003b；佐藤，1998）。ただし，動機づけ要因と認知的要因を取り上げた研究の
中には，動機づけ要因の変数の方が認知的要因の変数よりも学習方略の使用
をより強く規定するといった知見を示した研究もある（Beger & Karabenick,

2011; Nolen, 1988)。つまり，現在のところ，どちらの要因がより学習方略の使用を規定するかは明確になっているとはいえない（Figure 1-6参照）。

第4節では，学習方略の使用を規定する要因をめぐる議論の中で，測定時期がもつ，ある学習方略の使用と動機づけや有効性の認知との関係性に対する影響について述べた。その中でも特に中高生や高校生，大学生においても実施される定期試験について取り上げた（テスト形式の効果として村山，2003a，2004；動機づけの変化については鈴木他，2015）。定期試験に向けた（試験時の）学習について取り上げられることが多いが，自己調整学習の観点からは試験時だけでなく自律的に平常時にも学習すべきである。そのため，平常時の学習にも注目すべきであることを述べた。

5-1. 教育実践における意義

学習方略の使用を規定する要因として，認知的要因である有効性の認知や，その有効性の認知をメタ認知的知識として捉えた際の効果を明らかにすることは，学習方略を使用するまでの過程を明らかにする一助となる知見を得るといった学術的な意義だけではなく，教育実践においても新たな知見を与えることができる。先行研究において，動機づけ要因に注目してきた研究では，ある動機づけを高めることで適切な学習方略の使用につながるという知見を提供している。これを教育実践の視点で捉えると，学習者が学習内容に興味をもつような介入をすることが求められているといえる。動機づけは学習者のこれまでの学習経験を大きく反映したものであると考えられるため，変化を求めるには介入期間が長くなるなどのコストを伴うかもしれない。

一方で，学習方略の知識やその有効性を教授するのは，短い期間で可能である。例えば，学習方略の使用と有効性の認知や方略知識との間に正の相関関係がみられた場合，毎回の単元前に授業担当者がどのような方法で学習すると効果的かを教授するだけで，その方略の使用の程度が増えるかもしれない。そして，課題に適切な学習方略を用いることができるようになることで，

学業成績の向上が期待できる。また，動機づけの向上も期待される。岡田（2007）は，学習者に課題に適切な学習方略を教授したところ（この場合，英単語学習），学習内容に関与する動機づけ得点が上昇することを示した。つまり，本論文で注目している有効性の認知や方略知識によって学習方略の使用を促進することで，最終的には望ましい動機づけ（自律的な動機づけ）が向上する可能性もある。このことから，有効性の認知や方略知識がもつ学習方略の使用への影響を明らかにすることで，適応的な学習者になるためには重要な知見が得られるといえるだろう。

5-2. 本論文の構成と各章および研究の目的

本論文は第2章から第5章を通して，上述の点を明らかにするために調査と実験を実施する。第2章では，主に学習方略の使用を規定する要因について，先行研究と同様に個人間のレベルで検討する。研究1では高校生の英単語学習について，動機づけ要因（達成目標）と認知的要因（学習観，有効性の認知，コスト感）の変数をモデルに同時に投入して，どちらがより直接影響するかを明らかにする。研究2は研究1の予備的な分析であり，研究1で取り上げた認知的方略と学業的援助要請の使用傾向についてまとめ，メタ認知的活動や達成目標によって説明できるかを明確にする。研究1の調査対象を高校1，2年生とする理由として，定期試験があることと，大学入試に向けた学習の影響が高校3年生と比較して少ないと考えられたためである。このような高校生を対象とした学習方略の使用を検討した先行研究は多くみられる（e.g., 堀野・市川，1997）。そのため，これらの研究と結果の比較が可能となる。研究2は研究1のデータを再分析する。

第3章では有効性の認知をメタ認知的知識における条件知識として捉え直し，その基礎となる方略知識がもつ学習方略の使用および有効性の認知への影響や，条件を明確にすることで有効性の認知がもつ学習方略の使用への影響が異なるかを明確にしようとする。研究3では大学生の説明文読解時の方

略について，学習方略の使用に対する方略知識の有無の主効果，および方略
知識の有無によって有効性の認知の単純傾斜が異なるかを明確にすることで，
方略知識がもつ学習方略の使用における役割を検討する。研究4では有効性
の認知について，その条件を先行研究にみられる「いつ」の条件（短期的，
長期的）に加えて，「どのように」の条件（恒常的，適宜的）を取り上げた。こ
のように，研究3，4はそれぞれメタ認知的知識の役割や条件といった理論
的な枠組みを検討する。そのため，複数の学習方略に関する方略知識や有効
性の認知を持ち合わせている，あるいは客観的に評価することが参加者には
求められる。そこで，研究3，4では参加者はこれまでに十分な学習を経験
している必要があり，ここでは大学生を対象とすることにした。

　第4章では平常時と試験時といった測定時期による学習方略の使用とその
認知との関係性への影響を明らかにする。研究5では第2章の問題意識を受
けて，高校生の英単語学習について，平常時と試験時で学習方略の使用を規
定する要因が個人間レベルで異なるかを検討する。研究6では，平常時と試
験時の関係性にも注目し，また，これまでの本論文の研究で示された知見を
反映した総合的なモデルによって学習方略の使用に至るまでの過程を明確に
する。定期試験を基準として学習方略の使用を測定するために，内申点の評
価が受験にも影響する場合があり，定期試験に重要な意味をもつ中学生を対
象とする。科目は村山（2003a，2003b，2004）や篠ヶ谷（2008）と同様に社会科
学習を取り上げる。研究5は研究1のデータ（試験時）と，測定時期を変え
た（i.e., 平常時）追試のデータである。

　第5章では第2章から第4章で明らかにされた有効性の認知や方略知識を
統制し，ある課題に対して達成目標に方向付けることの学習方略の使用促進
の効果について検討する。適切な学習方略を使用しないのは，方略知識の欠
如や有効性の認知の低さであると本論文の研究では結論づけられる。一方で，
方略知識や有効性の認知のようなメタ認知的知識を学習者に教授した場合に
おいても，その方略を使用しない可能性がある。それは，いかに適切な方略

を使用できるだけのスキルを持ち合わせていても，その課題や科目に関心がなければ学習行動が生起しないことが理由の一つとしてあげられる。このような課題や科目に取り組む姿勢の個人差こそが，先行研究の多くが取り上げていた動機づけ要因（達成目標）である。研究7では全ての参加者にある課題で適切な方略を教授し，その上で課題に対して習得接近目標と遂行接近目標に方向付け，適切な符号化の取り組み（ここでは体制化）を用いたかを記憶成績から明らかにしようとする。研究7では大学生を対象とする。その理由として，研究3，4と同様に仮説検証に基づく理論の検証を目的としているためである。体制化について方略知識を教授し，練習試行によって手続知識も確認を行う。これら一連の手続きを参加者間で統一する必要があるため，大学入試を通して学習を行った経験のある大学生を対象にすることで，体制化の方略知識や手続知識がもつ学習方略の使用に対する影響を統制することができると考えられる。

　最後にまとめとして本論文の主要な点を考察した。具体的に，学習方略の使用と有効性の認知との関係，動機づけの役割，教育実践への示唆，本論文の限界と今後の展望について述べた。なお，本論文の各研究では，分析によって標準化しない係数（非標準化係数 b と表記）と標準化した係数（南風原，2002b を参考に標準化係数 b^* と表記）を用いている。標準化した解を報告することで結果の解釈がしやすくなり，教育実践においても期待できる介入効果を明確にすることができる。しかし，用いるモデルや分析によっては適切な標準解が求められない場合があり，その際には非標準化係数を報告する。

第2章　学習方略の使用を規定する要因の検討

第1節　目的

　第2章では学習方略の使用に対する規定要因について，動機づけ要因と認知的要因から検討する。そして，学習方略の使用についてより効果的に介入するためにも，どちらの要因の変数が学習方略の使用との関係性がより強くみられるのかを明確にすることを目的とする。動機づけ要因としては，日本国内外問わず多くの検討が重ねられている達成目標理論における3目標視点より（Elliot & Church, 1997），習得接近目標，遂行接近目標，遂行回避目標を取り上げる。認知的要因は学習全般に関する学習観と，学習方略の使用に対する認知である有効性の認知とコスト感である。また，研究1では遂行成績の代替として試験の予想得点を個人差として取り上げ，学習方略の使用やその認知が，次の試験に向けて使用するつもりか否かといった学習方略の使用意志とどのような関係性を示すかも明確にしようとする。以下に，研究1，2の位置づけを示す。

　研究1では，学習方略の使用における規定要因について，別々に扱われることの多かった動機づけ要因と認知的要因の両方を取り上げ，どちらの要因が方略使用をより促進するかを示すことを目的とする。その際，文系・理系を問わず重視される英語学習に注目し，その中でも英語科の分野（文法，読解など）に関わらず基礎的な学習になっていると考えられる英単語学習方略の規定要因を検討する。ただし，「英単語のみの学習」に対する達成目標や学習観が存在すると仮定するには無理があると考え，本研究で扱う達成目標と学習観は「英語学習全般」に対するものとした。規定要因と学習方略が直

接的な対応関係にないが，先行研究においても規定要因と学習方略の対応関係が直接的ではなく（e.g., 堀野・市川，1997），先行研究によって得られた知見と本研究の結果を比較する上では問題はないものと考える。また調査対象は，最低でも3年間は英語学習を経験し，語彙数もある程度は多くなっていると考えられる高校1，2年生とする。

　次に，定期テスト後の方略使用への意志に注目し，予想得点の高低によって個人差があるかを検討する。本研究では実際の得点が得られなかったため，代わりに予想得点を分析対象とした。教育実践への介入を想定した場合，より介入が必要なのは学業成績に向上の余地がある学習者に対してである。本研究では予想得点における個人差を取り上げることで，より適切な介入を行うための視点を提供することも目的とする。

　研究2は，認知的方略と学業的援助要請の使用傾向をクラスター分析によって分類し，使用のタイプごとに達成目標の得点とメタ認知的方略使用得点が異なるか明確にすることを目的とする。この比較により，逆行的にメタ認知的方略や達成目標の高低によって使用する方略の傾向が異なるかを明確にしようとする。また，学習方略の使用に対しては有効性の認知が影響していることが指摘されている（e.g., 村山，2003b）。そこで，使用する学習方略の傾向ごとに，メタ認知的方略使用への有効性の認知の影響が異なるかも明確にすることも目的とする。なお，研究2のデータは研究1と同一のものである。ただし，研究1では学習方略の使用を従属変数としたが，本研究は独立変数とするため，異なる知見が導きだされると考えられる。

第2節　研究1：学習方略の使用に対する認知的要因と動機づけ　　　　要因の影響[4]

　研究1では，これまで明らかにされてこなかった，学習方略の使用に対する動機づけと認知的な要因のどちらが，より学習方略の使用と直接的な関係

性がみられるかを明確にすることを目的とする。また，テストの予想得点を個人差として，次の試験に向けて使用するつもりかといった学習方略の使用意志に対する学習方略の使用やその認知がもつ説明力が異なるかも検討する。

2-1. 方法

2-1-1. 調査協力者
都内の私立大学付属高校1，2年生各6クラスのうち，同意が得られた293名（男性153名，女性140名）を対象とした。所属する生徒の約90%が系列の大学に進学する。調査協力校との確約により，同校の教育内容や方針は非公開とする。

2-1-2. 質問紙の構成
予想得点とそれに対する満足度，英語達成目標，英語学習観，英単語学習方略に関する尺度の4部で構成された。予想得点とその満足度は常に調査の冒頭で回答を求め，その他の3部は疲労の効果を考え冊子に含める尺度の順序を変えた。さらに項目の提示順序をカウンターバランスした合計12種類の質問紙を各クラスに割りあてた。

定期テストの予想得点とそれに対する満足度　直前まで実施されていた定期テストの英語1，2のテスト予想得点（0−100点）を回答するよう求めた。また，その予想した得点に対する満足度について6件法（1. まったく満足していない，2. 満足していない，3. あまり満足していない，4. 少し満足している，5. 満足している，6. 非常に満足している）で回答を求めた。

英語達成目標尺度　田中・山内（2000）を参考に「習得目標」，「遂行接近目標」，「遂行回避目標」を想定した各6項目を作成した。

4）「山口　剛（2012）．高校生の英単語学習方略使用と認知的・動機づけ要因の関係──有効性の認知の効果に注目したテストの予想得点における個人差の検討──　教育心理学研究，*60*，380-391.」を一部加筆・修正した。

英語学習観尺度　植木（2002）を参考に「方略志向」5項目，「勉強量志向」5項目，「環境志向」6項目を想定し作成した。

英単語学習方略尺度　認知的な方略は堀野・市川（1997），佐藤・新井（1998）を参考に「体制化方略」，「精緻化方略」，「反復方略（e.g., 英単語を繰り返し書いて覚える）」を想定した各5項目を作成した。メタ認知的方略は，市原・新井（2006），佐藤・新井（1998）を参考に「モニタリング方略」，「コントロール方略」，「プランニング方略」を想定した各3項目を作成した。援助要請は瀬尾（2007）を参考に「自律的援助要請」，「依存的援助要請」を想定した各3項目を作成した。さらに，大学生59名（男性：26名，女性：33名）を対象に，自由記述による英単語学習に関する予備調査を実施し，新たに体制化および精緻化方略に1項目ずつ加えた。最終的に調査で実施した方略に関する項目は32項目であった。回答に際して，一つの質問項目に対して，同時に4観点から回答を求めた。教示は「勉強の仕方に対して，（1）あなたが実際に中間テスト前におこなっていた程度（テスト前の実際の使用），（2）次のテストに向けて今すでにおこなっている，あるいはおこなうと思う程度（テスト後の方略使用への意志），（3）どのくらい効果的な勉強法だと思うかの程度（有効性の認知），そして（4）そのやり方で勉強することが面倒だと思う程度（コスト感），について回答してください。」であった。すべての尺度について6件法（1. まったくあてはまらない，2. あてはまらない，3. あまりあてはまらない，4. 少しあてはまる，5. あてはまる，6. 非常にあてはまる）で回答を求めた。

2-1-3.　手続き

調査実施に際して，精神衛生・健康やプライバシーを侵害しないよう配慮していること，研究成果を報告する際は個人・所属が特定できないようにして同意書と質問紙は切り離した上で厳重に保管・責任をもって破棄すると，参加は強制ではなく不参加の場合や途中棄権の場合も何ら不利益が生じないことを書面と口頭で伝えた。調査は2010年10月下旬に実施された中間試験最

終日，試験終了後のホームルーム中に，各クラス内で集団で行われた。教示や進行はクラスを担当されている教員に依頼した。上述の調査内容および実施手続きは法政大学文学部心理学科・心理学専攻倫理委員会の承認を得て実施されている。

2-2. 結果と考察

2-2-1. 各尺度の因子構造

各尺度の因子構造を検討するために，因子間に相関を仮定した確認的因子分析（最尤法）を行った。また，内的整合性の指標であるω係数（McDonald, 1999; 村山, 2003b）により，各下位尺度の信頼性を検証した。各尺度の適合度を Table 2-1 に示す。加えて，各尺度で各因子に負荷の高い項目を尺度項目とし，各項目の平均値を尺度得点とした。最終的に分析に用いた尺度項目を Table 2-2 に示す。

英語達成目標　3因子モデルを確認した。RMSEA の値がやや高いが，十分に高い適合度が得られたといえる。得られた下位尺度は「習得目標」4項目（$M=4.57$, $SD=1.10$, $\omega=.90$），「遂行接近目標」3項目（$M=3.20$, $SD=1.22$, $\omega=.84$），「遂行回避目標」3項目（$M=3.57$, $SD=1.17$, $\omega=.77$）であった。適合度および信頼性は十分であったため，尺度構成は適切だと判断した。

英語学習観　3因子モデルを確認した。RMSEA の値がやや高いが，十分に高い適合度が得られたといえる。得られた下位尺度は方略志向3項目（$M=4.79$, $SD=0.75$, $\omega=.71$），勉強量志向3項目（$M=4.69$, $SD=0.89$, $\omega=.68$），環境志向3項目（$M=3.57$, $SD=1.08$, $\omega=.75$）であった。適合度および信頼性は十分であったため，尺度構成は適切だと判断した。

英単語学習方略　認知的方略，メタ認知的方略，援助要請は異なった学習の側面であると考えられるため，それぞれ分けて分析した。まず各方略の「テスト前の実際の使用」について分析し，その後，「実際の使用」で得られた因子構造を他の3観点にも当てはめた。平均値，標準偏差，ω係数を

Table 2-1
確認的因子分析（最尤法）による各尺度・観点ごとの適合度

変数	AGFI	SRMR	CFI	RMSEA
達成目標	.88	.07	.95	.10
学習観	.91	.06	.93	.08
学習方略				
認知的方略				
実際の使用	.95	.03	.99	.04
使用への意志	.95	.03	.99	.05
有効性の認知	.96	.03	.98	.04
コスト感	.93	.05	.96	.07
メタ認知的方略				
実際の使用	.87	.07	.86	.10
使用への意志	.89	.06	.91	.09
有効性の認知	.94	.05	.95	.05
コスト感	.92	.04	.95	.07
学業的援助要請				
実際の使用	.93	.05	.97	.09
使用への意志	.89	.06	.94	.13
有効性の認知	.89	.06	.91	.13
コスト感	.93	.04	.97	.09

注）AGFI は adjusted goodness of fit index であり，値が 1 に近づくほどモデルとデータの当てはまりが良いと判断される。SRMR は standardized root mean square residual であり，値が 0 に近いほどモデルとデータの当てはまりが良いと判断される。CFI は comparative fit index であり，値が 0 に近いほど独立モデル（パスを全く仮定しない当てはまりの悪いモデル）から乖離していると判断される。RMSEA は root mean square error of approximation であり，値が 0 に近いほどデータとモデルの乖離が小さいと判断される。

Table 2-3 に示す。

　認知的方略に関して，3 因子モデルを確認した。分析の結果，十分に高い適合度が得られた。得られた下位尺度は「体制化方略」3 項目，「精緻化方略」3 項目，「反復方略」2 項目であった。メタ認知的方略に関して，3 因子を想定した分析では因子間の相関係数が大きな値を示したため，1 因子の「メタ認知的方略」9 項目とした。各指標の値は高くはないが，因子あたりの項目数が多いことが原因であると考えられる（cf. 南風原, 2002a）。そのた

Table 2-2
研究 1, 2, 5 で用いた英語達成目標, 英語学習観, 英単語学習方略の項目

英語達成目標		
習得目標	遂行接近目標	遂行回避目標
英語を将来の役に立てたい	他の人よりも英語で良い点数を取ることは大切だ	他の人より悪い点数を取りたくない
英語の知識を増やしたい	英語が他の人よりもできることは大切だ	英語の知識について，人より低く見られたくない
できるだけ英語についてたくさんの知識を学びたい	英語の知識をたくさん増やして自慢したい	他の人から，英語の知識が少ないと思われるのでは，と心配になる
英語を身につけたい		

英語学習観		
方略志向	勉強量志向	環境志向
英語の勉強の仕方を自分で工夫することは重要である	一日何時間と決めてコツコツ英語を勉強していれば，いつか報われる	いい塾に通えば英語ができるようになる
英語の勉強方法を工夫することで，良い成績がとれる	とにかく根気強く英語を勉強し続けることで効果が出る	家庭教師に教えてもらえば英語の成績は上がる
人それぞれ，自分にあった英語の勉強方法を工夫すると効果がある	同じ範囲の英語の勉強を繰りかえしているうちに，いつの間にかそれが身につく	英語の教え方のうまい先生に習っていれば，成績は良くなる

英単語学習方略		
認知的方略	メタ認知的方略	学業的援助要請
	一度覚えた単語でも，正しく覚えているかどうか確認する	
体制化方略	どうやったらよく英単語を覚えられるか，考えてから始める	**自律的援助要請**
スペルや発音が似ている単語，意味が似ている単語はまとめて一緒に覚える	それまでの覚え方が自分にあっているかどうか考える	英単語をうまく覚えられないとき，友達や先生に聞く前に，まず自分でいろいろ試してからにする
一つの英単語のいろいろな形（名詞形・動詞形など）を関連させて覚える	どのように英単語を覚えるか，最初に計画を立てる	英単語のよりよい覚え方を先生や友達にアドバイスをもらうときは，まず自分でいろいろ試してからにする
同意語，類義語，反意語を取り上げてまとめて覚える	すでに覚えた単語と，まだ覚えていない単語を区別する	**依存的援助要請**
精緻化方略	よく覚えられなかったら，覚え方を変えてみる	英語の成績が良い友達と同じ覚え方をする
自分の身近なもの・ことと結び付けて覚えようとする	英単語を覚える十分な時間を作るために学習スケジュールを考える	先生に言われたとおりの覚え方をする
今まで知っている単語と比較・対応させながら覚える	より重要な，優先的に覚えるべき単語はどれか考える	先生や英語がよくできる友達に，覚え方を教わる
他の単語と関連させて，連想できるようにして覚える	よりよい単語の覚え方を見つけようとする	

Table 2-3
各方略・観点ごとの尺度得点の平均値（*M*），標準偏差（*SD*），ω係数

変数		認知的方略			メタ認知的 方略	学業的援助要請	
		体制化	精緻化	反復		自律的	依存的
テスト前の	*M*	2.93	3.31	3.90	3.04	3.18	2.47
実際の使用	*SD*	1.19	1.27	1.34	0.92	1.35	1.13
	ω	.75	.78	.50	.80	.72	.73
テスト後の	*M*	3.17	3.38	4.03	3.23	3.23	2.65
使用への意志	*SD*	1.24	1.24	1.31	0.97	1.36	1.17
	ω	.80	.78	.55	.82	.73	.72
有効性の認知	*M*	4.01	4.01	4.68	3.78	3.71	3.23
	SD	1.05	0.98	0.94	0.80	1.19	1.13
	ω	.69	.66	.44	.74	.59	.66
コスト感	*M*	3.95	3.56	3.89	3.88	3.83	3.69
	SD	1.19	1.16	1.18	1.03	1.26	1.24
	ω	.78	.75	.45	.86	.64	.72

注）尺度得点の得点可能範囲は1から6点であり，理論的な中央値は3.5点である。ω係数は0から1の間で得点を取り，1に近づくにつれて内的整合性が高いとされる。

め，本研究では1因子解を採用する。援助要請に関して，2因子モデルを確認した。分析の結果，RMSEAの値がやや高いが，十分に高い適合度が得られたといえる。得られた下位尺度は「自律的援助要請」2項目，「依存的援助要請」3項目であった。各方略において，反復方略を除く各方略の適合度および信頼性は十分であったため，実際の使用における尺度構成は適切だと判断した。

　次に，実際の使用で得られた因子構造が，他の3観点にも適切な構成であるかを適合度とω係数から検証した。各観点において適合度は十分であった（Table 2-1参照）。また，反復方略を除いて，ω係数は十分な値であった（Table 2-3参照）。このことから，他の3観点においても尺度構成は適切だと判断した。なお，反復方略に関して，十分な信頼性が得られなかったため以後の分析では除外する。ここで，各方略が実際に使用されていた程度である「テスト前の実際の使用」という観点において，意味的な中央値である3.5を超えたのは反復方略だけであった。以下の分析では方略使用をさらに促進す

第 2 章　学習方略の使用を規定する要因の検討　　55

ることを目的とし，どのような要因から介入すべきかを検討する。

2-2-2. 尺度間の相関関係と因果モデルの検討

　相関関係の分析　以下で使用する変数は，下位尺度を構成する項目の評定平均値であり，合成変数である。予想得点と満足度は学年によって試験問題の難易度が異なっていると考えられるため，各学年で平均値 0，標準偏差 1 に標準化した。予想得点において平均より 3 標準偏差以上外れた対象者は以後の分析から除外し，290 名を対象に分析した。また，その他の尺度得点は学年を分けずに標準化した。下位尺度間の相関係数を Table 2-4 に示す。

　モデルの比較　方略使用に対する認知的要因と動機づけ要因のどちらがより方略使用とその意志を規定するか検討する。そこで，動機づけ変数から方略使用への媒介変数として，有効性の認知とコスト感を仮定した森（2004）と，学習観を仮定した中山（2005）を参考に，達成目標，学習観，有効性の認知とコスト感，「テスト前の方略使用」と「テスト後の方略使用への意志」の順にパスを仮定したモデルを設定した（Figure 2-1）。パスは 5 ％水準で有意なものを採用した。このモデルをモデル 0 とし，達成目標のみを規定要因とするモデルをモデル 1，達成目標から方略使用への媒介変数として学習観を仮定した中山（2005）をモデル 2，達成目標から方略使用への媒介変数として有効性の認知およびコスト感を仮定した森（2004）をモデル 3 として，モデルの比較を行った。

　その結果，各方略ですべてのモデルの適合度が良好であったが（AGFIs $> .90$，SRMRs $< .10$，CFIs $> .95$，RMSEAs $< .08$），PCFI はモデル 0 が高かった（PCFIs $_{model 0}$ = .55-.64，PCFIs $_{model 1}$ = .49-.50，PCFIs $_{model 2}$ = .52-.57，PCFIs $_{model 3}$ = .42-.52）。また，方略使用の説明率（R^2）は，有効性の認知とコスト感を用いたモデル 0 と 3 が高かった（$R^2s _{model 0}$ = .28-.44，$R^2s _{model 1}$ = .04-.10，$R^2s _{model 2}$ = .05-.12，$R^2s _{model 3}$ = .29-.44）。これより，以下の分析ではモデル 0 を採用する。例として，体制化方略の分析結果を Figure 2-1 に示す。モデル 0 の各

Table 2-4
達成目標,学習観,有効性およびコスト感の認知と方略使用の相関係数 ($n=293$)

学習方略	達成目標 習得目標	達成目標 遂行接近目標	達成目標 遂行回避目標	学習観 方略志向	学習観 勉強量志向	学習観 環境志向	有効性の認知	コスト感	実際の使用
テスト前の実際の使用									
体制化方略	.24*	.09	.19*	.20*	.10	.10	.42*	-.40*	—
精緻化方略	.28*	.23*	.27*	.30*	.16*	.15*	.57*	-.49*	—
メタ認知的方略	.22*	.32*	.30*	.28*	.15	.21*	.52*	-.37*	—
自律的援助要請	.26*	.11	.20*	.26*	.14	.04	.61*	-.28*	—
依存的援助要請	.11	.20*	.17*	.02	.08	.18*	.58*	-.29*	—
テスト後の方略使用への意志									
体制化方略	.25*	.07	.17*	.22*	.13	.05	.53*	-.41*	.72*
精緻化方略	.27*	.23*	.30*	.30*	.20*	.14	.64*	-.48*	.79*
メタ認知的方略	.24*	.27*	.28*	.35*	.23*	.17*	.67*	-.43*	.68*
自律的援助要請	.24*	.09	.21*	.21*	.15	.01	.66*	-.28*	.77*
依存的援助要請	.13	.18*	.12	.06	.10	.21*	.70*	-.33*	.76*

$*p<.01$

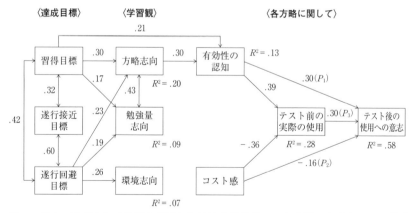

Figure 2-1. モデル0の体制化方略における分析結果。5％水準で有意なパスや共分散のみ記載しており,いずれも標準化された値である。誤差は省略している。R^2は重相関係数の2乗。モデルとデータの適合度は良好であった(AGFI = .957, SRMR = .054, CFI = .993, PCFI = .515, RMSEA = .025)。P_1からP_3は多母集団同時分析の際に比較するパスである。値は Table 2-6 に対応する。
注)有効性の認知およびコスト感,実際の使用は各方略に対応したものである。

方略において，依存的援助要請を除いて方略志向が有効性の認知に対して有意な正のパスを示していた（標準化偏回帰係数 b^*s = .22-.35）。また，習得目標が方略志向（b^* = .30）と勉強量志向（b^* = .17）に有意なパスを示し，遂行回避目標がすべての学習観に有意なパスを示していた（$b^*_{方略志向}$ = .23, $b^*_{勉強量志向}$ = .19, $b^*_{環境志向}$ = .26）。

予想得点別の規定要因の検討　予想得点の高低によってパスが異なるか検討するために，標準得点±0.5を基準に，予想得点低群（n=84名），中群（n=94名），高群（n=112名）に分けてそれぞれ分析した。各群の標準化する前の平均値は，テスト前の方略の実際の使用およびテスト後の方略使用への意志において，意味的な中央値である3.5を大きく超えることはなかった。また，方略によっては群間差がみられたが，その値に0.5以上の差はなかった。分析は，「テスト前の方略使用」に対して，達成目標の3変数，学習観の3変数，有効性の認知，コスト感の8変数からパスが仮定され，「テスト後の方略使用への意志」に対して，テスト前の方略使用を加えた9変数からパスが仮定された。なお，本研究では予想した得点に対する満足度も測定したが，予想得点と中程度の正の相関を示しており（$r_{1年生}$ = .56, $r_{2年生}$ = .54），また，満足度の高低で分けた分析結果と以下で示す結果のパターンに大きな違いがなかったため，以降は予想得点のみについて記す。

「テスト前の方略使用」に対して，低群における体制化方略を除いて，各群のすべての方略において，有効性の認知が有意なパスを示した（b^*s = .23-.66）。また，低群における依存的援助要請，中群と高群における自律的援助要請を除いて，コスト感が有意なパスを示した（b^*s = − .17-− .41）。達成目標では，低群における遂行接近目標がメタ認知的方略に対して有意なパスを示した（b^* = .21）。学習観から実際の使用へ有意なパスは示されなかった。

「テスト後の方略使用への意志」に対して，各群の全ての方略で実際の使用が有意なパスを示した（b^*s = .22-.77）。また，有効性の認知も各群の全ての方略で有意なパスを示した（b^*s = .15-.51）。コスト感に関しては一貫した

結果は示されず，達成目標と学習観からは一貫して有意なパスが示されなか
った。

　以上の通り，「方略使用」の規定要因として，認知的要因と動機づけ要因
を同時に分析のモデルに投入した結果，本研究では，認知的要因である有効
性の認知が有意なパスを示した。また，「方略使用への意志」は有効性の認
知と実際の使用が有意なパスを示した。このことから，有効性の認知に介入
することで，方略使用の程度が変えられる可能性が示唆された。さらに，有
効性の認知やコスト感に対して，方略によっては各群で学習観の方略志向が
有意なパスを示した。相関分析では，達成目標や学習観の各変数は，方略使
用やその意志と正の相関関係にあったが（Table 2-4 参照），パス解析では方略
の使用やその意志に対して直接のパスは示さず，有効性の認知やコスト感に
有意なパスを示した。

2-2-3. 定期テストの予想得点における個人差の検討

　以上で示された知見は，予想得点の高低に関わらず一貫してみられた傾向
だが，各群でパス係数の大きさにばらつきがみられた。そこで，多母集団同
時解析による係数の一対比較（川端，2007）を行い，係数間に有意な差があ
るか検討する。これは，集団間でパスの値に差があるかを検定するものであ
り，z 値を算出するものである。

　モデルの構成　テスト後の「方略使用への意志」に対するパスが群ごとで
異なるか比較するために，ここでは説明変数として「有効性の認知」および
「コスト感」と「テスト前の実際の方略使用」を取り上げる。また，有効性
の認知およびコスト感に対して方略志向が有意なパスを示したため（b^*s
= .23-.36），学習観のうち方略志向もモデルに投入して検討する（Figure 2-1）。

　学習方略の使用意志に対する各変数の推定値の差の検討[5]　各方略で多母

5）反復方略においても以下に示す結果と同様の傾向がみられた。

第2章　学習方略の使用を規定する要因の検討　59

Table 2-5
各学習方略における配置不変モデルの適合度指標

	AGFI	SRMR	CFI	RMSEA
体制化方略	.99	.02	1.00	.00
精緻化方略	.98	.03	1.00	.00
メタ認知的方略	.93	.03	.99	.02
自律的援助要請	.90	.03	.99	.05
依存的援助要請	.97	.02	1.00	.00

集団同時解析を行った。その結果，各方略の母集団間でパスが等値である制約モデルと，すべての係数が等値である制約モデルで適合度を比較した結果，AIC（Akaike information criteria）や BCC（Browne-Cudeck criteria）によると，制約を設けたモデルの値が小さかった。しかし，制約のないモデルの適合度も良いため，ここでは配置不変モデルを採用した。各方略の適合度をTable 2-5 に，パス係数の値とその比較結果を Table 2-6 に示す。方略使用への意志の重相関係数の二乗は高かった（$R^2s = .41-.85$）。

　まず，有効性の認知から「方略使用への意志」へのパス（Figure 2-1 の P_1）に関して，高群の精緻化方略を除くすべての方略において，パス係数が有意であった（$ps < .01$）。係数の比較では，自律的援助要請において高群よりも低群の方が有意に係数が高かった。それ以外の方略では有意な群間差はみられなかった。これにより，得点予想の高低にかかわらず，有効性の認知から方略使用の促進・定着に介入できる可能性が示唆された。次にコスト感から「方略使用への意志」へのパス（P_2）に関して，パス係数の値の有意性に注目すると，ほとんどの方略で低群のみが有意であった。係数の比較では，精緻化方略において中群と高群よりも低群の方が有意に係数が高かった。また，自律的援助要請と依存的援助要請において高群よりも低群の方が有意に係数が高かった。これにより，コスト感から方略使用へ介入する際には，低群のみ効果が期待できると示唆された。方略の実際の使用から「方略使用への意志」へのパス（P_3）に関して，パス係数は低群におけるメタ認知的方略と自

Table 2-6

テスト後の方略使用意志へのパス係数とその群間比較の検定結果

変数	予想得点			差の検定		
	低群 ($n=84$)	中群 ($n=94$)	高群 ($n=112$)	低群 vs. 中群	低群 vs. 高群	中群 vs. 高群
有効性の認知（P_1）						
体制化方略	.35	.31	.22	≒	≒	≒
精緻化方略	.30	.32	.15	≒	≒	≒
メタ認知的方略	.44	.42	.39	≒	≒	≒
自律的援助要請	.51	.30	.16	≒	>**	≒
依存的援助要請	.44	.31	.30	≒	≒	≒
コスト感（P_2）						
体制化方略	−.27	−.11	−.12	≒	≒	≒
精緻化方略	−.30	−.05	.00	>*	>**	≒
メタ認知的方略	−.30	−.15	−.16	≒	≒	≒
自律的援助要請	−.24	−.05	.01	≒	>**	≒
依存的援助要請	−.22	−.09	−.01	≒	>*	≒
実際の使用（P_3）						
体制化方略	.36	.55	.66	≒	<*	≒
精緻化方略	.48	.54	.77	≒	<*	<*
メタ認知的方略	.21	.44	.48	<*	<**	≒
自律的援助要請	.22	.61	.77	<**	<**	<**
依存的援助要請	.32	.57	.69	≒	<**	<**

≒*n.s.*,　* 5 %（$z>1.96$），** 1 %（$z>2.58$）

注）従属変数はすべて「テスト後の方略使用への意志」である。太字のパス係数は 1 ％水準で有意であり，P_1 は P_3 からは Figure 1 に対応している。

律的援助要請を除いて，全群の全方略で有意であった。係数の比較では，すべての方略で低群－高群比較が有意であり，方略によっては低群－中群，中群－高群比較も有意であった。それらは，一貫して予想得点が低い群よりも高い群の方が係数が高いという結果であった。これにより，テスト得点を高く予想している学習者ほど，次回のテストでもテスト前と同じ方略を使用する傾向があることが示された。

　以上の通り，「テスト後の方略使用への意志」に対するテスト前の方略使用からのパス係数において，予想得点による個人差が顕著に示された。それは，予想得点を高くした学習者ほどパス係数の値も大きいというものであった。このことから，予想得点が高い学習者ほどテスト後に使用する方略を変

えないということが示唆され，低い学習者ほど有効性の認知を高める，コスト感を低めることで，方略の使用を促進できる可能性が示された。また，メタ認知的方略は他の方略と比べて高群においても実際の使用からのパス（P_3）は低く，有効性の認知からのパス（P_1）は高かった。コスト感のパス（P_2）も有意であった。二つの援助要請は，低群と高群の違いが他の方略と比べ，より顕著であった。精緻化方略は実際の使用からのパスが大きく，高群では認知的要因から有意なパスは示されなかった。これにより，方略によってその介入方法が異なりそうである。しかしながら，各群の各方略において有効性の認知からのパスはほとんどの方略で有意であったため（$ps < .01$），方略の使用程度への介入を行うときに有効性の認知に注目することで，予想得点の高低や方略に関わらず使用程度が変わることが期待できる。なお，方略志向から有効性の認知へのパスは，体制化方略の低群，自律的援助要請の高群，依存的援助要請を除いて有意であった（$b^*s = .29-.49$）。コスト感に対しては，二つの援助要請を除いて各方略の高群にのみ有意であった（$b^*s = -.31--.38$）。つまり，英語は勉強方法を工夫することが重要であるという価値観を持った学習者ほど，方略使用に対して有効だと認知していると考えられ，方略志向をモデルに組み込むことは妥当であった。

2-3. 考察

　本研究では，学習方略として認知的方略，メタ認知的方略，援助要請を取り上げ，「テスト前の実際の使用」と「テスト後の使用への意志」を規定する要因の検討を行った。その際に，予想得点の高低によって方略使用意志への係数が異なるかといった個人差を検討した。

2-3-1. 学習方略の使用を規定する要因

　本研究では，学習方略使用を規定する要因として，動機づけ要因（達成目標）と認知的要因（学習観，有効性の認知・コスト感）を取り上げた。相関分析

では，すべての要因が方略の使用と有意な相関を示した（Table 2-3 参照）。先行研究の多くが動機づけ要因を規定要因として取り上げ，本研究の相関分析の結果と同様に，動機づけ要因と方略使用に正の相関関係を示していた（e.g., Elliott & Dweck, 1988；堀野・市川，1997；三木・山内，2005；西村他，2011；Pintrich & DeGroot, 1990）。しかし，動機づけ要因と認知的要因をモデルに投入したパス解析の結果，「テスト前の方略の実際の使用」に対してほとんどの方略で認知的要因である有効性の認知が有意なパスを示した。このことから，森（2004）でも示されているように，先行研究が示した方略使用と動機づけ要因の相関関係は，学習方略使用に対する有効性の認知を媒介した結果である可能性が示唆された。有効性の認知が方略使用を促進するという知見は村山（2003b）や佐藤（1998）ですでに示されているが，本研究では動機づけ要因よりも有効性の認知の方が方略使用との関連が強いという結果であった。

　以上の知見に対して，各群の方略によっては，有効性の認知に対して方略志向が有意なパスを示していたことから，学習観や動機づけ要因への介入も不可欠であるといった指摘が考えられる。しかし，方略知識を教授することで学習意欲が高まるといった先行研究もあるため（e.g., 岡田，2007），介入が比較的容易な有効性の認知から介入し，方略の使用程度を変え，その結果成績が向上することで学習に対する動機づけが高まる，といったプロセスが期待できる。

2-3-2．予想得点による個人差

　方略への使用意志に対する有効性の認知やコスト感の影響について，予想得点による個人差を検討するために多母集団同時解析を行った，その結果，有効性の認知，コスト感，実際の使用の「方略使用意志」に対するパス係数が予想得点の高低によって異なった（Table 2-6 参照）。有効性の認知について，村山（2003b）は目前にあるテストの対策に用いる方略の有効性の認知が方

第2章 学習方略の使用を規定する要因の検討 63

略使用に対し直接の効果があることを示した。本研究においても同様の結果
が示されたが，方略によっては予想得点の高低によって結果が異なった。ま
た，コスト感については低群のみ有意なパスを示した。

　本研究の結果に基づいて考察すると，テスト得点に応じて介入方法を変え
る必要があるといえる。低群には有効性を実感するような課題を行い，繰り
返し慣れることでコスト感を下げる。中群と高群に関しても有効性の認知か
ら方略使用や使用意志に対して有意な正のパスが示されたため，低群と同様
に方略使用の有効性を実感できるような介入を行うことが望ましいと考える。
それに関して，中群および高群は既にある程度の得点を獲得しているため，
介入する必要がないように思われるかもしれない。しかし，より適切な学習
者になるために，複数の方略を状況によって使いこなすことを目指すのが望
ましいだろうし，ある程度の得点が獲得できても，適切な方略を用いないの
は非効率的であるという問題があるため，その点からも中群や高群にも介入
する必要があるだろう。特に高群は方略の使用を変えようとしない可能性が
あるため，例として，テスト形式を空所補充型から記述式に変えることで深
い処理の方略を促進するなど，テスト形式そのものを変えるといった介入も
考えられる（e.g., 村山，2003a）。

　なお，予想得点は実際の得点とずれがあると考えられるが，本研究の予想
得点はテスト後の予想という点でHacker, Bol, Horgan, & Rakow（2000）に
おけるpostdictionsに相当すると考えられる。Hacker et al. (2000) の結果
では，postdictionsはpredictions（テストを受ける前に予想したテストの得点）
に比べて実際のテスト得点と近似し，実際の得点が最も低かった群のテスト
後の予想得点が，実際の得点が最も高かった群の得点範囲に入ることはなか
った。これより，予想得点をもとに群分けを行った場合，実際の得点が低群
の参加者が自分の得点を過大評価したとしても高群に割り振られる可能性は
低いと考えられる。

　研究1では学習方略の使用を規定する要因として動機づけ要因と認知的要

因のどちらがより学習方略の使用を促進するかを検討した。動機づけ要因から達成目標，学習そのものに対する認知として学習観，学習方略の使用に対する認知として有効性の認知とコスト感を取り上げた。いずれの変数からも学習方略の使用に対してパスを仮定した分析を行った結果（Figure 2-1 参照），各方略においても有効性の認知とコスト感がより直接学習方略の使用に対して影響をしていた。このことから，学習方略の使用を規定する要因として，動機づけ要因だけでなく有効性の認知などの認知的要因についてもその効果をより詳細に検討する価値があるだろう。

第3節　研究2：学習者の学習方略使用の特徴と規定要因の違い[6]

研究2ではアプローチを変え，複数ある学習方略の使用傾向について，研究1のデータから暫定的に類型化する。そして，各方略使用の傾向によって達成目標やメタ認知的方略の使用の高低が異なるかを検討し，達成目標や調整機能としてのメタ認知的方略がもつ学習方略の使用傾向・使い分けへの説明を試みる。

3-1. 方法

3-1-1. 調査対象

研究1と同様のデータである。都内の高校生1年生168名（男性78名，女性90名），2年生125名（男性72名，女性53名）が対象であった。同意が得られ回答に欠測のなかった参加者である。

3-1-2. 使用尺度

以下に示す尺度はいずれも研究1と同様である。詳細な下位尺度とその項

6）「山口　剛（2013）．方略使用のタイプによるメタ認知的方略使用および達成目標の違い　日本教育工学会論文誌，*37 (Suppl.)*, 53-56.」を一部加筆・修正した。

目を Table 2-2 に示されている。調査実施の手続きや倫理的配慮に関しても変更はない。

　英語達成目標，英語学習観，英単語学習方略に関する３尺度で構成された。３尺度は疲労の効果を考え，冊子に含める尺度の順序を変えた。さらに項目の提示順序をカウンターバランスした合計12種類の質問紙を各クラスに割りあてた。以下に，尺度ごとの平均（M），標準偏差（SD），内的整合性を表すω係数を示す。なお研究１では，英語学習観は方略使用との関係が達成目標と類似しているため，分析から除外した。

　以下で示す下位尺度の分類は，確認的因子分析によるものであり，モデルは許容できると考えられる（SRMRs<.07，CFIs>.95，RMSEAs<.10）。メタ認知的方略使用における CFI（=.86）と学業的援助要請における RMSEA（=.13）の値は望ましくなかったが，それ以外の指標のあてはまりが良いので，以下においても分析に含めた。

　英語達成目標尺度　習得目標は４項目であった（M=4.57，SD=1.10，ω=.90）。遂行接近目標は３項目であった（M=3.20，SD=1.22，ω=.84）。遂行回避目標は３項目であった（M=3.57，SD=1.17，ω=.77）。

　英単語学習方略尺度　認知的方略は，体制化方略と精緻化方略であった。体制化方略は３項目であった（使用は M=2.93，SD=1.19，ω=.75; 有効性の認知は M=4.01，SD=1.05，ω=.69）。精緻化方略は３項目であった（使用は M=3.31，SD=1.27，ω=.78; 有効性の認知は M=4.01，SD=0.98，ω=.66）。学業的援助要請は，自律的援助要請と依存的援助要請であった。自律的援助要請は２項目であった（使用は M=3.18，SD=1.35，ω=.72; 有効性の認知は M=3.71，SD=1.19，ω=.59）。依存的援助要請は３項目であった（使用は M=2.47，SD=1.13，ω=.73; 有効性の認知は M=3.23，SD=1.13，ω=.66）。メタ認知的方略は９項目であった（使用は M=3.04，SD=0.92，ω=.80; 有効性の認知は M=3.78，SD=0.80，ω=.74）。いずれの尺度も６件法で回答を求めた（1. まったくあてはまらない，2. あてはまらない，3. あまりあてはまらない，4. 少しあてはまる，5.

あてはまる，6. 非常にあてはまる）。

3-2. 結果と考察

3-2-1. 各方略の使用傾向による分類

　体制化方略，精緻化方略，自律的援助要請，依存的援助要請の使用得点から，クラスター分析（Ward 法）によって解釈可能な 4 つのタイプを抽出した。各タイプを Figure 2-2 に示す。なお，クラスター分析に際して，各方略の使用得点は平均 0，標準偏差 1 に標準化した。

　タイプ 1 は，いずれの方略使用も低かった（$n=71$）。そこで，「方略使用低群」とした。タイプ 2 は，精緻化方略の使用は低くはないものの，とくに援助要請の得点が低かった（$n=70$）。そこで，「援助要請低群」とした。タイプ 3 は，全体的に平均を上回っているが，特に依存的援助要請の使用が顕著であった（$n=85$）。そこで，「依存的援助要請高群」とした。タイプ 4 は，依存的援助要請を除いて得点が高く，これらは適切な方略である（$n=67$）。そこで，「自律的学習群」とした。

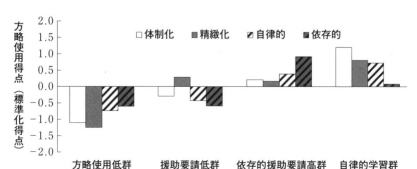

Figure 2-2. クラスター分析（Ward 法）によって分類された使用する学習方略による学習者のタイプ。

第2章　学習方略の使用を規定する要因の検討　67

Table 2-7
方略使用タイプごとの達成目標の3変数とメタ認知的方略の使用および有効性の認知
の平均，標準偏差，分散分析の結果

従属変数	1 方略使用 低群 $n=71$	2 援助要請 低群 $n=70$	3 依存的援助 要請高群 $n=85$	4 自律的 学習群 $n=67$	F値 $df(3,289)$	MSE	効果量 η^2	ω^2	多重比較 (Shaffer法)
習得目標									
M	4.23	4.46	4.58	5.02	6.66**	1.14	.06	.05	1,2,3<4
SD	1.22	1.15	0.90	0.97					
遂行接近目標									
M	2.93	3.12	3.35	3.38	2.23	1.46	.02	.01	$ns.$
SD	1.28	1.27	1.07	1.20					
遂行回避目標									
M	3.16	3.53	3.68	3.94	5.71**	1.31	.06	.05	1<3,4
SD	1.28	1.11	1.03	1.13					
メタ認知的方略の使用									
M	2.35	2.79	3.40	3.57	35.97**	0.62	.27	.26	1<2<3,4
SD	0.89	0.78	0.57	0.90					
メタ認知的方略の使用に対する有効性の認知									
M	3.52	3.65	3.94	4.01	6.49**	0.61	.06	.05	1<3,4
SD	0.86	0.70	0.62	0.91					2<4

$**p<.01$

注）得点可能範囲は1から6点であり，意味的な中央値は3.5点である。

3-2-2.　タイプごとの達成目標の比較

　統計解析ソフトR ver.2.15.1のANOVA君4.3.2のソースを用いて，上述の群で一要因参加者間分散分析を行った。効果量 η^2，ω^2を算出し，多重比較はBonferroni法を調整したShaffer法を用いた。3目標ごとに，各群の尺度得点の平均，標準偏差および分散分析の結果（効果量と多重比較）をTable 2-7に示す。

　習得目標について，有意な効果がみられたが（$p<.01$），効果量は小さかった。多重比較の結果，「自律的学習群」の得点が他の群と比べてより高かった。遂行接近目標について，有意な効果はみられなかった（$p=.08$）。遂行回避目標について，有意な効果がみられたが（$p<.01$），効果量は小さかった。多重比較の結果，「依存的援助要請高群」と「自律的学習群」の得点が「方

略使用低群」と比べて高かった。

これにより，適切な方略（i.e., 体制化方略，精緻化方略，自律的援助要請）の使用が高く，望ましくない方略（i.e., 依存的援助要請）の使用は少ないという使い分けをしていた学習者は，習得目標が高い学習者であった。これは，習得目標が単に方略使用を促進するだけでなく，適切な方略とそうでない方略の使い分けにも影響しているという，習得目標がもつ方略使用への新たな影響を示したものである。また，方略そのものをあまり使用しない学習者は，遂行回避目標が低いという結果も示された。これは，達成目標理論の特徴，つまり目標志向性が高いほど行動を喚起するといったことが示されたと考えられる。遂行接近目標に関しては，方略使用のタイプによる差が示されなかったが，今後更なる検討が必要であろう。

3-2-3. タイプごとのメタ認知的方略の比較

タイプごとにメタ認知的方略使用得点が異なるか検討する際に，有効性の認知の影響を統制することを目的として，有効性の認知を共変数とした共分散分析を行った。その結果，タイプの要因と有効性の認知の交互作用が有意であった（$p < .01$）。そのため，共変数の影響がタイプごとに異なるということが示された。このことから，メタ認知的方略使用得点とメタ認知的方略使用に対する有効性の認知得点を従属変数とした一要因参加者間分散分析を行った。方略使用得点と有効性の認知得点の平均，標準偏差および分散分析の結果（効果量と多重比較）を Table 2-7 に示す。また，タイプごとに有効性の認知がもつメタ認知的方略使用への影響を回帰分析によって検討した。

メタ認知的方略の使用得点と有効性の認知得点の比較　メタ認知的方略使用について，有意な効果がみられ（$p < .01$），効果量も大きかった。多重比較の結果，「方略使用低群」の得点は他の群と比べてより低く，「援助要請低群」の得点は「依存的援助要請高群」と「自律的学習群」と比べてより低かった。メタ認知的方略使用に対する有効性の認知について，有意な効果がみ

られたが（$p<.01$），効果量は小さかった。多重比較の結果，「依存的援助要請高群」と「自律的学習群」の得点は「方略使用低群」と比べて高く，さらに「自律的学習群」は「援助要請低群」と比べてより高かった。

メタ認知的方略の使用に対する有効性の認知の影響　「方略使用低群」において，方略使用に対する有効性の認知の有意な影響はみられなかった（標準偏回帰係数 $b^*=.23$, $p=.06$）。「援助要請低群」において，方略使用に対する有効性の認知による有意な中程度の影響がみられた（$b^*=.31$, $p<.05$）。「依存的援助要請高群」において，方略使用に対する有効性の認知による有意な強い影響がみられた（$b^*=.72$, $p<.01$）。「自律的学習群」においても，方略使用に対する有効性の認知による有意な強い影響がみられた（$b^*=.70$, $p<.01$）。

メタ認知的方略の使用に対するタイプの要因と有効性の認知による交互作用効果があった。それは，相対的に方略を使用する群ほどメタ認知的方略を使用し，さらに有効性の認知が与える影響が強くなるというものであった。つまり，方略をあまり使用しない群（i.e., 方略使用低群，援助要請低群）は，メタ認知的方略について有効性を認知しているか否かは使用には関係なく，ある程度方略を使用しなおかつ使い分けている群（i.e., 依存的援助要請高群，自律的学習群）では，メタ認知的方略が有効だと思うほど使用しているという結果が示された。さらに，有効性の認知得点そのものの比較においても，差がみられた。それは，有効性の認知の影響と同じくして，ある程度方略を使用しなおかつ使い分けている群の方が，あまり使用していない群よりも高いという結果であった。これらのことから，依存的援助要請高群と自律的学習群は，メタ認知的方略を比較的使用し，方略を使い分けていたと考えられるだろう。

3-3. 考察

研究2では複数ある学習方略の使用傾向について，研究1のデータから暫

定的に類型化し，各方略使用の傾向によって達成目標やメタ認知的方略の使用の高低が異なるかを検討した。結果として Figure 2-2 に示したように，いずれの方略も使用しない「方略使用低群」，学業的援助要請をあまり使用しない「援助要請低群」，依存的援助要請の使用が多い「依存的援助要請高群」，学習に対して効果的な方略を比較的よく使用する「自律的学習群」といった4タイプがみられた。そして，自律的学習群は学習内容を身につけたいという習得目標がその他のタイプよりも高く，メタ認知的方略もよく使用しているということが示された。以下では，どういったタイプの学習者が適切であるか，また，各タイプをより適切な学習者とするためにはどのような介入方法が考えられるかを述べた。

3-3-1. 学習方略の使い分けのタイプと適切な学習者

クラスター分析によって，学習方略の使用傾向に関して4タイプがみられた。学習方略の使用得点から，実際に学習に取り組んでいるのは依存的援助要請高群と自律的学習群であると考えられるだろう。そして，使用する学習者ほど成績が高いという深い処理の方略と，失敗対処として適切な自律的援助要請をよく使用している自律的学習群に割り振られた学習者は適切な学習者であるといえるだろう。自律的学習群の参加者は，その他の参加者と比較して習得目標が高く，またメタ認知的方略の使用が高かった。動機づけは変化させること自体が難しいと考えられるため（村山, 2003b），メタ認知的方略がもつ認知的方略や学業的援助要請に対するモニタリングとコントロールといった機能的側面に注目することで，自律的に学習することができる適切な学習者になることが期待できる。

3-3-2. 教育実践への活用

本研究では方略使用について，4タイプみられた（Figure 2-2 参照）。それぞれのタイプに対する学習改善のための介入方法を考察する。

「方略使用低群」には，様々な方略の知識と，習得目標に方向付ける介入が必要であると考えられる。まず，各方略について正確な知識を教授し，有効性の認知を高め，使用できる状態にすることが重要である。それから，習得目標を高めるような方向付けが効果的であろう。「援助要請低群」に対しても，同様の介入が効果的であると考えられる。

「依存的援助要請高群」には，メタ認知的方略の使用を高める介入を行う必要がある。このタイプは，一つの方略に頼っている状態であり，なおかつその一つの方略が依存的な援助要請である。メタ認知的活動 (e.g., モニタリングとコントロール) を行っているとは考えにくく，まず学習者自身が自身の学習活動を省みる機会を設定することが重要であろう。「自律的学習群」に関しては，介入が不要のように思われるかもしれない。しかし，メタ認知的方略の使用が十分であるとはいえず ($M=3.57$)，「依存的援助要請高群」と同様の介入方法が効果的であると考えられる。

第4節　総合考察

Figure 1-6 に示したように，第2章では学習方略の使用を規定する要因として動機づけ要因と認知的要因を取り上げ，どちらの要因が学習方略の使用をより直接規定するかを明確にすることを目的とした。そして，研究1において動機づけ要因の変数として達成目標，学習そのものに対する認知として学習観，使用する学習方略に対する認知として有効性の認知 (共変数としてコスト感) を取り上げた。研究2では，学習方略の使用傾向をタイプ分けして，学習状況を把握して学習行動を調整する機能としてメタ認知的方略の使用と学習行動の喚起要因として達成目標を取り上げた。以下では，学習方略の使用を，直接規定する要因について考察する。また，第2章の各研究の限界点を示し，第3章以降の研究について取り上げる。

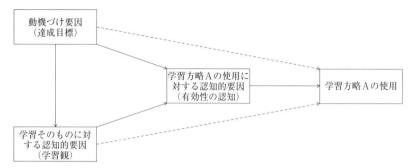

Figure 2-3. 研究1の結果から得られた，ある一つの学習方略（学習方略A）の使用と動機づけおよび認知的要因との関係。実線は研究1でみられたパスであり，破線はこれまでの先行研究で示されていたが，研究1ではみられなかったパスである。Figure 1-6をもとに作成している。

4-1. 学習方略の使用を直接規定する要因

　研究1では学習方略の使用を規定する要因について，先行研究と同様に参加者を基準とした個人間レベルでの検討を行った。結果として，有効性の認知が達成目標や学習観と比較して直接的に影響をしていることが示された。このことから，学習方略の使用に対しては有効性の認知がより強い説明力があり，動機づけ要因にのみ注目してきた先行研究や，学習方略そのものの認知を取り上げなかった先行研究（学習することに対する認知のみ）においては，学習者がもつ学習方略の使用に対する有効性の認知の影響が混在していたと考えられる。つまり，学習方略の使用に対して直接影響するのはその方略に対して認知している効果の程度であり，動機づけ要因や学習そのものの認知は学習方略の使用に対する認知を通して間接的に影響していると考えられる（Figure 2-3）。また，本論文の問題意識としてあった介入方法として，認知的要因の中でも学習方略の使用に対する認知的要因に注目した方が，動機づけ要因よりも効果的・効率的であるという考え方にデータによる裏付けが得られたといえる。

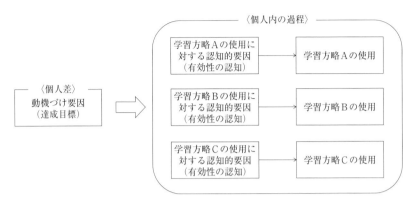

Figure 2-4. 研究1，2の結果から得られた，複数の学習方略（学習方略A，B，C）の使用と動機づけおよび認知的要因との関係。Figure 1-6 および Figure 2-3 をもとに作成している。

　研究2では使用する学習方略の傾向をタイプ分けし，その使用傾向がメタ認知的方略の使用と達成目標から説明可能かを検討した。メタ認知的方略がもつ認知的方略や学業的援助要請の使用に対する機能的側面について取り上げた。しかし，メタ認知的方略の使用が高かった自律的学習群は，基本的に学業成績と正の相関関係にある学習方略（体制化方略，精緻化方略，自律的援助要請）をよく使用していた。メタ認知的方略も同様に，使用する学習者ほど学業成績が高いということが示されている。このことから，望ましいとされる方略を使用することができる学習者である可能性も否定できない。

　動機づけ要因の変数（達成目標）は学習行動そのものを喚起するものであり，同様にして習得目標が高い学習者ほど学習方略をよく使用していたのかもしれない。しかし，習得目標が高かった自律的学習群においては，依存的援助要請の使用得点も高いというわけではなく，動機づけが高ければ全ての方略を使用するわけではないということが示唆される。そのため，達成目標などの動機づけ要因の変数は複数の学習方略の使用傾向を説明しうる変数であると考えられる（Figure 2-4）。つまり，それぞれの学習方略の使用程度は有効性の認知によって規定されるが（Figure 2-3），ある学習者個人内で複数

の学習方略を使用する際には個人がもつ学習に対する姿勢や理由によって，その傾向が変化する可能性がある。

4-2. 第2章の限界および課題と第3章以降の研究

　一方で，参加者が研究1で取り上げた方略を知った上で回答をしていたのか，その場で知って回答していたかは明確ではない。有効性の認知が学習方略の使用を直接的に規定している可能性こそ示したが，示されたパス係数は中程度の大きさの方略が多かった。これには「知らなかったので使用していなかったが，いま回答することで知って効果的だと思った」というように，方略知識の有無の影響が混在している可能性がある。また，有効性の認知の測定法として「効果的だと思うか」というように，その条件を明確にしてこなかった。第3章では，この点についてメタ認知的知識の考え方を参考にし，より適切な測定のもと，学習方略の使用に対する有効性の認知がもつ説明力について考察を深めていく。

　研究2では，使用する学習方略の傾向をまとめ，各傾向の参加者ごとにメタ認知的方略の使用と達成目標の得点を比較した。結果として，一般的に学業成績と正の相関があるといわれている方略（i.e., 体制化，精緻化，自律的援助要請）を，相対的によく使用している参加者は，習得目標やメタ認知的方略の使用得点が高かった。各学習方略の使用は有効性の認知によって促進されているが，このように各方略の使用傾向となると，動機づけの影響も無視することはできない。第3章では，学習方略の使用と有効性の認知との関係性について，ある学習者個人内での相関関係に注目する。その際に，研究2で示された，使用する学習方略の傾向との関連が見出された達成目標を，個人差を説明する変数として考慮すべきであろう。

　また，研究1では学習方略の使用に対して有効性の認知が直接の影響を示していたが，単相関では習得目標も体制化や精緻化との有意な正の相関が示されている。そして，研究2においても一般的に適切な学習方略を用いてい

る学習者は習得目標が高かった。このことから，有効性の認知に注目した介入をした際にも，達成目標によってその個人差が生じる可能性がある。言い換えると，参加者全員が一律してある方略について高い有効性の認知をもっていたとしても，その参加者がもつ達成目標の質（どの目標か）や量（高いか低いか）によって，使用しない可能性もある。第5章の研究7では，全ての参加者に体制化の有効性を認知するような課題を通して，達成目標によって体制化の使用程度が異なるかを明確にする。

第3章　学習方略の使用とメタ認知的知識の検討

第1節　目的

　第2章では，研究1の結果から，学習方略の使用を規定する要因について，動機づけ要因と認知的要因の変数を取り上げ，有効性の認知が学習方略の使用に対してより直接影響しているということが示された（Figure 2-3）。一方で，学習方略を使用するにあたって基礎となる知識が考慮されていなかった。また，複数の学習方略の使用に注目した際には，その使用傾向が動機づけといった個人差によっても変化する可能性がある（Figure 2-4）。

　第3章では，第2章の研究1，2で示されたような学習方略の使用と有効性の認知との関係性についてより詳細な検討を行う。具体的に，有効性の認知やコスト感が学習方略の使用に対するメタ認知的知識であるという視点に立つ。そして，学習方略の使用と有効性の認知との関係性について，基礎となる方略知識の影響（研究3）と，有効性を認知する条件の違い（研究4）について明確にすることを目的とする。また，第3章を構成する研究3，4や後の研究6では，複数の学習方略からどのように学習者個人は方略を使用しているのかを明確にするために，個人内相関から検討する。そして，個人内相関に生じる個人間の分散を動機づけ要因である達成目標から説明が可能かを検討する。以下には，研究3と研究4のそれぞれについて述べる。

1-1.　研究3の目的

　研究3について，有効性の認知やコスト感といった学習方略の使用に対する前提条件となる方略知識について注目する。そして，学習方略の使用との

関係や，学習方略の使用に対して有効性の認知との交互作用がみられるかを明確にする。Schraw & Moshman（1995）によるメタ認知的知識の階層性（Figure 1-7），McCabe（2011）による学習者がある学習方略が効果に関する知識がない可能性の報告，Kornell & Metcalfe（2006）などにみられる学習者は自身が効果的だと思う学習スケジュールを組むという方略を使用するという報告から，以下の仮説1，2が導出される。

1. 方略知識のない方略は使用することはできない。方略知識がある場合にその学習方略を使用する。つまり，学習方略の使用に対して方略知識の主効果がみられる。

2. 方略知識があるだけでなく，その上で有効性の認知が高い方略ほどよく使用している。つまり，学習方略の使用に対する方略知識×有効性の認知の交互作用効果がみられ，方略知識がある方略にのみ，有効性の認知の単純傾斜が有意となる。

上記の2点について検証することで，学習方略の使用に対するより詳細な介入への知見を得ることができる。なお，研究1にも示されたように，コスト感（Garner, 1990; Paris, et al., 1983）も学習方略の使用に対して一定の説明力がある思われるので，共変数としてその影響を統制するために分析のモデルに投入した。

さらに研究3では，上述の個人内の相関関係における個人差について，達成目標より説明を試みる。達成目標の調整効果に関しては，調整効果がみられた場合とそうでない場合で，それぞれ仮説が成立する。まず，Elliot et al.（1999）やHowell & Watson（2007）では，学習方略の使用に対して個人間相関での学習方略の使用に対する達成目標のパスがみられたため，以下の仮説3aが立てられる。

3a. 先行研究においてみられた達成目標と学習方略の使用との個人間の相関関係は，学習方略の使用とメタ認知的知識（方略知識，有効性の認知）との個人内相関を調整したために生じた。これより，習得接近目

標と遂行接近目標のいずれかが高い学習者と低い学習者で，学習方略
の使用と方略知識，有効性の認知およびその交互作用の傾向が異なる。
先行研究の知見から，接近目標が高い学習者において，より強い有効
性の認知の影響がみられる。

一方で，達成目標のいかなる変数においても調整効果がみられなかった場合
に以下の仮説 3b が成り立つと考えられる。

　3b. 学習方略の使用に対する達成目標とメタ認知的知識の各変数が説明す
　　　る分散は，あくまで独立している。

上記の仮説 3 は教育実践においても重要な意味をもつ。調整効果があった場
合は（仮説 3a），個人がもつ学習に対する目標の質や量によって学習方略の
使用に対する方略知識や有効性の認知の影響が変わるため，適性処遇交互作
用を理解する一助になる。一方で，調整効果がみられなかった場合は，方略
知識や有効性の認知に注目した介入を個人差の影響を考えずにより直接的に
考案することができる。

　また，研究 3 では上述の知見を性質の異なるサンプルによっても仮説が支
持されるかを検討する。実際に，近年の心理学やその周辺分野では，その結
果に再現性が求められている（Baker, 2015; Lindsay, 2015; Yong, 2013）。そのた
め，ここでは大学生の説明文読解における方略の使用に注目するが，三つの
異なる大学に通う大学生を対象としてそれぞれ分析を行う。日本の大学では
入試に学力としての重みがあり，大学の違いが学習者としての質の違いも反
映している可能性がある。また，入試に向けた受験勉強が大学での学習にも
影響する可能性がある。このアプローチを異なる側面からみると，サンプル
が異なっても同様の結果がみられた場合，より頑健な結果といえるだろう。

1-2.　研究 4 の目的

　研究 4 では有効性の認知を条件知識として，どのような条件の有効性の認
知が学習方略の使用と強い関係性を示すかに注目する。ここでは，学習方略

の使用に対する村山（2003b）が検討した「いつ（時期）」に加えて「どのように（使用法）」の条件の有効性の認知の影響について，個人内の相関関係から明確にしようとする。また，研究3と同様に，それらの関係が個人間でいかに変動するかも明確にするために，達成目標を調整変数とした検討を行う。

　研究4は，二つの調査によって構成される。研究4-1では，「いつ」の条件である長期的―短期的な有効性の認知の方略使用に対する媒介関係について，個人内相関での関係性を明確にする。村山（2003b）は媒介関係こそ提案していたが，実際に検討はしていなかった。仮説として，長い時期は短い時期を包含するため，想定した方略使用の効果が短い時期（i.e., 短期的な有効性の認知）の方が，長い時期（i.e., 長期的な有効性の認知）よりも強く影響すると考えられる。それから予測される結果として，長期的な有効性の認知は学習方略の使用に説明力をもつ。一方で，短期的な有効性の認知を投入することでその影響が弱くなり，短期的な有効性の認知の影響の方が強くなる。なお，研究4-1では「どのように」の条件は自己調整の過程が伴わない恒常的な使用に限定し，先行研究と近い条件での検討とする。また，村山（2003b）ではこれらの関係について達成目標の調整効果がないことが報告されているため，研究4-1では，モデルの単純化のためにも，調整効果を検討しないこととした。

　調査2では，「いつ」の条件に「どのように」の条件を加え，時期2（短期，長期）×2（恒常，適宜）の有効性の認知がもつ，学習方略の使用への影響を明確にする。ここでは，各有効性の認知の影響をより詳細に捉えるため，学習に関わる認知的方略（研究4-2a）と学習行動を把握し調整するメタ認知的方略（研究4-2b）を分ける。仮説として，まず研究4-1の予測も踏まえて，短期的な有効性の認知が影響する。そして，認知的方略は状況によって適切な場面が変わるため（藤田，2007b），適宜的な有効性の認知の影響がみられる。一方で，メタ認知的方略は自己調整学習の観点より，常に使用し続けることが望ましい（Pintrich & De Groot, 1990）。そのため，恒常的な有効性の認

知の影響が示される。つまり，予測される結果として，認知的方略は短期的
―適宜的な有効性の認知が影響し，メタ認知的方略では短期的―恒常的な有
効性の認知の影響がみられる。長期的な有効性の認知に関しては，説明力の
より強い短期的な有効性の認知が2変数あるため，各方略においても影響が
みられないことが予測される。また，個人差変数として達成目標の調整効果
も検討する。研究4-1とは異なり，新たに適宜的な有効性の認知を測定しモ
デルに投入するため，各有効性の認知と学習方略の使用との関係に対する影
響が変化する可能性があるためである。

　なお研究4においても，有効性の認知の他に学習方略の使用に影響するこ
とが示されている，使用するのが大変・面倒だと感じるというコスト感と，
ある方略についてそもそも知っているのかといった方略知識も同時に測定す
る。そして，有効性の認知の影響を明確にするためのモデルに共変数として
投入し，その影響を統制する。

第2節　研究3：学習方略の使用に対する方略知識の影響[7]

　研究3ではメタ認知的知識として，学習方略の使用と有効性の認知との関
係性に対する方略知識の有無の役割を明確にすることを目的とする。また，
上述の個人内相関について生じる個人差について，達成目標に注目してその
検討を行う。ここで測定する達成目標は，大学の授業全般に関するものであ
り，3×2の達成目標（Elliot et al., 2011）を取り上げることとした。理由と

---

7) 以下，3点の学会大会発表に加筆・修正をしている。
　・Yamaguchi, T.（2013）. Effects of knowledge about strategy and perceived utility about
　　strategy use. The 15th Biennial EARLI Conference for Research on Learning and Instruc-
　　tion（Munich, Germany）, 135.
　・山口　剛（2013）. 読解方略使用に対する有効性の認知とコスト感の交互作用　日本教育心理学
　　会第55回総会発表論文集，220.
　・山口　剛（2013）. 方略使用の有効性の認知とコスト感に対する方略知識の影響　日本心理学会
　　第77回大会発表論文集，1079.

して，これまでの枠組みをより詳細化し，理論的にも最も改善された枠組みであるためである。以下に先述した仮説を再掲する。

1. 方略知識のない方略は使用することはできない。方略知識がある場合にその学習方略を使用する。つまり，学習方略の使用に対して方略知識の主効果がみられる。

2. 方略知識があるだけでなく，その上で有効性の認知が高い方略ほどよく使用している。言い換えると，方略知識は条件知識である有効性を認知するための前提条件であり，方略知識がない場合には有効性の認知の効果がみられない。つまり，学習方略の使用に対する方略知識×有効性の認知の交互作用効果がみられ，方略知識がある方略にのみ，有効性の認知の単純傾斜が有意となる。

3a. 先行研究においてみられた達成目標と学習方略の使用との個人間の相関関係は，学習方略の使用とメタ認知的知識（方略知識，有効性の認知）との個人内相関を調整したために生じた。これより，習得接近目標と遂行接近目標のいずれかが高い学習者と低い学習者で，学習方略の使用と方略知識，有効性の認知およびその交互作用の傾向が異なる。先行研究の知見から，接近目標が高い学習者において，より強い有効性の認知の影響がみられる。

3b. 学習方略の使用に対する達成目標とメタ認知的知識の各変数が説明する分散は，あくまで独立している。

2-1. 方法

2-1-1. 参加者

都内の異なる三つの大学に通う学生を対象とした。一つ目の大学は私立大学であり，入試の難易度は中級から上級である（以下，大学Aという）。二つ目の大学は国立大学であり，日本国内で有数の入試難易度である（大学B）。三つ目の大学は私立大学であり，入試の難易度は中級である（大学C）。参加

第 3 章　学習方略の使用とメタ認知的知識の検討　　83

者の人数は，Tanaka & Murayama（2014）を参考に，3 × 2 の達成目標尺
度に欠損のあった参加者はデータから除いた。最終的に，大学 A は 2 名を除
いて29名，大学 B は 1 名を除いて64名，大学 C は 6 名を除いて93名であった。

2-1-2. 質問紙

　質問紙は達成目標尺度，読解方略尺度の順で構成された。各尺度で呈示順
序はカウンターバランスされ，2 種類の質問紙が各大学で参加者に無作為に
配布された。読解方略における方略知識を除いて，いずれも 6 件法で回答を
求められた（1. まったくあてはまらない，2. あてはまらない，3. あまりあてはま
らない，4. 少しあてはまる，5. あてはまる，6. 非常にあてはまる）。方略知識は
2 件法であった（A. 以前から気づいていた，B. このアンケートで聞かれるまで
気づかなかった）。

　読解方略尺度　個人内相関を算出するために，参加者個人内で回答傾向に
分散が生じるようにした。秋田（1988），Palinscar & Brown（1984），Pereira-
Laird & Deane（1997）をもとに作成された犬塚（2002）の読解方略尺度を参
考に以下の尺度を作成して用いた。参加者は読解方略の 7 カテゴリー（意味
明確化，要点把握記憶，構造注目，既有知識活用，モニタリング，コントロール）×
4 項目（合計28項目）に回答した。各項目を Table 3-1（a, b, c）に示す。教示
は「これから論文や教科書などの説明文の読み方についてお聞きします。そ
れぞれの文に書かれている読み方に対して，(1) あなたが実際に使用してい
る程度（学習方略の使用），(2) どのくらい効果的な方法だと思うかの程度
（有効性の認知），(3) どのくらい面倒な方法だと思うかの程度（コスト感），の
三つについて回答してください。また，その方法について (1) 実際に使用
している程度のあとに，お聞きする方法の存在をあなたが「A. 以前から気
づいていた」か「B. このアンケートで聞かれるまで気づかなかった」かを
お聞きします（方略知識）。それぞれの項目があなたにどれくらい当てはまる
か，数字あるいはアルファベットに丸をしてください。正しい回答や間違っ

た回答はないので，自分の思ったままの回答をしてください。」であった。参加者は一つの方略の項目に対して，学習方略の使用，方略知識，有効性の認知，コスト感の4観点への回答が同時に求められた。つまり，参加者は28項目×4観点分の回答を求められた。各大学・変数ごとの平均値，標準偏差，方略知識の有無の人数を Table 3-1a から Table 3-1c に示す。

達成目標尺度　達成目標は 3 × 2 Achievement Goal Questionnaire（Elliot et al., 2011）に基づいて構成された。6 目標はそれぞれ，課題接近目標，課題回避目標，自己接近目標，自己回避目標，他者接近目標，他者回避目標を想定した各3項目，合計18項目を作成した（項目は Table 3-2, Figure 1-3 参照）。教示は，「以下の質問項目は，大学の授業全般において，あなたが授業に対して持つ，もしくは持たないかもしれない目標の種類を示しています。それぞれの項目が，あなたが持つ目標にどれくらい当てはまるか，数字に丸をしてください。正しい回答や間違った回答はないので，自分の思ったままの回答をしてください。」であった。大学ごとの記述的指標および個人間相関の行列を Table 3-3 に示す。

2-1-3. 手続き

各大学において，協力が得られた教員の担当授業の時間を借り受けてそれぞれ同じ手続きで調査を実施した。参加者には調査実施に際して，精神衛生・健康やプライバシーを侵害しないよう配慮していること，研究成果を報告する際は個人・所属が特定できないようにして同意書と質問紙は切り離した上で厳重に保管・責任をもって破棄すると，参加は強制ではなく不参加の場合や途中棄権の場合も何ら不利益が生じないことを書面と口頭で伝えた。上述の調査内容および実施手続きは法政大学文学部心理学科・心理学専攻倫理委員会の承認を得て実施されている。

Table 3-1a
大学Aにおける各方略・変数ごとの平均値(M), 標準偏差(SD), 方略知識の有無の人数

項目名	学習方略の使用 M	(SD)	有効性の認知 M	(SD)	コスト感 M	(SD)	方略知識 $n\mid1$	$n\mid0$
自分の理解状況を把握できるような質問を自分にしながら読む	3.31	(1.29)	4.59	(0.98)	4.03	(1.38)	18	11
意味が分かるまで集中して読む	4.48	(1.12)	4.31	(1.00)	4.07	(1.36)	27	2
コメントや内容をまとめたものを書き込む	3.03	(1.43)	4.28	(0.80)	4.10	(1.42)	19	10
自分の身近なことに結び付けて読む	4.31	(1.04)	4.83	(0.76)	3.31	(1.31)	26	3
意味の理解はともかく大切なことばを覚えようとする	2.69	(1.23)	2.66	(1.26)	3.17	(1.39)	18	10
文章の組み立て（構造）を考えながら読む	3.76	(1.12)	4.34	(0.77)	3.79	(1.21)	24	5
知らない字やことばをはっきりさせる	4.00	(1.36)	4.38	(1.12)	3.72	(1.39)	25	4
大切なところを書きぬく	2.69	(1.44)	3.76	(1.24)	4.34	(1.17)	16	13
文章と文章のつながりに注意する	4.24	(0.99)	4.48	(0.87)	2.93	(1.16)	28	1
ことばがもつ意味を明確にしながら読む	4.14	(1.19)	4.28	(1.03)	3.72	(1.31)	27	2
大切なところに線を引く	4.72	(1.41)	4.79	(1.05)	2.86	(1.58)	28	1
分からないところはゆっくりと読む	4.72	(1.31)	4.24	(1.19)	2.59	(1.02)	26	3
具体的な例を挙げながら読む	3.41	(1.21)	4.41	(1.09)	3.86	(1.30)	21	8
内容が示していることを理解しようとする	4.76	(0.74)	4.76	(0.83)	2.97	(1.15)	27	2
重要そうな文は理解する前にとりあえずそのまま覚える	1.90	(0.94)	2.14	(1.03)	3.66	(1.70)	8	21
どれくらい難しいかを判断して読むスピードを調節する	3.90	(1.63)	4.28	(1.16)	2.38	(1.21)	18	11
難しいことばや内容は理解しないで丸暗記する	2.31	(1.07)	1.83	(0.93)	3.93	(1.73)	19	10
理解できているか自分に問いかける	3.69	(1.11)	4.66	(1.17)	3.38	(1.18)	19	10
次にどういう内容が書かれているかを予想しながら読む	3.17	(1.42)	4.03	(1.15)	3.34	(1.59)	17	12
意味が分からないところや難しいところを重点的に読む	4.41	(1.02)	4.52	(0.95)	3.55	(1.40)	27	2
すでに知っていることと比べながら読む	3.90	(1.37)	4.24	(1.02)	3.41	(1.24)	20	9
段落ごとのまとめ（要約）を書く	2.17	(1.39)	4.48	(1.24)	5.10	(1.21)	21	8
分からなくなったら，どこから分からなくなったのかを考え，そこから読み直す	4.90	(0.98)	4.69	(0.89)	3.66	(1.47)	28	1
覚えるためにくり返し読む	3.72	(1.19)	3.76	(1.09)	4.41	(1.12)	27	2
読みながら内容が正しいか考える	3.62	(1.24)	4.24	(1.09)	3.93	(1.33)	20	9
どういう意味かをはっきりさせながら読む	4.14	(1.13)	4.55	(0.95)	3.62	(1.50)	26	3
文脈から全体像を予測する	3.86	(1.25)	4.59	(0.98)	3.31	(1.56)	20	8
自分の知識と読んでいる内容を結び付けようとする	4.55	(1.21)	5.14	(0.83)	2.93	(1.51)	23	6

注）得点可能範囲は1から6点であり，理論的な中央値は3.5点である。$n\mid1$は学習方略の項目について「A．以前から気づいていた」と回答していた人数である。$n\mid0$は学習方略の項目について「B．このアンケートで聞かれるまで気づかなかった」と回答していた人数である。

Table 3-1b
大学Bにおける各方略・変数ごとの平均値(M)，標準偏差(SD)，方略知識の有無の人数

項目名	学習方略の使用 M	(SD)	有効性の認知 M	(SD)	コスト感 M	(SD)	方略知識 $n\mid1$	$n\mid0$
自分の理解状況を把握できるような質問を自分にしながら読む	3.13	(1.51)	4.47	(1.02)	4.06	(1.36)	40	24
意味が分かるまで集中して読む	4.38	(1.02)	4.33	(0.96)	3.98	(1.32)	61	3
コメントや内容をまとめたものを書き込む	3.83	(1.52)	4.63	(1.09)	3.84	(1.64)	58	6
自分の身近なことに結び付けて読む	4.08	(1.19)	4.50	(0.99)	3.20	(1.28)	69	4
意味の理解はともかく大切なことばを覚えようとする	2.91	(1.26)	2.83	(1.23)	3.27	(1.23)	49	14
文章の組み立て（構造）を考えながら読む	4.03	(1.25)	4.64	(0.98)	3.84	(1.26)	59	5
知らない字やことばをはっきりさせる	4.38	(1.13)	4.67	(0.91)	4.02	(1.11)	61	3
大切なところを書きぬく	2.86	(1.36)	3.75	(1.11)	4.55	(1.13)	50	14
文章と文章のつながりに注意する	4.17	(1.02)	4.36	(0.88)	3.41	(1.05)	57	7
ことばがもつ意味を明確にしながら読む	3.91	(1.08)	4.31	(0.81)	3.75	(1.20)	55	7
大切なところに線を引く	4.44	(1.47)	4.22	(1.23)	2.98	(1.34)	63	1
分からないところはゆっくりと読む	4.48	(1.10)	4.42	(1.01)	3.31	(1.41)	62	2
具体的な例を挙げながら読む	3.63	(1.35)	4.44	(1.15)	3.95	(1.09)	56	8
内容が示していることを理解しようとする	4.88	(0.75)	4.89	(0.78)	3.39	(1.15)	64	0
重要そうな文は理解する前にとりあえずそのまま覚える	2.19	(1.26)	2.45	(1.26)	4.09	(1.42)	34	29
どれくらい難しいかを判断して読むスピードを調節する	3.58	(1.51)	3.94	(1.01)	3.17	(1.34)	45	19
難しいことばや内容は理解しないで丸暗記する	2.20	(1.14)	2.08	(1.12)	4.14	(1.47)	38	26
理解できているか自分に問いかける	3.53	(1.30)	4.20	(1.16)	3.52	(1.31)	44	18
次にどういう内容が書かれているかを予想しながら読む	3.16	(1.31)	4.02	(1.15)	3.66	(1.16)	45	18
意味が分からないところや難しいところを重点的に読む	4.34	(0.96)	4.30	(0.97)	4.08	(1.21)	58	5
すでに知っていることと比べながら読む	3.80	(1.31)	4.19	(1.08)	3.58	(1.30)	51	13
段落ごとのまとめ（要約）を書く	2.58	(1.39)	4.48	(1.18)	5.27	(1.00)	54	10
分からなくなったら，どこから分からなくなったのかを考え，そこから読み直す	4.48	(0.99)	4.55	(0.93)	4.22	(1.25)	59	3
覚えるためにくり返し読む	3.63	(1.42)	3.98	(1.15)	4.73	(1.00)	61	3
読みながら内容が正しいか考える	3.56	(1.40)	4.17	(1.14)	3.98	(1.28)	48	15
どういう意味かをはっきりさせながら読む	4.41	(1.02)	4.59	(0.90)	3.66	(1.37)	58	5
文脈から全体像を予測する	4.09	(1.07)	4.58	(0.85)	3.67	(1.38)	59	4
自分の知識と読んでいる内容を結び付けようとする	4.63	(0.97)	4.78	(0.79)	3.08	(1.12)	60	3

注）得点可能範囲は1から6点であり，理論的な中央値は3.5点である。$n\mid1$は学習方略の項目について「A．以前から気づいていた」と回答していた人数である。$n\mid0$は学習方略の項目について「B．このアンケートで聞かれるまで気づかなかった」と回答していた人数である。

Table 3-1c
大学Cにおける各方略・変数ごとの平均値(*M*),標準偏差(*SD*),方略知識の有無の人数

項目名	学習方略の使用		有効性の認知		コスト感		方略知識	
	M	(*SD*)	*M*	(*SD*)	*M*	(*SD*)	*n*｜1	*n*｜0
自分の理解状況を把握できるような質問を自分にしながら読む	2.88	(1.37)	4.02	(1.15)	3.69	(1.34)	44	48
意味が分かるまで集中して読む	4.37	(1.21)	4.43	(1.19)	3.39	(1.48)	89	4
コメントや内容をまとめたものを書き込む	3.01	(1.50)	4.04	(1.29)	3.76	(1.54)	72	21
自分の身近なことに結び付けて読む	3.98	(1.34)	4.42	(1.25)	2.87	(1.17)	85	8
意味の理解はともかく大切なことばを覚えようとする	3.22	(1.40)	3.34	(1.35)	3.10	(1.36)	70	23
文章の組み立て（構造）を考えながら読む	3.78	(1.43)	4.39	(1.09)	3.59	(1.40)	82	11
知らない字やことばをはっきりさせる	3.98	(1.34)	4.63	(1.04)	3.72	(1.44)	89	4
大切なところを書きぬく	3.11	(1.57)	3.97	(1.44)	3.81	(1.62)	72	21
文章と文章のつながりに注意する	4.23	(1.23)	4.45	(1.09)	3.00	(1.39)	85	5
ことばがもつ意味を明確にしながら読む	3.87	(1.22)	4.38	(1.07)	3.29	(1.29)	87	6
大切なところに線を引く	4.86	(1.29)	4.88	(1.18)	2.58	(1.31)	90	3
分からないところはゆっくりと読む	4.55	(1.18)	4.43	(1.15)	2.80	(1.27)	87	6
具体的な例を挙げながら読む	3.52	(1.32)	4.33	(0.96)	3.65	(1.40)	74	19
内容が示していることを理解しようとする	4.63	(0.91)	4.83	(0.87)	2.91	(1.21)	90	3
重要そうな文は理解する前にとりあえずそのまま覚える	2.64	(1.30)	2.75	(1.16)	3.78	(1.45)	53	40
どれくらい難しいかを判断して読むスピードを調節する	3.38	(1.58)	4.05	(1.23)	3.08	(1.42)	50	43
難しいことばや内容は理解しないで丸暗記する	2.56	(1.30)	2.29	(1.18)	3.70	(1.65)	55	38
理解できているか自分に問いかける	3.26	(1.48)	4.05	(1.28)	3.13	(1.39)	58	35
次にどういう内容が書かれているかを予想しながら読む	3.30	(1.31)	3.98	(1.20)	3.26	(1.35)	63	29
意味が分からないところや難しいところを重点的に読む	4.27	(1.31)	4.31	(1.05)	3.28	(1.35)	81	11
すでに知っていることと比べながら読む	3.67	(1.34)	4.16	(1.13)	3.04	(1.41)	64	29
段落ごとのまとめ（要約）を書く	2.46	(1.36)	4.43	(1.22)	4.43	(1.47)	70	22
分からなくなったら，どこから分からなくなったのかを考え，そこから読み直す	4.29	(1.23)	4.41	(1.08)	3.82	(1.41)	84	8
覚えるためにくり返し読む	4.03	(1.50)	4.32	(1.28)	3.72	(1.53)	81	10
読みながら内容が正しいか考える	3.92	(1.24)	4.28	(1.08)	3.43	(1.47)	73	17
どういう意味かをはっきりさせながら読む	4.25	(1.20)	4.49	(1.07)	3.34	(1.44)	83	7
文脈から全体像を予測する	3.95	(1.36)	4.40	(1.12)	3.17	(1.31)	78	14
自分の知識と読んでいる内容を結び付けようとする	4.25	(1.11)	4.57	(1.00)	2.85	(1.30)	78	13

注）得点可能範囲は1から6点であり，理論的な中央値は3.5点である。*n*｜1は学習方略の項目について「A．以前から気づいていた」と回答していた人数である。*n*｜0は学習方略の項目について「B．このアンケートで聞かれるまで気づかなかった」と回答していた人数である。

Table 3-2
3 × 2 の達成目標尺度の下位尺度とその項目

項目
課題接近目標
試験でのたくさんの問題で正解を得ること
たくさんの試験問題に正しく答えること
試験で多くの問題の正しい解答をわかること
課題回避目標
試験の問題であまりたくさん間違えないこと
試験のできるだけ多くの問題で無回答をしないこと
試験の問題で誤答をしないこと
自己接近目標
試験で以前の自分と比較してうまく行うこと
試験で自分が過去に受けた同様の試験よりも良い成績をとること
試験でいつもの自分よりも良い成績をとること
自己回避目標
試験で自分が普段受ける同様の試験より悪くならないこと
試験でいつも自分が得ている結果より悪くならないこと
試験でいつもの自分の成績よりも劣らないこと
他者接近目標
試験で他者と比較してより良いこと
試験で他の同級生よりも良いこと
試験で他の学生よりも良い成績をとること
他者回避目標
試験で他の同級生と比較して成績が劣らないこと
試験で他者と比較して劣らないこと
試験で他の学生よりも悪くならないこと

2-1-4. 分析方法

　参加者ごとに読解方略の28項目を基準として（i.e., レベル 1），参加者による変動を考慮した（i.e., レベル 2）マルチレベルの分析（以下，混合効果モデル）を行った。本研究のように，複数の参加者が同一の項目について回答する場合，項目による変量効果によって第一種の過誤の確率が不当に上昇する場合がある（Baayen, Davidson, & Bates, 2008; Murayama, Sakaki, Yan, Smith, 2014）。そのため，参加者の変量効果だけでなく，項目の変量効果も考慮することとした。分析に際して，独立変数である有効性の認知とコスト感はそ

第3章　学習方略の使用とメタ認知的知識の検討　89

Table 3-3
大学ごとの達成目標の平均値(M），標準偏差(SD），観測された最小値と最大値，
α 係数および個人間相関

変数	M	SD	$Min.$	$Max.$	α	1	2	3	4	5
				大学A （$n=29$）						
1 課題接近目標	4.29	0.69	2.00	5.67	.77	—				
2 課題回避目標	4.14	0.80	2.00	5.33	.51	.81	—			
3 自己接近目標	4.20	0.77	2.00	6.00	.68	.52	.50	—		
4 自己回避目標	4.06	0.91	2.00	6.00	.90	.53	.58	.77	—	
5 他者接近目標	3.68	1.02	1.33	5.00	.89	.43	.42	.10	.10	—
6 他者回避目標	3.56	1.04	1.67	5.00	.87	.55	.54	.28	.31	.85
				大学B （$n=64$）						
1 課題接近目標	4.49	0.97	1.00	6.00	.83	—				
2 課題回避目標	4.48	1.08	1.67	6.00	.78	.67	—			
3 自己接近目標	4.20	1.02	1.00	6.00	.79	.50	.68	—		
4 自己回避目標	4.25	1.02	1.00	6.00	.87	.53	.64	.86	—	
5 他者接近目標	3.79	1.31	1.00	6.00	.93	.61	.61	.47	.52	—
6 他者回避目標	3.93	1.35	1.00	6.00	.96	.58	.71	.54	.60	.89
				大学C （$n=93$）						
1 課題接近目標	4.39	0.90	1.00	6.00	.88	—				
2 課題回避目標	4.10	0.85	1.33	6.00	.59	.51	—			
3 自己接近目標	4.02	1.04	1.00	6.00	.88	.62	.58	—		
4 自己回避目標	4.01	0.99	1.00	6.00	.87	.45	.66	.80	—	
5 他者接近目標	3.73	1.23	1.00	6.00	.94	.34	.03	.25	.20	—
6 他者回避目標	3.80	1.15	1.00	6.00	.90	.11	.12	.07	.27	.79

注）得点可能範囲は1から6点であり，理論的な中央値は3.5点である。

れぞれ参加者ごとに，各自の28項目から算出された平均値を素点から引かれた得点が用いられた（i.e., 参加者での中心化，centering within participant）。また，方略知識は知っている場合を1，知らなかった場合を−1にエフェクト・コーディングした。

　比較するモデルとして，独立変数がないモデル（参加者と項目による変量効果のみ：モデル0），切片にのみ参加者と項目による変量効果を考慮して方略知識，有効性の認知，コスト感の主効果を投入したモデル（モデル1），各独立変数の1次の交互作用項を投入したモデル（モデル2），2次の交互作用効

果を投入したモデル（モデル3）を作成した。さらに，モデル1から3において，各独立変数の固定効果が参加者によって異なるといったランダム切片・傾斜モデルもそれぞれ作成し（モデル1sから3s），比較に用いた。また，上述のモデルから最も予測が良いとされたモデルに，達成目標の各変数の主効果と他の独立変数との交互作用項を投入し，達成目標の調整効果を検討する。

特にモデル1sから3sにおいて，一つのモデルで多数の推定値を求める必要がある。最尤法を用いた場合は多重最尤となり，その値が適切でなくなる場合が指摘されている（久保，2012）。その対処法として，ベイズの手法による推定法がある。代表的なものとして，Markov chain Monte Carlo methods（マルコフ連鎖モンテカルロ法，MCMC法）がある。このモデルを階層ベイズモデリングという（hierarchical Bayesean modeling; cf. Rouder & Lu, 2005）。研究3では混合効果モデルにおいてベイズ推定を用いることが可能なStan（2015）を用いる。このソフトウェアはフリーの統計ソフトウェアであるRにおいて，パッケージ「rstan」として提供されており，推定値を求めるアルゴリズムではMCMC法の一種であるHamiliton Monte Carlo methods（HMC法）が用いられている。設定として，繰り返しの回数を2,000回，そのうち用いるのは1,000回，そしてこのMCMCアルゴリズムを初期値を変えて4回繰り返し，合計4,000回を事後分布の結果とした。

ベイズ推定におけるモデルの比較には同じくRで利用可能な「loo」パッケージの関数（Vehtari, Gelman, & Gabry, 2015）を用いて，leave-one-out cross-validation（LOO）を算出する。LOOはその値が低いほど予測が良いという指標であり，AICやBICと同様の解釈が可能である。

なお，ベイズ推定を用いる場合，データだけでなく事前分布を設定する必要がある。研究3では学習方略の使用を規定する要因を検討する研究において，初めて方略知識を考慮するために，事前に分布を設定することが難しい。そのため，事前分布にはStanのマニュアル（2015）やSorensen, Hohenstein,

& Vasishth（2016）を参考に情報性のないものを設定した（平均0，分散100の正規分布）。このような事前分布を用いた際には，データのみで算出する最尤推定法による推定値と変わらない結果となる。結果の解釈としては，95%確信区間（95% credible interval）を参照する。これは統計的仮説検定の文脈で報告される信頼区間と似た解釈が可能であり，区間内に0を含まない場合に効果があると解釈する。

2-2. 結果

大学ごとに読解方略に関する変数の個人内相関の行列を Table 3-4 に示す。個人間相関の場合と同様に（研究1，村山，2003b），いずれの大学においても有効性の認知が高い方略ほど学習方略の使用が高く，コスト感が高い方略ほど学習方略の使用が低かった。方略知識は，学習方略の使用および有効性の認知との間に正の相関関係がみられた。

2-2-1. 学習方略の使用に対する方略知識および有効性の認知の影響

LOO によるモデル比較の結果を Table 3-5 に示す。大学Aではモデル 2s が，大学B，Cではモデル 3s の値が最も低かった。しかし，大学B，Cにおけるモデル 3s が示す 2 次の交互作用項（i.e., 方略知識×有効性の認知×コスト感）の固定効果には 0 が含まれていた（偏回帰係数 $b_{大学A}$ = 0.04 95%確信区間 [−0.01，0.09]，$b_{大学B}$ = 0.02 [−0.03，0.05]，$b_{大学C}$ = 0.01 [−0.03，0.05]）。そのため，いずれのサンプルにおいてもモデル 2s を採用した。

仮説 1 と仮説 2 を検証するために，大学ごとにモデル 2s において階層ベイズモデリングを行った。分析結果を Table 3-6 に示す。学習方略の使用に対して，方略知識（$b_{大学A}$ = 0.63 [0.50，0.76]，$b_{大学B}$ = 0.74 [0.65，0.82]，$b_{大学C}$ = 0.70 [0.61，0.80]）と有効性の認知（$b_{大学A}$ = 0.34 [0.25，0.45]，$b_{大学B}$ = 0.43 [0.37，0.49]，$b_{大学C}$ = 0.32 [0.26，0.37]）に正の関係性を示す主効果，コスト感に負の関係性を示す主効果（$b_{大学A}$ = −0.24 [−0.32，−0.16]，$b_{大学B}$ = −0.27

Table 3-4
大学ごとの読解方略に関する各変数の個人内相関

変数	大学A			大学B			大学C		
	1	2	3	1	2	3	1	2	3
1 学習方略の使用	—			—			—		
2 方略知識	.53	—		.49	—		.47	—	
3 有効性の認知	.57	.36	—	.63	.35	—	.55	.30	—
4 コスト感	− .39	− .11	− .14	− .39	− .11	− .15	− .37	− .11	− .16

Table 3-5
大学ごとの leave-one-out cross-validation（LOO）の比較結果

モデル	0	1	2	3
大学A（data-point＝810）				
ランダム切片	2594.3	2148.2	2127.8	2123.8
ランダム切片＋傾斜	—	2104.9	2093.5	2096.0
大学B（data-point＝1775）				
ランダム切片	5573.6	4395.0	4320.1	4320.6
ランダム切片＋傾斜	—	4333.0	4263.1	4258.1
大学C（data-point＝2583）				
ランダム切片	8279.7	6937.2	6872.5	6875.8
ランダム切片＋傾斜	—	6797.3	6659.3	6655.2

注）LOO はその値が小さいモデルほど従属変数に対する予測が良いことを示す。各大学の data-point は参加者の人数と項目数の積から求められる。「ランダム切片」モデルは，従属変数に対して参加者と項目の変量効果を考慮したモデルである。「ランダム切片＋傾斜」モデルは，「ランダム切片」モデルに独立変数に対する参加者の変量効果を考慮したモデルである。0 は独立変数が投入されていないモデルである。1 は独立変数の主効果のみのモデル，2 は 1 次の交互作用を加えたモデル，3 は 2 次の交互作用を加えたモデルである。

$[-0.32,\ -0.22]$，$b_{大学C} = -0.18\ [-0.23,\ -0.13])$ がみられた。方略知識の主効果がみられたため，仮説 1 が支持された。

また，方略知識×有効性の認知の交互作用もみられた（$b_{大学A} = 0.13\ [0.05,\ 0.20]$，$b_{大学B} = 0.19\ [0.13,\ 0.25]$，$b_{大学C} = 0.16\ [0.11,\ 0.20])$。方略知識の有無によって，学習方略の使用に対する有効性の認知の説明力が異なるかを検討するために，方略知識を 0，1 とコード化した場合（方略知識があった場合の有効性の認知の単純傾斜）と 1，0 とコード化した場合（なかった場合）でそれぞ

第 3 章　学習方略の使用とメタ認知的知識の検討　　93

Table 3-6
大学ごとのモデル 2s の階層ベイズモデリングによる分析結果

変数	大学 A			大学 B			大学 C		
	M	（下限,	上限）	M	（下限,	上限）	M	（下限,	上限）
固定効果									
0 切片	3.34	(3.09,	3.57)	3.17	(3.00,	3.34)	3.22	(3.06,	3.38)
1 方略知識	0.63	(0.50,	0.76)	0.74	(0.65,	0.82)	0.70	(0.61,	0.80)
2 有効性の認知	0.34	(0.25,	0.45)	0.43	(0.37,	0.49)	0.32	(0.26,	0.37)
3 コスト感	-0.24	(-0.32,	-0.16)	-0.27	(-0.33,	-0.22)	-0.18	(-0.23,	-0.13)
4 1×2	0.13	(0.05,	0.20)	0.19	(0.13,	0.25)	0.16	(0.11,	0.20)
5 1×3	-0.03	(-0.11,	0.04)	-0.02	(-0.07,	0.04)	-0.08	(-0.13,	-0.03)
6 2×3	-0.04	(-0.09,	0.01)	-0.03	(-0.07,	0.00)	-0.03	(-0.07,	0.01)
参加者による変量効果									
0 切片	0.42	(0.30,	0.57)	0.43	(0.34,	0.53)	0.48	(0.40,	0.58)
1 方略知識	0.21	(0.07,	0.34)	0.14	(0.02,	0.25)	0.34	(0.26,	0.43)
2 有効性の認知	0.17	(0.08,	0.26)	0.09	(0.01,	0.16)	0.12	(0.05,	0.17)
3 コスト感	0.12	(0.02,	0.22)	0.08	(0.02,	0.14)	0.09	(0.02,	0.15)
4 1×2	0.05	(0.00,	0.14)	0.10	(0.02,	0.17)	0.06	(0.00,	0.13)
5 1×3	0.09	(0.01,	0.18)	0.11	(0.05,	0.17)	0.10	(0.02,	0.17)
6 2×3	0.07	(0.01,	0.14)	0.04	(0.01,	0.09)	0.09	(0.06,	0.13)
項目による変量効果									
0 切片	0.40	(0.28,	0.56)	0.32	(0.23,	0.43)	0.31	(0.23,	0.42)
残差	0.81	(0.77,	0.85)	0.76	(0.73,	0.79)	0.83	(0.80,	0.85)

注）固定効果は独立変数がもつ従属変数に対する線形の効果である。参加者による変量効果と項目による変量効果はそれぞれ固定効果の分散であり，その値が大きいほど参加者あるいは項目ごとにその効果が分散するということを示す。

Table 3-7
大学ごとのモデル 2s と達成目標を投入したモデルの leave-one-out cross-validation（LOO）

大学	2s	達成目標					
		課題接近	課題回避	自己接近	自己回避	他者接近	他者回避
A（data-point＝810）	2093.5	2103.1	2095.7	2099.4	2100.3	2100.4	2099.1
B（data-point＝1775）	4263.1	4258.6	4265.5	4264.1	4261.5	4265.0	4263.8
C（data-point＝2583）	6659.3	6664.4	6657.8	6663.2	6665.9	6665.3	6667.2

注）LOO はその値が小さいモデルほど従属変数に対する予測が良いことを示す。各大学の data-point は参加者の人数と項目数の積から求められる。「2s」は Table 3-5 における「ランダム切片＋傾斜」モデルにおける 1 次の交互作用を加えたモデルである。その分析結果は Table 3-6 に示されている。達成目標の各変数は，その都度一つずつ「2s」に投入され，主効果に加えて各目標の変数との積である項が設けられ，調整効果が検討された。

れ再分析した。その結果，方略知識がある場合に学習方略の使用に対する有効性の認知の単純傾斜は急になった／影響が強くなった（$b_{大学A. あり}=0.48$ [0.37，0.58]，$b_{大学B. あり}=0.62$ [0.56，0.68]，$b_{大学C. あり}=0.48$ [0.43，0.53]）。方略知識がない場合においても，その関係性は弱くなったが正の関係が示された（$b_{大学A. なし}=0.21$ [0.09，0.34]，$b_{大学B. なし}=0.24$ [0.16，0.33]，$b_{大学C. なし}=0.16$ [0.08，0.24]）。これにより，仮説2が一部支持されたといえるだろう。

2-2-2. 達成目標の調整効果

　上述に示されたモデル2sにおいて，3×2の達成目標の各変数を一つずつ投入した。モデル2sと各目標の変数を投入したLOOをTable 3-7に示す。大学Bにおいて課題接近目標と自己回避目標の調整効果が，大学Cにおいて課題回避目標の調整効果がみられた。研究3の問題意識として，異なるサンプルにおいても同様の結果が得られるかといった再現性を挙げていた。特に，動機づけをめぐる適性処遇交互作用は再現されにくいという指摘がある（並木，1997）。本研究において一貫した目標による調整効果がみられなかったため，この他のサンプルにおいても調整効果がみられるとはいえない。そのため，研究3では達成目標によって個人差が説明されないこととした。これより，研究3のデータでは仮説3bが支持された。

2-3. 考察

　学習方略の使用に対して，サンプルの違いにかかわらず方略知識の主効果がみられた。これにより，仮説1「方略知識がなければ使用できない」が支持されたといえるだろう。また，有効性の認知は主効果だけでなく，方略知識がある場合によりその関係性が強くなるといった単純傾斜がみられた。これは仮説2の一部「方略知識が有る場合に学習方略の使用に対する有効性の認知の影響がみられる」を支持するものである。これまでの質問紙を用いた調査では方略知識の有無を考慮していなかった。仮説1と仮説2が支持され

たことによって，学習方略を使用するには方略知識が必要であり，少なくとも方略知識があることが有効性の認知が学習方略の使用を規定するための前提であることが示唆された。

一方で，方略知識がない場合においても学習方略の使用に対する有効性の認知の単純傾斜がみられた。よって，仮説2の一部は支持されなかった。これは質問紙を用いた限界であると考えられる。参加者は学習方略の使用や有効性の認知を評価する際に，方略知識を得ることができる。そのため，「いわれてみれば使用していたし，効果的だとも思う」といった回答が可能となる。実験的な手続きをもって，方略知識の効果を統制する必要があるだろう。

また，達成目標の変数によるサンプルで一貫した調整効果はみられなかった。そのため，仮説3b「学習方略の使用に対する達成目標とメタ認知的知識の各変数が説明する分散は，あくまで独立している」が支持される。そのため，本研究からは学習方略の使用に対する有効性の認知と方略知識との交互作用（i.e., 支持された仮説1と仮説2）は，個人差を考慮しなくとも再現される効果であるといえるだろう。

本研究で示された特徴的な結果として，入試難易度にかかわらずいずれのサンプルの大学においても方略知識と有効性の認知の個人内レベルでの交互作用がみられたことである。入試の難易度という個人差に関係なく，参加者はそのときに知っている方略について，効果的であると認識している学習方略を使用するということである。このことから，教育実践においてはその方略知識を明確にした上で，課題によってなぜその方略が効果的なのかを経験することで，ある方略の有効性を認知することができるだろう。その方法としては，他の研究でも触れたとおり，テスト形式による介入などが考えられる（e.g., 村山，2003a）。

また，この方略知識と有効性の認知の交互作用については，達成目標による一貫した調整効果はみられなかった。そのため，上述のような介入に適性処遇交互作用のような個人差による影響を考慮する必要はないかもしれない。

ただし，各大学におけるサンプルサイズが小さいため，達成目標の調整効果に関する解釈については慎重になる必要がある。

研究3では個人内レベルにおいて学習方略の使用に対する方略知識×有効性の認知の交互作用がみられた。またそれには，入試難易度にかかわらず再現性が示された。達成目標による個人差の説明には慎重な解釈が必要であるが，教育実践においても有益な示唆が得られた。

第3節　研究4：学習方略を「いつ」「どのように」使用するかの有効性の認知[8]

研究4は有効性の認知の条件知識としての側面に注目し，「いつ」「どのように」といった時期と使用法の条件を取り上げる。まず研究4-1では村山（2003b）で未検討であった時期の要因間の媒介効果について，研究4-2では時期×使用法の四つの有効性の認知がもつ学習方略の使用に対する効果について明確にする。

また，研究4-2においては，研究3と同様に，上述の検討をするにあたって生じる個人差を説明する変数として達成目標の調整効果も検討する。研究3では達成目標による調整効果がみられなかったが，これには2点理由が考えられ，達成目標による調整効果のさらなる検討が必要である。一つ目は取り上げた学習方略である。研究3では大学生が課題達成場面でよく使用すると考えられる読解方略を取り上げた。しかし，読解方略は認知的方略とメタ認知的方略が混在しており，このような方略の性質の違いによって個人差が明確にみられなかった可能性がある。研究4-2では4-2aと4-2bのそれぞれで認知的方略とメタ認知的方略を分けて検討を行う。二つ目は測定に用いた達成目標の枠組みである。3×2の達成目標は理論的に最も精査された枠

8）「山口　剛（2017）．学習方略の使用に対する時期と使用法の有効性の認知　心理学研究，*88*，51-60.」を一部加筆・修正した。

第 3 章 学習方略の使用とメタ認知的知識の検討 97

組みであり，有能さの定義が増えているためにより詳細に検討ができる。一方で，理論的に新しいために研究知見が少なく，研究 3 の結果の解釈が十分にできなかった。そこで研究 4-2 で取り上げる達成目標は先行研究の多くが扱う 2 × 2 の達成目標（Elliot & McGregor, 2001; Elliot & Murayama, 2008）とした。研究 3 と同じく認知的方略とメタ認知的方略を個人内のばらつきの一つとしてモデル化するために，研究 4-1 では達成目標による調整効果を考慮しない。

3-1. 研究 4-1

学習方略の使用に対する時期の条件の有効性の認知の影響を検討する。とりわけ，長期的な有効性の認知が短期的な有効性の認知を媒介する影響を明確にする。

3-1-1. 方法

調査参加者　千葉県内の国立大学にて，ある授業の定期試験終了後に一斉に実施した。調査の趣旨に同意し，かつ方略の項目 7 つ以上の回答に欠測のなかった参加者は241名（男性129名，女性112名：年齢17-21歳）であった。

使用尺度　山口（2015）より認知的方略とメタ認知的方略を測定する尺度を用いた。認知的方略は，意味理解方略と丸暗記方略で構成され，それぞれの方略には 4 つの下位項目があった。メタ認知的方略は，モニタリング方略とコントロール方略で構成され，モニタリング方略には 4 つ，コントロール方略には 3 つの下位項目があった。4 つの方略項目が 3 回以上連続しないように擬似ランダム化し，呈示順序についてカウンターバランスの手続をとった。

教示は，「以下の質問項目は，学習において，あなたが行う，もしくは行わないかもしれない勉強の仕方を示しています。それぞれの項目が，あなたの今の勉強の仕方にどれくらい当てはまるか（学習方略の使用），次のテスト

で点を取るために，この方法をどんなときでも使うことは，どのくらい効果的だと思うか（短期的－恒常的な有効性の認知），将来学習を続けていく上で，この方法をどんなときでも使うことは，どのくらい効果的だと思うか（長期的－恒常的な有効性の認知），将来学習を続けていく上で，この方法をどんなときでも使うことは，どのくらい面倒だと思うか（長期的－恒常的なコスト感），の４つについて，数字に丸をしてください。また，その方法について今のあなたの勉強の仕方にどれくらい当てはまるかのあとに，お聞きする方法の存在をあなたが［A．以前から気づいていた］か［B．このアンケートで聞かれるまで気づかなかった］かをお聞きします（方略知識）。アルファベットに丸をつけてください。」であった。方略知識は２件法，それ以外は６件法（1．まったくあてはまらない，2．あてはまらない，3．あまりあてはまらない，4．少しあてはまる，5．あてはまる，6．非常にあてはまる）で回答を求め，その値をそのまま得点とした。方略の各項目および観点ごとの平均値，標準偏差，方略知識の有無の人数を Table 3-8 に示す。

手続き　調査実施に際して，精神衛生・健康やプライバシーを侵害しないよう配慮していること，研究成果を報告する際は個人・所属が特定できないようにして同意書と質問紙は切り離した上で厳重に保管・責任をもって破棄すると，参加は強制ではなく不参加の場合や途中棄権の場合も何ら不利益が生じないことを書面と口頭で伝えた。上述の調査内容および実施手続きは法政大学文学部心理学科・心理学専攻倫理委員会の承認を得て実施されている。

分析の手続とモデル　媒介効果を検討するために，以下の手続を用いた。独立変数から従属変数に対する直接の影響について（Figure 3-1 の xy'），学習方略の使用に対する長期的－恒常的な有効性の認知の影響を検討する。ここでは，媒介変数となる短期的－恒常的な有効性の認知の影響を考慮せず，後に媒介変数を投入した際の係数（Figure 3-1 の xy）と比較をするのに用いる。独立変数から媒介変数に対する影響について（Figure 3-1 の xm），長期的－恒常的な有効性の認知がもつ短期的－恒常的な有効性の認知への影響を検討

第 3 章　学習方略の使用とメタ認知的知識の検討　　99

Table 3-8
研究 4-1 における認知的方略とメタ認知的方略の平均値(M), 標準偏差(SD), 方略知識の有無の人数

項目	学習方略の使用		短期的—恒常的な有効性の認知		長期的—恒常的な有効性の認知		長期的—恒常的なコスト感		方略知識	
	M	(SD)	M	(SD)	M	(SD)	M	(SD)	$n \mid 1$	$n \mid 0$
認知的方略										
教わった内容がどういうことか, 考えてから覚える	4.49	(1.11)	4.52	(1.03)	4.74	(0.98)	3.31	(1.33)	206	25
さまざまな用語同士の関係を理解する	4.02	(1.25)	4.62	(1.02)	4.71	(0.99)	3.61	(1.39)	197	37
習った内容の流れや全体像を覚える	4.44	(1.09)	4.70	(0.98)	4.78	(0.91)	3.29	(1.30)	223	11
意味の分からない用語は, できるだけ理解しようとする	4.57	(0.95)	4.57	(1.03)	4.73	(0.97)	3.54	(1.39)	218	5
なぜそうなるのか考えるより暗記することを優先する	3.03	(1.26)	3.51	(1.47)	2.57	(1.10)	3.54	(1.40)	197	30
意味の分からない用語がでてきたら, まずとにかく覚える	3.18	(1.30)	3.58	(1.40)	3.22	(1.30)	3.74	(1.33)	189	38
全体を理解する前に, 用語を覚えることからはじめる	3.02	(1.29)	3.50	(1.34)	3.11	(1.19)	3.56	(1.27)	166	64
用語は意味を理解するよりも, 正確に書けるようにする	2.72	(1.11)	3.35	(1.36)	2.85	(1.22)	3.37	(1.24)	120	109
メタ認知的方略										
自分ならどれくらい達成できそうか予想する	3.26	(1.27)	3.69	(1.21)	3.63	(1.20)	3.34	(1.24)	138	97
内容がどれくらいわかっているか明確にしようとする	3.97	(1.14)	4.52	(1.01)	4.57	(0.96)	3.59	(1.27)	206	29
自分の理解状況を把握しようとする	4.05	(1.09)	4.59	(0.88)	4.62	(0.89)	3.48	(1.30)	205	30
自分の理解の程度を評価しようとする	3.27	(1.19)	4.07	(1.14)	4.12	(1.18)	3.51	(1.31)	143	80
どのように勉強するか, まず計画を立てようとする	3.72	(1.40)	4.61	(1.08)	4.63	(1.05)	4.06	(1.44)	230	6
課題ごとに適した勉強方法を使い分けようとする	4.27	(1.21)	4.73	(0.98)	4.70	(1.02)	3.40	(1.41)	207	27
どの程度の到達度を目指すのか, 目標を決めようとする	3.79	(1.33)	4.40	(1.16)	4.40	(1.20)	3.36	(1.43)	204	26

注) 尺度得点の得点可能範囲は 1 から 6 点であり, 理論的な中央値は3.5点である。$n \mid 1$ は学習方略の項目について「A. 以前から気づいていた」と回答していた人数である。$n \mid 0$ は学習方略の項目について「B. このアンケートで聞かれるまで気づかなかった」と回答していた人数である。

する。媒介効果について（Figure 3-1 の *my, xy*），長期的および短期的―恒常的な有効性の認知を投入する。長期的―恒常的なコスト感および方略知識を共変数として分析に投入し，その影響を統制した。

　分析に用いたモデルとモデル選択の手続きおよびその基準は研究3と同様である。分析には一般線形混合モデルを用いた。個人内相関を検討する際には，その固定効果に対する参加者の変量効果だけでなく，全ての参加者が同じ方略項目に回答することで生じる項目の変量効果もある。これらの変量効果を考慮しない場合，第一種の過誤の確率が上昇する可能性がある（cf. Murayama et al., 2014）。一般線形混合モデルは変量効果を直接推定できるため，これらの問題を避けることができる。ただし，変量効果を考慮することで多重の最尤推定となるために，その結果が適切に推定されない可能性がある（久保, 2012）。そこで，本研究ではベイズ推定（Hamiltonian Monte Carlo Method）によって推定値を求めた。ベイズ推定による結果においても，信頼区間と似た概念である確信区間を求めることで，母数が含まれる確率を算出できる。分析には R（ver. 3.2.2）上で Stan（2015）を利用できるパッケージ rstan ver. 2.8.0 を用いた。事前分布は，Stan（2015）のマニュアルおよび Sorensen et al.（2016）に従い，分散の大きい正規分布や期待値のない Cauchy 分布を設定した。設定として，繰り返しの回数を2,000回，そのうち用いるのは1,000回，そしてこの MCMC アルゴリズムを初期値を変えて4回繰り返し，合計4,000回を事後分布の結果とした。シード値は225とした。収束診断の基準は $\hat{R}$（アールハット）を参照し，以下のいずれの分析においても各推定値は基準を満たしていた（$\hat{R}$s<1.1）。独立変数の影響を検討するために，予測の良さの指標である leave-one-out cross-validation（LOO; Vehtari et al., 2016）を用いた。LOO の算出には，同じく R におけるパッケージの "loo" を用いた（Vehtari et al., 2016）。

3-1-2. 結果と考察

学習方略の使用およびメタ認知的知識の各変数間の個人内相関行列を Table 3-9 に示す。個人間相関の村山（2003b）と同様に，短期的および長期的な有効性の認知のいずれも，その認知が高いほどその方略をよく使用していた。個人間・内いずれの関係においても，学習方略の使用と有効性の認知との正の相関が確認された。媒介効果を検討した分析結果のまとめをFigure 3-1 に示す。

独立変数と従属変数について（xy'），LOO によるモデル比較の結果，独立変数のないモデル（Null モデル；LOO＝10781.2）よりも独立変数を投入したモデル（ランダム切片モデル＝9421.9），さらに独立変数の効果に参加者の変量効果を考慮したモデルの予測が良かった（ランダム切片＆傾斜モデル＝8917.4；いずれも項目数×サンプルサイズは3463）。分析の結果，長期的－恒常的な有効

Table 3-9
研究 4-1 における各変数間の個人内相関行列

変数	1	2	3	4
1 学習方略の使用	―			
2 短期的－恒常的な有効性の認知	.61	―		
3 長期的－恒常的な有効性の認知	.60	.74	―	
4 長期的－恒常的なコスト感	－.16	－.05	.00	―
5 方略知識（0, 1）	.40	.30	.29	－.04

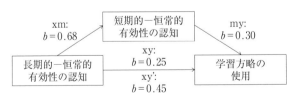

Figure 3-1. 研究 4-1 で用いた媒介モデルとその分析結果。長期的－恒常的な有効性の認知は短期的－恒常的な有効性の認知を媒介して学習方略の使用に影響を与える。「xy'」は長期的－恒常的な有効性の認知が学習方略の使用に与える直接効果である。「xy」は短期的－恒常的な有効性の認知の影響を統制した場合の長期的－恒常的な有効性がもつ学習方略の使用に対する効果である。

性の認知は学習方略の使用に正の影響を示した（非標準化推定値 $b_{c'} = 0.45$ 95%確信区間 [0.41, 0.51]）。

独立変数と媒介変数について（xm），モデル比較の結果，ランダム切片＆傾斜モデルの予測が良かった（Null = 10280.0；ランダム切片 = 8184.8；ランダム切片＆傾斜 = 7335.0）。分析の結果，長期的ー恒常的な有効性の認知は短期的ー恒常的な有効性の認知に正の影響を示した（$b_{xm} = 0.68$ [0.63, 0.73]）。

媒介効果について（my, xy），モデル比較の結果，ランダム切片＆傾斜モデルの予測が良く，「1. 独立変数と従属変数（xy'）」よりも改善された（ランダム切片 = 9143.6；ランダム切片＆傾斜 = 8697.1）。分析の結果，長期的ー恒常的な有効性の認知は学習方略の使用に正の影響を示し（$b_{xy} = 0.25$ [0.18, 0.31]），短期的ー恒常的な有効性の認知も正の影響を示した（$b_{my} = 0.30$ [0.24, 0.35]）。

上記の手続きにより，短期的ー恒常的な有効性の認知を投入することで，長期的ー恒常的な有効性の認知の影響が低くなる傾向がみられた（$b_{xy'} = 0.45$, $b_{xy} = 0.25$）。また，長期的ー恒常的な有効性の認知から短期的ー恒常的な有効性の認知への効果（$b_{xm} = 0.68$），短期的ー恒常的な有効性の認知から方略使用への効果もみられたことから（$b_{my} = 0.30$），長期的な有効性の認知は短期的な有効性の認知を部分的に媒介して，方略の使用へ影響することが示唆された。完全媒介こそみられなかったが，この結果は村山（2003b）が示した個人間相関における変数間の関係性と同様の傾向がみられた。

3-2. 研究 4-2

学習方略の使用に対する時期 2（短期，長期）×使用法 2（恒常，適宜）の条件における有効性の認知の影響を明確にする。ここでは，認知的方略（研究 4-2a）とメタ認知的方略（研究 4-2b）に分けた検討を行う。研究 4-1 において短期的および長期的な有効性の認知の媒介関係が示されたが，長期的な有効性の認知の影響は完全にはなくならない部分媒介であった。つまり，短期的な有効性の認知が長期的な有効性の認知の影響も全て担うものではない

ため，ここでは媒介関係ではなく，いずれの変数も投入した検討のみを行うことにした。

3-2-1. 研究 4-2a の目的

認知的方略の使用に対する時期 2（短期，長期）×使用法 2（恒常，適宜）の条件における有効性の認知の影響を明確にする。また，有効性の認知と認知的方略の使用において 2×2 の達成目標による調整効果がみられるかも明確にする。

3-2-2. 研究 4-2a の方法

調査参加者　都内の私立大学に通う大学生を対象とした。参加者は，調査の趣旨に同意し，かつ方略の項目 4 つ以上および達成目標の尺度項目に回答に欠測のなかった163名（男性68名，女性95名；年齢18-26歳）であった。

使用尺度　達成目標の尺度と認知的方略の尺度から構成され，いずれの参加者においても達成目標の尺度から回答を始めた。項目は各尺度内で呈示順序はカウンターバランスの手続がとられた。

達成目標について，Elliot & Murayama (2008) の AGQ-R の日本語版である Murayama et al. (2011) の表現の変更をした山口 (2015) の尺度を用いた。下位尺度は，習得接近目標，習得回避目標，遂行接近目標，遂行回避目標であり，各 3 項目から構成された。想定されている下位尺度とその項目を Table 3-10 に示す。教示は，「以下の質問項目は，あなたが学習に対して持つ，もしくは持たないかもしれない目標の種類を示しています。それぞれの項目が，あなたが持つ目標にどれくらい当てはまるか，数字に丸をしてください。」であった。参加者は 6 件法で回答を求められた。確認的因子分析（最尤法）の結果，モデルの分布と実際のデータの分布との間に乖離がみられたが，その他の指標から適合度は許容できるものであった（$\chi^2(48) = 149.31$, RMSEA = .11, CFI = .93, TLI = .91, SRMR = .05）。尺度得点の平均値と標準偏

Table 3-10
2 × 2 の達成目標尺度の下位尺度とその項目

項目
習得接近目標
私の目的はこの授業で教わることをより多くマスターすることだ
私の目標はできるだけしっかりと学習することだ
私はこのカリキュラムの内容をできるだけ十分に理解しようとつとめている
習得回避目標
私の目的は理解できないことをできるだけ減らすことだ
私の目標は学べないことをできるだけ減らすことだ
私はカリキュラムの内容の理解できないことを少しでも減らすようつとめている
遂行接近目標
私は他の学生と比較して良い成績をとるようつとめている
私の目的は他の学生と比べて高い点数を得ることだ
私の目標は他の学生よりも良い成績をとることだ
遂行回避目標
私の目標は他の人と比較して悪い成績をとらないことだ
私は他の人よりも悪い成績をとらないようつとめている
私の目的は他の学生よりも悪い成績をとらないようにすることだ

Table 3-11
各達成目標の研究 4-2a（左下三角）および研究 4-2b（右上三角）ごとの平均値
(M），標準偏差(SD）， α 係数と個人間相関行列

変数	4-2a （$N=163$)							4-2b （$N=144$)		
	M	SD	α	1	2	3	4	M	SD	α
1 習得接近目標	4.21	0.78	.74	—	.52	.33	.15	3.81	0.87	.77
2 習得回避目標	4.00	0.86	.79	.67	—	.21	.30	3.58	0.93	.75
3 遂行接近目標	3.33	1.14	.93	.18	.14	—	.78	3.37	1.11	.91
4 遂行回避目標	3.33	1.18	.93	.17	.23	.82	—	3.34	1.10	.87

注）尺度得点の得点可能範囲は 1 から 6 点であり，理論的な中央値は 3.5 点である。

差，α 係数，尺度得点間の相関行列を Table 3-11 に示す。

　認知的方略について，研究 4-1 と同様に山口（2015）より，意味理解方略と丸暗記方略の各 4 項目を用いた。教示は，「以下の質問項目は，学習において，あなたが行う，もしくは行わないかもしれない勉強の仕方を示しています。それぞれの項目が，あなたの今の勉強の仕方にどれくらい当てはまる

か（学習方略の使用），次のテストで点を取るために，この方法をどんなとき
でも使うことは，どのくらい効果的だと思うか（短期的－恒常的な有効性の認
知），次のテストで点を取るために，この方法を状況に合うときにだけ使う
ことは，どのくらい効果的だと思うか（短期的－適宜的な有効性の認知），将来
学習を続けていく上で，この方法をどんなときでも使うことは，どのくらい
効果的だと思うか（長期的－恒常的な有効性の認知），将来学習を続けていく上
で，この方法を状況に合うときにだけ使うことは，どのくらい効果的だと思
うか（長期的－適宜的な有効性の認知），どのくらい面倒な方法だと思うか（コ
スト感），の6つについて，数字に丸をしてください。また，その方法につ
いて今のあなたの勉強の仕方にどれくらい当てはまるかのあとに，お聞きす
る方法の存在をあなたが［A．以前から気づいていた］か［B．このアンケ
ートで聞かれるまで気づかなかった］かをお聞きします（方略知識）。アルフ
ァベットに丸をつけてください。」であった。方略知識は2件法，それ以外
は6件法で回答を求めた。方略の各項目および観点ごとの平均値，標準偏差，
方略知識の有無の人数を Table 3-12 に示す。

手続き　ある授業の時間内に一斉に実施した。学期の終盤での調査であり，
数週間後に定期試験を控えていた。調査実施前に定期試験について情報が伝
えられた。調査実施に際して，精神衛生・健康やプライバシーを侵害しない
よう配慮していること，研究成果を報告する際は個人・所属が特定できない
ようにして同意書と質問紙は切り離した上で厳重に保管・責任をもって破棄
すると，参加は強制ではなく不参加の場合や途中棄権の場合も何ら不利益が
生じないことを書面と口頭で伝えた。上述の調査内容および実施手続きは法
政大学文学部心理学科・心理学専攻倫理委員会の承認を得て実施されている。

分析のモデル　研究 4-1 と同様に，ベイズ推定を用いた一般線形混合モデ
ルを用いた。学習方略の使用とその各有効性の認知との関係を明確にした後，
達成目標の変数を一つずつ投入した。なお，モデルの単純化のために達成目
標の各変数の効果に超事前分布は仮定せずに，参加者による変量効果を仮定

Table 3-12

研究 4-2a および 4-2b における認知的方略とメタ認知的方略の平均値（*M*），標準偏差

項目	学習方略の使用		短期的―恒常的な有効性の認知	
	M	(*SD*)	*M*	(*SD*)
研究 4-2a（認知的方略）				
教わった内容がどういうことか，考えてから覚える	4.43	(1.04)	4.46	(1.16)
さまざまな用語同士の関係を理解する	4.06	(1.15)	4.48	(1.06)
習った内容の流れや全体像を覚える	4.38	(1.01)	4.59	(1.01)
意味の分からない用語は，できるだけ理解しようとする	4.73	(0.86)	4.64	(1.00)
なぜそうなるのか考えるより暗記することを優先する	3.07	(1.23)	2.90	(1.19)
意味の分からない用語がでてきたら，まずとにかく覚える	3.19	(1.18)	3.11	(1.23)
全体を理解する前に，用語を覚えることからはじめる	3.21	(1.29)	3.36	(1.11)
用語は意味を理解するよりも，正確に書けるようにする	2.77	(1.08)	3.05	(1.17)
研究 4-2b（メタ認知的方略）				
自分ならどれくらい達成できそうか予想する	3.38	(1.31)	3.49	(1.08)
内容がどれくらいわかっているか明確にしようとする	4.01	(1.12)	4.45	(1.00)
自分の理解状況を把握しようとする	4.00	(1.23)	4.34	(1.15)
自分の理解の程度を評価しようとする	3.25	(1.16)	3.81	(1.09)
どのように勉強するか，まず計画を立てようとする	4.04	(1.28)	4.25	(1.20)
課題ごとに適した勉強方法を使い分けようとする	4.12	(1.16)	4.27	(1.12)
どの程度の到達度を目指すのか，目標を決めようとする	3.77	(1.24)	4.06	(1.18)

注）尺度得点の得点可能範囲は 1 から 6 点であり，理論的な中央値は3.5点である。*n*|1 は学習方
学習方略の項目について「B. このアンケートで聞かれるまで気づかなかった」と回答していた人

しない独立変数とした。

3-2-3. 研究 4-2a の結果

　認知的方略の使用およびメタ認知的知識の各変数間の個人内相関行列を
Table 3-13 に示す。研究 4-1 と同様に，学習方略の使用と短期的および長期
的―恒常的な有効性の認知との間に正の相関関係がみられた。また，適宜的
な有効性の認知においても，恒常的な有効性の認知と比べると関係性は弱ま
るが，学習方略の使用との間に正の相関関係がみられた。

　LOO によるモデルの予測の良さの結果を Table 3-14 に示す。比較の結果，
研究 4-1 と同様にランダム切片＆傾斜モデルの予測が良かった（LOO ＝
3124.1）。分析の結果を Table 3-15 に示す。研究 4-1 と同様に，短期的およ

（*SD*），方略知識の有無の人数

短期的－適宜的な有効性の認知		長期的－恒常的な有効性の認知		長期的－適宜的な有効性の認知		コスト感		方略知識	
M	(*SD*)	*M*	(*SD*)	*M*	(*SD*)	*M*	(*SD*)	*n*｜1	*n*｜0
4.31	(1.02)	4.58	(1.10)	4.36	(1.00)	3.19	(1.31)	143	17
4.29	(1.10)	4.57	(1.10)	4.35	(1.07)	3.53	(1.42)	135	26
4.43	(0.99)	4.65	(1.02)	4.46	(1.03)	3.43	(1.48)	147	13
4.35	(1.21)	4.64	(1.07)	4.33	(1.21)	3.42	(1.43)	157	3
4.12	(1.27)	2.56	(1.17)	3.58	(1.40)	3.20	(1.37)	139	22
3.92	(1.15)	2.83	(1.18)	3.46	(1.21)	3.45	(1.39)	125	36
4.00	(1.11)	3.16	(1.08)	3.81	(1.17)	3.49	(1.24)	112	42
3.77	(1.24)	2.90	(1.18)	3.52	(1.22)	3.37	(1.38)	85	70
3.61	(1.13)	3.62	(1.07)	3.65	(1.17)	2.99	(1.29)	73	61
4.09	(1.07)	4.33	(0.99)	4.06	(1.07)	2.98	(1.35)	114	23
4.05	(1.14)	4.24	(1.11)	4.01	(1.06)	2.96	(1.28)	113	26
3.78	(1.11)	3.84	(1.08)	3.74	(1.14)	3.12	(1.21)	74	60
4.10	(1.18)	4.24	(1.11)	4.07	(1.10)	3.51	(1.52)	125	11
4.07	(1.13)	4.13	(1.13)	4.00	(1.14)	2.96	(1.27)	115	27
4.04	(1.14)	4.19	(1.08)	3.95	(1.11)	3.16	(1.28)	95	39

略の項目について「A．以前から気づいていた」と回答していた人数である。*n*｜0 は
数である。

び長期的－恒常的な有効性の認知が高い方略ほど，よく使用しているという
正の影響がみられた（$b_{短期的－恒常的な有効性の認知}=0.30\ [0.21,\ 0.39]$，$b_{長期的－恒常的な有効性の認知}$
$=0.19\ [0.10,\ 0.28]$）。一方で，短期的および長期的－適宜的な有効性の認知
の影響はみられなかった（$b_{短期的－適宜的な有効性の認知}=0.04\ [-0.04,\ 0.13]$，$b_{長期的－適宜的な}$
$_{有効性の認知}=0.09\ [0.00,\ 0.18]$）。

　達成目標の各変数を投入したモデルにおける予測の良さの結果を Table
3-14 に示す。ランダム切片＆傾斜モデル（LOO＝3124.1）よりも改善がみら
れたのは，習得接近目標（3108.7）と習得回避目標（3111.7）を投入したモデ
ルであった。習得接近目標について，短期的－恒常的な有効性の認知（b
$=-0.20\ [-0.30,\ -0.10]$）と長期的－恒常的な有効性の認知（$b=0.16\ [0.05,$
$0.26]$）に対して調整効果がみられた。単純傾斜分析の結果，習得接近目標

Table 3-13

研究 4-2a (左下三角；認知的方略) と研究 4-2b (右上三角；メタ認知的方略) の各変数間の個人内相関行列

変数	1	2	3	4	5	6	7
1 学習方略の使用	—	.48	.31	.43	.27	−.26	.46
2 短期的－恒常的な有効性の認知	.67	—	.38	.65	.34	−.08	.31
3 短期的－適宜的な有効性の認知	.36	.36	—	.34	.66	.09	.25
4 長期的－恒常的な有効性の認知	.65	.84	.31	—	.37	−.04	.25
5 長期的－適宜的な有効性の認知	.45	.42	.74	.52	—	.06	.19
6 コスト感	−.25	−.14	−.10	−.07	−.06	—	−.06
7 方略知識 (0, 1)	.44	.30	.23	.28	.25	−.14	—

Table 3-14

研究 4-2a および 4-2b における各モデルの leave-one-out cross-validation (LOO) の比較結果

研究	変量効果 なし	変量効果 あり 切片	変量効果 あり ＋傾斜	調整変数としての達成目標 習得接近	調整変数としての達成目標 習得回避	調整変数としての達成目標 遂行接近	調整変数としての達成目標 遂行回避	Data-point
4-2a	3886.6	3260.6	3124.1	3108.7	3111.7	3126.5	3124.4	1272
4-2b	2922.6	2450.5	2391.3	2398.6	2385.1	2394.6	2391.5	956

注) LOO はその値が小さいモデルほど従属変数に対する予測が良いことを示す。data-point は参加者の人数と項目数の積から求められる。「ランダム切片」モデルは，従属変数に対して参加者と項目の変量効果を考慮したモデルである。「ランダム切片＋傾斜」モデルは，「ランダム切片」モデルに独立変数に対する参加者の変量効果を考慮したモデルである。「ランダム切片＋傾斜」モデルの分析結果は Table 3-15 に示されている。達成目標の各変数は，その都度一つずつ「ランダム切片＋傾斜」に投入され，主効果に加えて各目標の変数との積である項が設けられ，調整効果が検討された。

が高い参加者 (＋1SD) ほど，学習方略の使用に対する短期的－恒常的な有効性の認知の影響が弱く (b=0.16 [0.04, 0.28])，一方で，長期的－恒常的な有効性の認知の影響が強くなった (b=0.32 [0.19, 0.44])。習得接近目標が低い参加者 (−1SD) ほど，学習方略の使用に対する短期的－恒常的な有効性の認知の影響が強く (b=0.41 [0.29, 0.54])，一方で，長期的－恒常的な有効性の認知の影響はみられなくなった (b=0.07 [−0.10, 0.19])。習得回避目標について，長期的－恒常的な有効性の認知に対してのみ調整効果が

第 3 章　学習方略の使用とメタ認知的知識の検討　109

Table 3-15
研究 4-2a（認知的方略）および研究 4-2b（メタ認知的方略の使用）ごとの階層ベイズ
モデリングによる分析結果

変数	研究 4-2a			研究 4-2b		
	M	（下限,	上限）	M	（下限,	上限）
固定効果						
0 切片	3.47	(3.24,	3.68)	3.53	(3.38,	3.68)
1 短期的－恒常的な有効性の認知	0.30	(0.21,	0.39)	0.16	(0.07,	0.25)
2 短期的－適宜的な有効性の認知	0.04	(-0.04,	0.13)	0.09	(-0.02,	0.20)
3 長期的－恒常的な有効性の認知	0.19	(0.10,	0.28)	0.17	(0.07,	0.28)
4 長期的－適宜的な有効性の認知	0.09	(0.00,	0.18)	0.07	(-0.04,	0.18)
5 コスト感	-0.15	(-0.21,	-0.09)	-0.24	(-0.32,	-0.17)
6 方略知識	0.42	(0.35,	0.50)	0.56	(0.47,	0.66)
参加者による変量効果						
0 切片	0.24	(0.14,	0.33)	0.59	(0.49,	0.70)
1 短期的－恒常的な有効性の認知	0.16	(0.02,	0.29)	0.12	(0.01,	0.26)
2 短期的－適宜的な有効性の認知	0.14	(0.01,	0.27)	0.11	(0.01,	0.26)
3 長期的－恒常的な有効性の認知	0.20	(0.11,	0.28)	0.23	(0.03,	0.37)
4 長期的－適宜的な有効性の認知	0.18	(0.05,	0.30)	0.17	(0.02,	0.32)
5 コスト感	0.18	(0.12,	0.25)	0.22	(0.13,	0.31)
6 方略知識	0.27	(0.18,	0.37)	0.30	(0.18,	0.42)
項目による変量効果						
0 切片	0.28	(0.14,	0.54)	0.12	(0.02,	0.28)
残差	0.72	(0.68,	0.76)	0.70	(0.66,	0.75)

注）固定効果は独立変数がもつ従属変数に対する線形の効果である。参加者による変量効果と項目
による変量効果はそれぞれ固定効果の分散であり，その値が大きいほど参加者あるいは項目ごとに
その効果が分散するということを示す。カッコ内の値は確信区間の95% 下限と上限であり，この範
囲内に母数を含むと解釈される。

みられた（$b = 0.13$ [0.04, 0.22]）。単純傾斜分析の結果，習得回避目標が高
い参加者（+1SD）ほど，長期的－恒常的な有効性の認知の影響が強くなっ
た（$b = 0.31$ [0.19, 0.43]）。一方で，習得回避目標が低い参加者（−1SD）で
は，長期的－恒常的な有効性の認知の影響はみられなくなった（$b = 0.09$ [−
0.01, 0.20]）。

3-2-4.　研究 4-2b の目的

　研究 4-2a では，認知的方略における使用とそのメタ認知的知識との関係

を明確にした。ここでは，メタ認知的方略の使用に対する時期2（短期，長期）×使用法2（恒常，適宜）の条件における有効性の認知の影響を明確にする。また，有効性の認知とメタ認知的方略の使用において2×2の達成目標による調整効果がみられるかも明確にする。

3-2-5. 研究4-2bの方法

調査参加者と手続き　都内の私立大学にて，ある授業の時間内に一斉に実施した。調査の趣旨に同意し，かつ方略の項目3つ以上および達成目標の尺度項目に回答に欠測のなかった参加者は144名（男性60名，女性84名；年齢18-23歳）であった。なお，調査は研究4-2aと同時に実施された。

使用尺度と分析のモデル　質問紙の構成と達成目標の尺度は研究4-2aと同様であった。達成目標尺度の尺度得点の平均値と標準偏差，a係数，尺度得点間の相関行列を Table 3-11 に示す。確認的因子分析の結果，適合度は許容できるものであった（$\chi^2(48) = 97.27$, RMSEA = .08, CFI = .95, TLI = .93, SRMR = .05）。メタ認知的方略について，研究4-1と同様に山口（2015）より，モニタリング方略4項目とコントロール方略3項目を用いた。方略の各項目および観点ごとの平均値，標準偏差，方略知識の有無の人数を Table 3-12 に示す。教示とモデルは研究4-2aと同様であった。

3-2-6. 研究4-2bの結果

　メタ認知的方略の使用およびメタ認知的知識の各変数間の個人内相関行列を Table 3-13 に示す。研究4-2aと同様に，いずれの条件における有効性の認知も学習方略の使用との相関がみられた。一方で，恒常的な有効性の認知は，認知的方略の場合と比べて，その関係性が弱くなった。

　LOO によるモデルの予測の良さの結果を Table 3-14 に示す。比較の結果，研究4-2aと同様にランダム切片＆傾斜モデルの予測が良かった（LOO = 2391.3）。分析の結果を Table 3-15 に示す。係数は小さくなったが研究4-2a

と同様に，短期的および長期的－恒常的な有効性の認知が高い方略ほど，よく使用しているという正の影響がみられた（$b_{短期的－恒常的な有効性の認知}=0.16$ [0.07, 0.25]，$b_{長期的－恒常的な有効性の認知}=0.17$ [0.07, 0.28]）。加えて，短期的および長期的－適宜的な有効性の認知の影響もみられなかった（$b_{短期的－適宜的な有効性の認知}=0.09$ [-0.02, 0.20]，$b_{長期的－適宜的な有効性の認知}=0.07$ [-0.04, 0.18]）。Table 3-14 の LOO を参照すると習得回避目標を投入したモデルの予測が改善されているようにみえる。しかし分析の結果を参照すると，95％確信区間に 0 を含まない習得回避目標の調整効果はみられなかった。そのため，研究 4-2b では達成目標の調整効果はみられなかった。

3-2-7. 研究 4-2 の考察

　認知的方略とメタ認知的方略のいずれにおいても，時期の条件に関わらず，恒常的な有効性の認知が学習方略の使用に対して正の影響を示した。メタ認知的方略は予測した結果通りであり，自身の学習状況を把握してその行動を調整することは学習成立において望ましく，本研究の参加者もその認知が高い方略ほどよく使用していた。

　一方で，認知的方略は予測した結果とは異なり，適宜的な有効性の認知の影響はみられなかった。自己調整学習の枠組みでは課題に合った方略を使用することが望ましいとされる。しかし，予測していた結果と異なり，状況に合わせて使用することが効果的かという認知と学習方略の使用との関係はみられず，とにかく使用すれば効果的であると認知している方略ほどよく使用していた。効率よく学習して遂行成績を高めるのではなく，ある程度の水準に達すれば良いという認識である可能性がある。

　また，認知的方略の使用に対する恒常的な有効性の認知の影響には，個人差として達成目標における習得接近および回避目標の調整効果がみられた。特に，学習内容を身につけるという目標（習得接近－回避目標）が高い学習者は，短期的－恒常的な有効性の認知の影響が弱まり，長期的－恒常的な有効

性の認知の影響が強まった。習得接近目標が低い学習者はその逆の傾向を示した。習得接近目標が高い学習者の場合には，特に本研究の参加者が大学生であったこともあってか，学習内容を将来に活かせるか否かという意識があり，その結果として長期的－恒常的な有効性の認知の影響が強まったと考えられる。一方で，習得接近目標が低い学習者の場合では，目前の課題を終えさえすれば良いため，より短期的－恒常的な有効性の認知の影響が強まったと考えられる。

3-3. 考察

学習方略の使用に対する有効性の認知がもつ影響について，本研究では有効性の認知がメタ認知的知識の条件知識であることに注目した。そして，「いつ」を現す時期と「どのように」を現す使用法の条件を設けた有効性の認知を取り上げた。結果として個人内相関において，長期的な有効性の認知は短期的な有効性の認知を部分的に媒介して学習方略の使用に影響すること（研究4-1），恒常的な有効性の認知のみが学習方略の使用に影響し，さらに達成目標の個人差があることを示した（研究4-2a）。

自己調整学習（e.g., Pintrich & De Groot, 1990）や記憶研究の知見（e.g., 藤田, 2007b）では，学習方略は適切な課題に対して合わせて使用すべきである。しかし，本研究では恒常的な有効性の認知の影響がみられた。そのため，本研究の結果は高水準の到達度を目指さない学習者の認知を反映したものであると考えられる。あるいは，もう一つの可能性として，どのような方略がどのような課題においてより効果的となるか，条件知識が欠如していた可能性がある。本研究において調査対象者とした大学生は，中学生や高校生のように，同一科目・教科を中長期にわたって同じ担当者から教授される機会が少なく，どのような課題および試験かを予測するのが難しい。ただし，状況に合わせて適切な方略を使い分けることは重要であるため，まず明確に方略知識（宣言的・手続知識）を教授した上で，ある課題にどのような学習方略が適

第3章 学習方略の使用とメタ認知的知識の検討　113

切かを教授すべきである。例えば，テスト形式を予期することで，学習者は方略を変えることができることが報告されおり（村山，2003a，2003b），その前に方略知識の教授をすることで，より効率的な学習が期待できる。

　上述の知見は，個人内相関によって見出されたという点でも重要である。個人内の分散や相関に注目する重要性は，自己調整学習や学習方略の使用に限ったことではない。実際に，ある個人が何か問題に直面した際には複数の選択肢の中から，適切であると思われる手段を選択することが示されている（cf. Kahneman, 2011）。例えば意思決定の代表的な研究では，複数の選択肢に対して，獲得できる利益よりも獲得の不確実性に注目して選択することが示されている（Kahneman, & Tversky, 1979）。このことから，個人内で複数の手段から選択する際には，個人内の認知が参照されるため，個人内のモデルを捉えるモデルは生態学的妥当性も高い検討方法であるといえる。

　また，認知的方略の使用に対する有効性の認知の個人内過程について習得接近－回避目標の調整効果がみられた。本研究では個人内の過程に注目したが，このように個人差としての達成目標の種類およびその高低によって学習方略の使用に対して影響を示す有効性の認知が変わる。教育実践ではこのことを踏まえ，学習者の達成目標を考慮した介入（e.g., 習得接近目標が低い学習者には次の試験だけでなく，その先の入試などでも役立つと伝える）や，目標そのものを方向付ける・誘導する介入を行う必要があると考えられる。

　研究4は「いつ」および「どのように」といった時期と使用法の条件における方略を使うことが効果的なのかの認知に関する，個人内の関係を示した。これは，有効性の認知がメタ認知的知識のうちの条件知識としての役割をより詳細に明確化したものであり，その点で価値ある知見である。また，条件知識としてその条件を詳細化したことによって，学習者がもつ学習方略を使用することに対する認知もまた詳細に把握することが可能となった。そのため，有効性の認知を中心としたより具体的な教育実践を考えることが可能となった。

第4節　総合考察

　第3章では，第2章で学習方略の使用を直接規定する要因として示された有効性の認知を，メタ認知的知識における条件知識として捉え直した（Figure 1-7参照）。そして，学習方略の使用に対する有効性の認知がもつ影響について，有効性を認知するための基礎となる知識と，どのような条件で認知した有効性が学習方略の使用を促進するかを明確にすることを目的とした。また，複数の学習方略が個人内で使用される過程を反映するために個人内相関に注目し，個人差によって生じる分散を第2章で動機づけ要因として取り上げた達成目標によって説明できるかを明確にしようとした（Figure 2-4参照）。

　研究3では大学生の説明文における読解方略の使用を対象として，基礎となる方略知識を取り上げた。そして，方略知識の有無によって学習方略の使用の程度が異なるか，そして学習方略の使用と有効性の認知との関係性に対して方略知識がもつ影響について検討した。結果として，方略知識があることが学習方略を使用するには必要であること，方略知識がある場合に有効性の認知の影響があることを示した。また，このような方略知識や有効性の認知がもつ学習方略の使用に対する影響について，達成目標による調整効果は再現性をもって示されなかった。

　研究4では，学習方略を使用する条件に注目し，ある方略がどのような条件について効果的だと認知されているときに使用されるかを検討した。村山（2003b）がその弁別性を示した時期の条件に加え，状況を考慮するか否かの条件を設けた。その結果，次のテストに向けて常に使い続けることか効果的であると認知（短期的－恒常的な有効性の認知）が高い方略ほどよく使用していた。一方で，認知的方略（研究4-2a）においては達成目標の調整効果によってその傾向が異なった。それは，習得接近目標や習得回避目標が高い学習

者は，短期的―恒常的な有効性の認知の影響がなくなる，あるいは小さくなり，将来学習を続けていく上で常に使い続けることか効果的であると認知（長期的―恒常的な有効性の認知）が高い方略ほどよく使用していた。

4-1. 学習方略の使用とメタ認知的知識との個人内相関とその個人差

　本論文の研究 1，2 や有効性の認知を取り上げた先行研究では，有効性の認知は学習方略の使用に対して説明力を示していた。しかし，方略知識の有無が考慮されていなかったこと，有効性の認知の条件が明確にされていなかった。第 3 章では学習方略の使用や有効性の認知に対する基礎となる方略知識の有無による影響（研究 3），ある方略が「いつ」および「どのように」使用することが効果的かといった条件による有効性の認知の影響の違いを明確にした。これは，学習方略の使用を規定する要因を検討する研究枠組みに，新たな視点を提供したといえるだろう。

　また，有効性の認知を使用条件によって分けて，学習方略に関しても分類に合わせてそれぞれ測定したところ（研究 4-2），達成目標による調整効果がみられた。それは，認知的方略と短期的および長期的―恒常的な有効性の認知との正の相関関係に対する調整効果であり，習得接近目標において特に顕著な傾向が示された。習得接近目標が高い学習者は中長期的に使用し続けることで効果が得られると認知している方略ほどよく使用するが，一方で習得接近目標が低い学習者は短期的に使用し続けることで効果が見込まれる方略をよく使用するという結果であった。このように，「どのような方略」を「どのような条件」で使用することが効果的かを整理し，明示して参加者に尋ねることで，個人差が顕著になり，動機づけ要因である達成目標によって説明が可能になった可能性がある。以上に示された第 3 章の結果とその知見を踏まえて，Figure 3-2 を示す。Figure 3-2 は Figure 1-7 と Figure 2-3 を合わせ，個人内での方略知識や条件ごとの有効性の認知がもつ学習方略の使用に対する影響，および個人差としての達成目標の調整効果を加えたもので

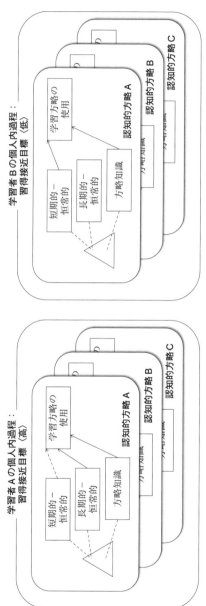

Figure 3-2. 複数の認知的方略を使用するまでの個人内での過程とその個人差のモデル。複数の学習方略の使用にはそれぞれ対応する方略知識と有効性の認知が影響している。また、有効性の認知は条件によって分類されており、どのような条件で効果的だと思う方略を使用するかは達成目標といった個人差も関与している。なお、コスト感は共変数として扱うため、ここでは省略している。

ある。達成目標における習得接近目標が高い学習者は，認知的方略では長期的―恒常的な有効性の認知が学習方略の使用に対してより強い影響を示すが（Figure 3-2上部），習得接近目標が低い学習者は短期的―恒常的な有効性の認知のみが学習方略の使用に対して影響する（Figure 3-2下部）。メタ認知的方略においては，達成目標による個人差はみられない。

　なお，学習方略の使用と有効性の認知との関係に対する達成目標の調整効果について，村山（2003b）は有効性との認知と学習方略の使用との間に達成目標による調整効果はみられないと結論づけているが，以下に述べるように第3章では個人内相関を測定している。そのため，結果の不一致が生じたのではなく，新たなアプローチによって導き出された知見であるといえる。

　これらの知見が個人間レベルでの検討，つまり個人差によるものではなく，個人内レベルで示された結果であることにも注目すべきである。それは，どのような学習者であろうとも，その学習者の中では方略知識があり効果的であると認知している方略が用いられていることが示されている。これは，符号化の取り組みの研究より得られた知見に新たな視座を与える結果である。これまでに，理論的に適応的な方略が必ずしも使用されていないということが報告されており（Hartwig & Dunlosky, 2012; Kornell & Bjork, 2007），その理由として，学習者はいくつかの効果的な方法に気がついていない可能性が指摘されている（McCabe, 2011）。しかし，このような学習者においてもある程度の成績は獲得していることも知られている（Garner, 1990）。第3章の研究3，4の知見は，「理論的に効果的な方略も方略知識がなければ使用することはできない」ということと，「その方略の方略知識があったとしても，条件によってはその効果が知識としてなくて使用しない」といった学習者の個人内で生じる能動的な学習方略の使用過程を明らかにした。つまり，理論的に望ましい学習方略はまず方略知識を明確に教示する必要があり，またその効果についても教授あるいは実感させることが，学習者にとっては重要であるといえるだろう。

4-2. 第3章の限界および課題と第4章以降の研究

　第3章の研究3，4ではメタ認知的知識の学習方略の使用に対する役割を明確にするために大学生を対象としていた。大学生の多くは繰り返し同じ教科で実施される定期試験がないと予想される（ある科目の単位を取得すると近接科目を同じ教員から受けることは少ない）。そのため，試験に向けた学習か否かといった，測定時期による影響を積極的に測定して検討することができなかった。つまり，測定された学習方略の使用とそのメタ認知的知識との関係性が，定期試験を中心とした測定時期によって変化する可能性を否定することはできない。また，定期試験に向けた学習なのか（試験時），定期試験まで期間の空いた時期での学習なのか（平常時）によって学習方略の使用に対する有効性の認知の影響や達成目標による調整効果も異なる可能性がある。

　そこで，第4章では試験時と試験まで期間のある平常時での学習方略の使用に注目した検討を行うこととする。まず研究5では，研究1の高校生の英単語学習を対象とした調査に追加の調査のデータも含め，試験時と平常時それぞれにおいて学習方略の規定要因が異なるかを検討する。扱うデータに研究1が含まれるため，個人間レベルでの検討となる。研究6では中学生の社会科学習を対象に，平常時を試験の出題範囲ではあるが期間の空いている時期として，平常時から試験時の学習への影響を想定したモデルを検討することとした。中学生の社会科の学習においては認知的方略が取り上げられることが多く，また研究4では認知的方略においてのみ達成目標による調整効果がみられたため，中学生の社会科学習を対象とする。

　また，第2章の研究1，2と同様に，研究3，4においても方略知識の統制や手続知識の測定など，質問紙研究での限界が示された。そこで，第5章では，方略知識と手続知識，それに伴い有効性の認知も教授する介入を行う実験を行うこととした。

第4章　測定時期による違いの検討

第1節　目的

　第2章では学習方略の使用を規定する要因として動機づけ要因（達成目標）と認知的要因（有効性の認知）に注目し，有効性の認知が学習方略の使用を直接規定するということを示した。第3章では有効性の認知をメタ認知的知識における条件知識として捉え直した。そして，基礎的な知識となる方略知識が学習方略の使用や有効性の認知には必要なこと，時期や使用法などの条件によって有効性の認知がもつ学習方略の使用に対する影響が異なることが明らかとなった。また，認知的方略においては達成目標による個人差も示された（短期的あるいは長期的－恒常的な有効性の認知が影響する）。しかし，定期試験を中心とした測定時期による学習の違いを考慮していなかった。第2章の研究1では定期試験に向けた準備の学習を測定したが，その時期でのみ行われた横断的検討であるために，測定時期による影響を検討することはできなかった。

　そのため，第4章では学習者において重要な評価機会となる試験に注目し，試験が実施されるまでの時間間隔による検討を行う。研究5では試験まで時間のあるとき（以下，平常時という）と試験一週間前（以下，試験時という）の学習において，学習方略の使用を規定する要因が異なるかを明確にする。研究6では平常時の学習方略に関する変数が，試験時の学習方略の使用やその他の認知に与える影響を明確にしようとする。以下に，研究5，6の位置づけを示す。

　研究5では試験時を研究1と同様のデータを用いる。先行研究と直接比較

を可能にするために個人間相関において，動機づけ要因として達成目標を，認知的要因として学習観，有効性の認知およびコスト感を取り上げる。また，本研究では理系と文系問わず取り組むと思われる英語学習に注目し，その中でも英語の基礎的な学習であると考えられる英単語学習に関する方略の使用の程度について取り上げる。ただし，英単語学習は英語科の学習の一部であり，英単語にのみ特定的な達成目標や学習観を想定することは不自然である。そのため，達成目標と学習観は英語学習全般に対するものとした。

　加えて，平常時にもつ次の試験時に使用するつもりかといった学習方略の使用意志が，試験時の学習方略の使用やその認知との関係も検討すべきである。研究1では，学習方略の使用やその有効性の認知が高い学習者ほど，その学習方略の使用意志が高いことを示した。一方で，実際の次の試験時の学習方略の使用やその認知との関係は検討されていない。そこで研究6では平常時と試験時といった測定時期の違いに注目し，学習方略の使用に対する有効性の認知がその使用にいかに影響するかを明確にすることを目的とする。また，平常時と試験時の関係性を検討する際に，平常時での意志が試験時での使用やその認知にも注目する。上述の関係を検討する際に，本研究では個人間のレベルと個人内のレベルから知見を得るように試みる。

　また，これまでの本論文における研究やこれから報告される研究5は1時点の測定において，学習方略の使用とその規定要因の変数間の関係をモデル化した。研究6においても，先述した研究のように各測定時期で学習方略の使用を規定するモデルを想定し，これらの研究と比較することが可能である。そして，未検討である平常時と試験時の有効性の認知やコスト感間の関係，平常時の学習方略の使用意志がもつ試験時の各変数への影響をより広範的に検討することが可能となる。それらの関係性を考慮した上で，異なる2時点の学習方略の使用の関係を明確にすることができる。

　さらに，研究6では研究3，4や村山の研究（2003a，2003b）を参考に，達成目標や自己効力感がもつ学習方略の使用と有効性の認知との関係を調整す

る効果を考慮し，明確にしようとする。これまでに，動機づけの変数は学習方略の使用に対して規定要因として取り上げられることは多かった（e.g., Elliot et al, 1999; Pintrich & De Groot, 1990）。一方で，学習方略の使用が動機づけによって説明される集団による相関関係のモデル（個人間レベル）では，学習者個人内（個人内レベル）での学習方略の使用に対する有効性の認知などの影響が考慮されていない（e.g., Elliot et al., 1999; Howell & Watson, 2007；三木・山内，2005）。そのため，個人間レベルで生じた学習方略と動機づけの変数との関係性は，動機づけの方向性や強度といった個人差によって生じた，個人内レベルでの有効性の認知と学習方略の使用との関係性の違いが反映された可能性がある。このことからも，研究6では研究3，4と同様に，自己効力感や達成目標といった動機づけの変数を調整変数として用いることとした。この検討は特に，研究6で得られた知見を教育実践に活かそうとする際に重要である。学習者にはそれぞれ個人差があり，それによって介入の効果が変わる（適性処遇交互作用：aptitude treatment interaction, ATI）。個人間相関において学習方略の使用との関係が示されている達成目標や自己効力感を個人差変数として取り上げることで，本研究の知見を活かした介入時の適性処遇交互作用に対しても考慮することができる。

　上述のように，研究6では平常時と試験時といった2時点を含む検討に加え，個人間レベルと個人内レベルでの学習方略の使用と有効性の認知との関係性を明確にしようとする。その際に，相関関係を適切に検討するために，マルチレベル構造方程式モデリング（ML-SEM）を用いた分析を行う。このモデルではデータを個人間のレベルと個人内のレベルにそれぞれ分けて推定することができる。そのため，本研究で取り上げた変数間の関係性について，個人間特有の知見なのか，個人内でだけみられるのかなど，より詳細な検討を行うことができる。なお，本研究では学習方略の使用と有効性の認知との関係性を検討するものであるが，上述のようにコスト感や方略知識も学習方略の使用に影響することが予想される。そのため，コスト感および方略知識

を共変数としてモデルに投入し，その影響を統制する。また，定期試験に向けた学習を取り上げるため，長期的な有効性の認知（将来学習を続けていく上で効果的であると思うか）は取り上げないこととする。

第2節　研究5：試験時・平常時における学習方略使用の規定要因[9]

試験まで時間のある時期と試験直前の学習において，学習方略の使用を規定する要因が異なるかを明確にする。なお，研究5の参加者は研究1，2と同様の参加者で有り，試験時のデータは研究1，2から平常時の欠損分を削除したものである。

2-1.　方法

2-1-1.　調査対象

試験時のデータは研究1，2と同様である。しかし，以下に示すように，平常時にも調査への参加に同意すること，試験時と平常時のいずれにおいても欠損がみられないことが分析対象となる条件であるため，試験時においても研究1とは異なる結果になる可能性がある。2回の測定とも同意が得られ，回答に欠損がなかった都内の私立高校1，2年生6クラス199名（男子97名，女子102名）を分析の対象とした。この対象校は，9割程度の生徒が系列の大学に進学する。

2-1-2.　調査内容

質問紙は，研究1，2と同様に英語達成目標，英語学習観，英単語学習方略に関する尺度を使用した（Table 2-2参照）。疲労の影響を考慮し，尺度の提

9）「山口　剛（2012）．学習方略の使用を規定する測定時期による要因の違いの検討――試験時と平常時に注目して――　日本教育工学会論文誌，*36(Suppl.)*, 53-56.」を一部加筆・修正した。

示順序および尺度内での項目の提示順序をカウンターバランスした合計12種類の冊子を各クラスに割りあてた。以下のいずれの尺度においても6件法（1. まったくあてはまらない, 2. あてはまらない, 3. あまりあてはまらない, 4. 少しあてはまる, 5. あてはまる, 6. 非常にあてはまる）で回答を求めた。

英語達成目標尺度　下位尺度は習得目標，遂行接近目標，遂行回避目標であり，各6項目であった。

英語学習観尺度　下位尺度は方略志向5項目，勉強量志向5項目，環境志向6項目であった。

英単語学習方略尺度　認知的方略とメタ認知的方略から構成され，認知的方略は体制化方略，精緻化方略の各5項目であった。メタ認知的方略はモニタリング方略，コントロール方略，プランニング方略の各3項目であった。回答に際して，一つの質問項目に対して同時に実際の使用，有効性の認知およびコスト感の3観点について回答を求めた。

2-1-3. 手続き

調査は2010年10月下旬（定期試験直後；以下，試験時）と次の定期試験までの中間である11月中旬（平常時）に行った。調査実施に際して，精神衛生・健康やプライバシーを侵害しないよう配慮していること，研究成果を報告する際は個人・所属が特定できないようにして同意書と質問紙は切り離した上で厳重に保管・責任をもって破棄すると，参加は強制ではなく不参加の場合や途中棄権の場合も何ら不利益が生じないことを書面と口頭で伝えた。上述の調査内容および実施手続きは法政大学文学部心理学科・心理学専攻倫理委員会の承認を得て実施されている。

2-2. 結果と考察

2-2-1. 各尺度の構成

各尺度の因子構造を検討するために，因子間に相関を仮定し，確認的因子

Table 4-1
確認的因子分析（最尤法）による各尺度・観点ごとの適合度

変数	試験時			平常時		
	SRMR	CFI	RMSEA	SRMR	CFI	RMSEA
達成目標	.10	.93	.12	.05	.95	.10
学習観	.06	.92	.08	.06	.97	.06
学習方略						
認知的方略						
実際の使用	.05	.98	.07	.05	.97	.07
有効性の認知	.03	1.00	.00	.05	.94	.11
コスト感	.04	.97	.07	.04	.98	.07
メタ認知的方略						
実際の使用	.08	.75	.12	.06	.93	.07
有効性の認知	.04	1.00	.00	.06	.93	.07
コスト感	.05	.94	.07	.06	.88	.09

注) SRMR は standardized root mean square residual であり，取る値が 0 に近いほどモデルとデータの当てはまりが良いと判断される．CFI は comparative fit index であり，取る値が 0 に近いほど独立モデル（パスを全く仮定しない当てはまりの悪いモデル）から乖離していると判断される．RMSEA は root mean square error of approximation であり，取る値が 0 に近いほどデータとモデルの乖離が小さいと判断される．

分析（最尤法）を行った．また，内的整合性の指標である ω 係数により，各下位尺度の信頼性を検証した．各尺度の適合度を Table 4-1 に示す．

英語達成目標　試験時に関して 3 因子モデルを確認した．分析の結果，指標によっては高い適合度が得られた．得られた下位尺度は「習得目標」3 項目（$M=4.48$, $SD=1.15$, $\omega=.89$），「遂行接近目標」3 項目（$M=3.58$, $SD=1.18$, $\omega=.77$），「遂行回避目標」3 項目（$M=3.13$, $SD=1.24$, $\omega=.87$）であった．平常時に関しても 3 因子モデルを確認したが，「遂行接近目標」と「遂行回避目標」が高い相関係数を示したため，項目を併せて「遂行目標」とした．分析の結果，ある程度高い適合度が得られた．下位尺度は「習得目標」3 項目（$M=4.30$, $SD=1.14$, $\omega=.88$），「遂行目標」6 項目（$M=3.39$, $SD=1.07$, $\omega=.85$）であった．二つの測定時点に関して適合度および信頼性から，尺度構成は許容できるものであった．測定時期によって因子数が異なったが，受田・藤田（2010）と同様の結果であるため，以後の分析では平常時は 2 因

子モデルを用いて検討した。

英語学習観　試験・平常時どちらも 3 因子モデルを確認した。分析の結果，ある程度高い適合度が得られた。得られた下位尺度は「方略志向」3 項目（$M_{試験時}=4.76$，$SD_{試験時}=0.73$，$\omega_{試験時}=.68$；$M_{平常時}=4.61$，$SD_{平常時}=0.89$，$\omega_{平常時}=.87$），「勉強量志向」3 項目（$M_{試験時}=4.62$，$SD_{試験時}=0.88$，$\omega_{試験時}=.69$；$M_{平常時}=4.62$，$SD_{平常時}=0.88$，$\omega_{平常時}=.77$），「環境志向」3 項目（$M_{試験時}=3.50$，$SD_{試験時}=1.08$，$\omega_{試験時}=.75$；$M_{平常時}=3.45$，$SD_{平常時}=1.03$，$\omega_{平常時}=.73$）であった。二つの測定時点に関して適合度および信頼性から，尺度構成は許容できるものであった。

英単語学習方略　認知的方略とメタ認知的方略は異なった学習の側面であると考えられるため，それぞれ分けて分析した。まず各方略の「実際の使用」について分析し，その後，「実際の使用」で得られた因子構造を他の 2 観点にも当てはめた。各観点・方略ごとの適合度を Table 4-1 に，平均値，標準偏差，ω 係数を Table 4-2 に示す。

認知的方略に関して，試験・平常時どちらも 2 因子モデルを確認した。分析の結果，ある程度高い適合度が得られた。得られた下位尺度は「体制化方略」3 項目，「精緻化方略」3 項目であった。メタ認知的方略に関して，3 因子を想定した分析では因子間の相関係数が大きな値を示したため，試験・平常時どちらも 1 因子の「メタ認知的方略」9 項目とした。各方略において，適合度および信頼性から，「実際の使用」における尺度構成は許容できるものであった。

次に，実際の使用で得られた因子構造が，他の 2 観点にも適切な構成であるかを適合度と ω 係数から検証した。各観点において，試験・平常時どちらも適合度と信頼性から，他の 2 観点においても尺度構成は許容できるものであった（Table 4-1，2 参照）。

Table 4-2
各方略・観点ごとの平均値（M），標準偏差（SD），ω 係数

変数		試験時			平常時		
		認知的方略		メタ認知	認知的方略		メタ認知
		体制化	精緻化	的方略	体制化	精緻化	的方略
実際の使用	M	2.83	3.46	3.00	3.39	3.66	3.39
	SD	1.14	1.19	0.85	1.02	0.97	0.80
	ω	.74	.71	.76	.75	.68	.79
有効性の認知	M	4.07	4.01	3.79	4.04	3.92	3.76
	SD	0.96	0.93	0.76	1.02	0.92	0.76
	ω	.64	.62	.72	.75	.63	.77
コスト感	M	3.98	3.40	3.84	4.06	3.65	3.92
	SD	1.07	1.10	0.97	1.00	1.04	0.81
	ω	.69	.71	.84	.69	.75	.80

注）尺度得点の得点可能範囲は1から6点であり，理論的な中央値は3.5点である。ω 係数は0から1の間で得点を取り，1に近づくにつれて内的整合性が高いとされる。

2-2-2. 規定要因の検討

　上記の下位尺度ごとに各項目の評定平均値を算出し，標準化したものを分析に用いた。分析は，パスの有意性とモデルの適合度から検討した。モデルは研究1を参考に，達成目標，学習観，有効性の認知とコスト感，方略使用の順にパスを仮定した（Figure 4-1, 4-2）。

　試験時　分析の結果とその適合度を Figure 4-1 に示す。各方略に関して，方略の3観点に対する有効性の認知（標準化偏回帰係数 $b^*_{体制化方略}$ = .25, $b^*_{精緻化方略}$ = .54, $b^*_{メタ認知的方略}$ = .44）とコスト感（$b^*_{体制化方略}$ = − .37, $b^*_{精緻化方略}$ = − .29, $b^*_{メタ認知的方略}$ = − .30）の影響が有意であった。各学習方略の使用に対する独立変数の説明率は十分であったと考えられる（R^2 = .20-.47）。

　平常時　分析の結果とその適合度を Figure 4-2 に示す。各方略に関して，有効性の認知（$b^*_{体制化方略}$ = .60, $b^*_{精緻化方略}$ = .76, $b^*_{メタ認知的方略}$ = .69），コスト感（$b^*_{体制化方略}$ = − .27, $b^*_{精緻化方略}$ = − .20, $b^*_{メタ認知的方略}$ = − .24），遂行目標（$b^*_{体制化方略}$ = .14, $b^*_{精緻化方略}$ = .16, $b^*_{メタ認知的方略}$ = .19）が有意であった。各学習方略の使用に対する独立変数の説明率は十分であったと考えられる（R^2 = .47-.66）。

試験時では，有効性の認知やコスト感のみが方略使用に対して有意なパスを示した。平常時においても同様の結果であったが，加えて遂行目標が弱いパスを示すといった違いがみられた。以上より，測定時期によって方略使用を規定する要因が異なることが示された。各方略の結果に注目すると，特に試験時は有効性の認知に影響する変数が異なる。体制化・精緻化方略といった直接学習内容の獲得に関わる方略の有効性へは動機づけ変数が影響するが，自己の学習状況を把握するメタ認知的方略は，方略志向のような価値観が影響した。一方で，平常時は一貫して方略志向が有意なパスを示している。平常時では，勉強方法を工夫するという信念を持つ学習者ほど，様々な方略を使用すると考えられる。また，メタ認知的方略に関しては，全ての学習観を媒介して，習得目標が間接的に正の影響を示した。これにより，学習内容の習得が目標の学習者は，平常時でも自己の学習を管理できていると考えられる。

2-3. 考察

本研究は，学習方略使用を規定する要因が測定時期，とりわけ試験時と平常時で異なるかを検討することが目的であった。そのため，達成目標，学習観，学習方略の使用と有効性の認知およびコスト感を測定し，測定時期ごとにパス解析を行った。その結果いずれの方略においても，試験・平常時の両方で，有効性の認知とコスト感が一貫して有意なパスを示していたが，平常時では動機づけ要因である遂行目標が有意なパスを示すといった違いがみられた。本研究で得られた結果についての二つの解釈可能性を以下で考察する。

一つ目の解釈可能性は，学習者の学習に対する意識の違いである。試験時は，直近の試験に対応するため，学習者自身が使い慣れてきた方略，もしくは手間を感じない方略を使用する傾向が強いと考えられる。平常時では，直近の試験がないため，学習に対する動機づけが直接パスを示したと考えられる。

128

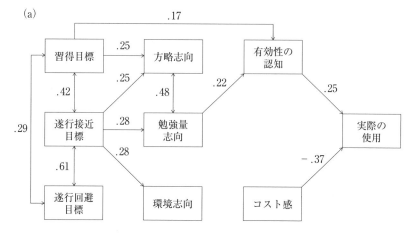

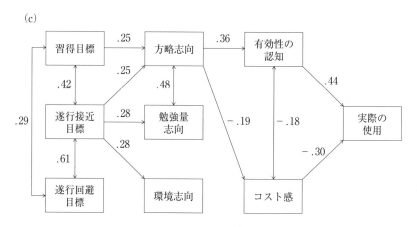

Figure 4-1. 試験時における方略ごとのパス解析の結果。(a)は体制化方略におけるパ
知的方略におけるパス解析の結果である。誤差は省略している。

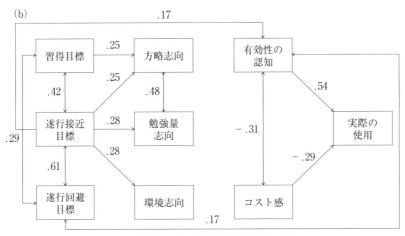

ス解析の結果である。(b)は精緻化方略におけるパス解析の結果である。(c)はメタ認

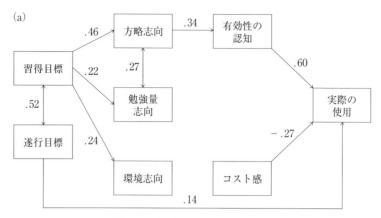

SRMR=.04, CFI=.99, RMSEA=.01

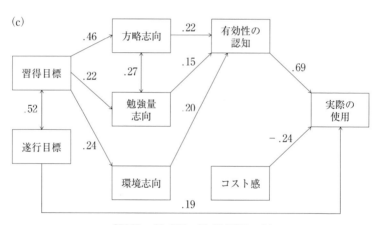

SRMR=.05, CFI=.99, RMSEA=.04

Figure 4-2. 平常時における方略ごとのパス解析の結果。(a)は体制化方略におけるパ
知的方略におけるパス解析の結果である。誤差は省略している。

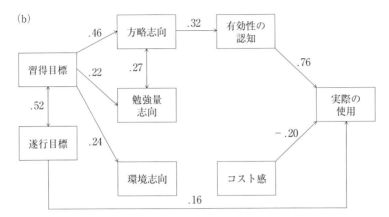

SRMR=.07, CFI=.98, RMSEA=.05

ス解析の結果である。(b)は精緻化方略におけるパス解析の結果である。(c)はメタ認

もう一つの解釈可能性は、参加者が質問項目に回答する際の評価基準の違いである。試験時では試験直前の学習行動を参照できるが、平常時では参照すべき学習行動が明瞭でないため、評価基準が試験時と比較して緩くなる。そのため、試験時では示されなかったパスが示された可能性がある（Figure 4-1、2参照）。

以上、測定時期によって学習方略使用の規定要因が異なるという現象に対する解釈可能性について考察した。研究5だけではどちらの可能性が正しいのか結論を下すことはできない。しかし、教育実践において、時期によって学習者に対する働きかけを変える必要があるということ、および、学習方略について研究するにあたって、測定時期に留意する必要があるということが示された。また、本研究では直接パフォーマンスを測定できていないため、示された結果が学業成績とどのような関係があるかは検討できていない。しかしながら、本研究で取り上げた方略は、堀野・市川（1997）やPintrich & De Groot（1990）などで、テスト得点や学業成績と正の相関が示された方略である。そのため、直接検討こそできていないが、試験までの時期に留意し方略使用に対して介入することで、学業成績を高める可能性も期待できるといえるだろう。

第3節　研究6：平常時の認知が試験時の学習方略の使用に与える影響[10)

研究6では平常時と試験時における学習方略の使用に対する規定要因として、研究4で検討された恒常的な有効性の認知や適宜的な有効性の認知を取り上げる。また、平常時の学習方略の使用意志が試験時の学習方略の使用と

---

10) 以下の学会大会発表に加筆・修正をしている。
・山口　剛（2014）．平常時の方略使用意志が試験時の学習方略に与える影響　日本心理学会第78回大会発表論文集，1153.

二つの有効性の認知に対してもつ影響も明確にする。分析に際して，学習方略の使用と有効性の認知との関係について，研究3，4では個人内レベルで，研究1，5では個人間レベルで正の相関が示されている。そこで，研究6ではマルチレベル構造方程式モデリングを用いて，各変数（方略知識を除く）の分散成分を個人間レベルと個人内レベルに分けてそれぞれの関係性を検討する。

3-1. 方法

3-1-1. 調査対象

　都内の公立中学校に通う2年生105名（男性64名，女性41名）を対象とした。調査の対象とした科目は社会科であった。2回の測定とも同意し，「達成目標」と「自己効力感」の項目に一切の欠損がなく，「学習方略」に4項目以上の欠損がなかった。社会科の学習は村山（2003a，2003b）でも取り上げられており，以下の認知的方略が測定されている。

3-1-2. 質問紙[11]

　いずれの参加者も，「達成目標」，「自己効力感」，「学習方略」の順に回答するように質問紙および実施のマニュアルは作成された。各尺度においてカウンターバランスの手続を施し，項目の呈示順序が逆順となった質問紙も配布された。参加者は2回の調査を通して，両方のパターンの質問紙に回答した（e.g., 平常時に昇順の質問紙の参加者は試験時には降順の質問紙）。

　学習方略　研究4と同様に，山口（2015）より認知的方略を測定する尺度を用いた。教示のみ，社会科の学習であることや測定時期によって変えている。認知的方略は，意味理解方略と丸暗記方略で構成され，それぞれの方略

11）調査協力校へのフィードバックのために，平常時と試験時のいずれも「達成目標」，「自己効力感」，「学習方略」を測定した。本研究においては，試験時における「達成目標」と「自己効力感」および「学習方略」における学習方略の使用意志は研究目的に含まれないため，以降の分析では扱わなかった。

には４つの下位項目があった。教示は、「以下の質問項目は、普段行う（試験時：試験一週間前に行う）社会科の学習において、あなたが行う、もしくは行わないかもしれない勉強の仕方を示しています。それぞれの項目が、あなたが使用している程度（学習方略の使用）、次のテストで点を取るために使用するのが常に効果的だと思うかの程度（恒常的な有効性の認知）、次のテストで点を取るために使用するのが場面によっては効果的だと思うかの程度（適宜的な有効性の認知）、使用するのが面倒だと思うかの程度（コスト感）、次のテストに向けて使用するつもりの程度（学習方略の使用意志）、の５つについて、数字に丸をしてください。また、その方法について今のあなたの勉強の仕方にどれくらい当てはまるかのあとに、お聞きする方法の存在をあなたが［A．以前から気づいていた］か［B．このアンケートで聞かれるまで気づかなかった］かをお聞きします（方略知識）。アルファベットに丸をつけてください。正しい回答や間違った回答はないので、自分の思ったままの回答をしてください。」であった。つまり、参加者は一つの方略に関する項目について６観点への回答が求められた。最終的には学習方略に関する質問紙では８項目×６観点分の回答を行った。方略知識は２件法、それ以外は６件法（1. 全くあてはまらない－6. 非常にあてはまる）で回答を求め、その値をそのまま得点とした。測定時期ごとに各方略項目および観点ごとの平均値、標準偏差、方略知識の有無の人数を Table 4-3a（平常時）と Table 4-3b（試験時）に示す。

　達成目標　研究４と同様に、Elliot & Murayama（2008）の AGQ-R の日本語版である Murayama et al.（2011）の表現の変更をした山口（2015）の尺度を用いた（Table 3-10 参照）。教示のみ社会科の学習に合わせて変えている。下位尺度は、習得接近目標、習得回避目標、遂行接近目標、遂行回避目標であり、各３項目から構成された。教示は、「以下の質問項目は、あなたが普段行う社会科の学習に対して持つ、もしくは持たないかもしれない目標の種類を示しています。それぞれの項目が、あなたの目標にどれくらい当てはま

第 4 章　測定時期による違いの検討　135

Table 4-3a
平常時における認知的方略とメタ認知的方略の平均値（M），標準偏差（SD），方略知識の有無の人数

項目	学習方略の使用 M (SD)	恒常的な有効性の認知 M (SD)	適宜的な有効性の認知 M (SD)	コスト感 M (SD)	学習方略の使用意志 M (SD)	方略知識 n|1	n|0
教わった内容がどういうことか，考えてから覚える	3.59(1.43)	4.15(1.08)	4.21(1.01)	2.86(1.23)	4.04(1.22)	70	35
さまざまな用語同士の関係を理解する	3.40(1.40)	4.14(1.07)	4.25(1.02)	3.11(1.25)	3.92(1.16)	61	43
習った内容の流れや全体像を覚える	3.57(1.45)	4.12(1.03)	4.24(0.99)	2.93(1.13)	3.97(1.27)	71	33
意味の分からない用語は，できるだけ理解しようとする	4.13(1.24)	4.23(1.15)	4.28(1.15)	2.96(1.29)	4.16(1.23)	90	15
なぜそうなるのか考えるより暗記することを優先する	3.64(1.44)	3.63(1.23)	4.11(1.24)	2.93(1.26)	3.77(1.25)	82	21
意味の分からない用語がでてきたら，まずとにかく覚える	3.89(1.31)	3.96(1.18)	4.19(1.10)	2.99(1.33)	4.02(1.16)	89	15
全体を理解する前に，用語を覚えることからはじめる	3.66(1.46)	3.90(1.16)	4.12(1.03)	3.09(1.37)	3.78(1.20)	77	28
用語は意味を理解するよりも，正確に書けるようにする	3.39(1.20)	3.57(1.10)	3.94(1.13)	3.04(1.34)	3.56(1.18)	72	33
全体	3.66(0.76)	3.96(0.73)	4.17(0.78)	2.99(0.96)	3.90(0.81)	—	—

注）尺度得点の得点可能範囲は 1 から 6 点であり，理論的な中央値は 3.5 点である。$n\|1$ は学習方略の項目について「A. 以前から気づいていた」と回答していた人数である。$n\|0$ は学習方略の項目について「B. このアンケートで聞かれるまで気づかなかった」と回答していた人数である。

るか，数字に丸をしてください。正しい回答や間違った回答はないので，自分の思ったままの回答をしてください。」であった。参加者は 6 件法で回答を求められた。確認的因子分析の結果，因子負荷量は .54 から .84 の範囲にあり，適合度は許容できるものであった（$\chi^2(48) = 73.26$, RMSEA = .07, CFI = .95, TLI = .94, SRMR = .05）。尺度得点の平均値と標準偏差，a 係数，尺度得点間の相関行列を Table 4-4 に示す。

　自己効力感　Pintrich & De Groot（1990）の MSLQ の自己効力感を訳した中西（2004）の 6 項目を用いた。項目を Table 4-5 に示す。教示は，「これからあなたが，普段行う社会科の学習において，どのようなことに対して自信を持っているかをお聞きします。それぞれの文の内容に対して，自信を持っ

Table 4-3b
試験時における認知的方略とメタ認知的方略の平均値（*M*），標準偏差（*SD*），方略知識の有無の人数

項目	学習方略の使用 *M* (*SD*)	恒常的な有効性の認知 *M* (*SD*)	適宜的な有効性の認知 *M* (*SD*)	コスト感 *M* (*SD*)	方略知識 *n*|1	方略知識 *n*|0
教わった内容がどういうことか，考えてから覚える	3.77(1.28)	4.12(1.13)	4.43(0.97)	3.40(1.33)	81	24
さまざまな用語同士の関係を理解する	3.84(1.32)	4.30(1.10)	4.49(1.01)	3.49(1.43)	84	21
習った内容の流れや全体像を覚える	3.81(1.33)	4.37(1.15)	4.55(1.03)	3.46(1.37)	87	18
意味の分からない用語は，できるだけ理解しようとする	4.28(1.11)	4.36(1.03)	4.39(1.05)	3.50(1.44)	100	5
なぜそうなるのか考えるより暗記することを優先する	3.46(1.45)	3.48(1.29)	4.09(1.20)	3.17(1.50)	91	14
意味の分からない用語がでてきたら，まずとにかく覚える	3.65(1.39)	3.67(1.23)	3.86(1.18)	3.24(1.39)	94	11
全体を理解する前に，用語を覚えることからはじめる	3.46(1.36)	3.74(1.14)	4.01(1.07)	3.28(1.36)	83	21
用語は意味を理解するよりも，正確に書けるようにする	3.62(1.30)	3.75(1.21)	4.09(1.13)	3.25(1.35)	93	11
全体	3.74(0.67)	3.97(0.71)	4.24(0.65)	3.35(1.03)	—	—

注）尺度得点の得点可能範囲は 1 から 6 点であり，理論的な中央値は3.5点である。*n*|1 は学習方略の項目について「A．以前から気づいていた」と回答していた人数である。*n*|0 は学習方略の項目について「B．このアンケートで聞かれるまで気づかなかった」と回答していた人数である。

Table 4-4
平常時の達成目標と自己効力感の平均値(*M*)，標準偏差(*SD*)，
α 係数および個人間相関（*n* = 105）

変数	*M*	*SD*	*α*	1	2	3	4
1 習得接近目標	4.12	0.86	.70	—			
2 習得回避目標	4.13	0.87	.71	.73	—		
3 遂行接近目標	3.77	1.04	.86	.57	.40	—	
4 遂行回避目標	3.82	1.05	.84	.52	.48	.76	—
5 自己効力感	3.69	0.86	.87	.50	.28	.45	.48

注）尺度得点の得点可能範囲は 1 から 6 点であり，理論的な中央値は3.5点である。

Table 4-5
自己効力感を測定する項目

項目
その気になれば，勉強はよくできると思う
学校で教えられたことを，理解することができると思う
授業で出された問題や課題をこなすことができると思う
よい成績をとることができると思う
うまいやり方で勉強していると思う
これから先，授業で教えられることを，理解する事ができると思う

ているかどうかについて，6（非常に当てはまる（自信を持っている））から1（全く当てはまらない（自信を持っていない））の6段階でお聞きしますので，当てはまる程度のところ一つに丸（○）をつけて回答してください。」であった。確認的因子分析の結果，因子負荷量は.47から.87の範囲にあった。RMSEA の値からモデルとデータとの間に乖離がみられたが，その他の指標から適合度は許容できるものであった（$\chi^2(9) = 20.19$, RMSEA = .11, CFI = .95, TLI = .92, SRMR = .04）。尺度得点の平均値と標準偏差，α 係数を Table 4-4 に示す。

3-1-3. 手続き

定期試験前1ヶ月の時点におけるここ1週間の学習について（平常時），試験直後に試験1週間前の学習について回答を求めた（試験時）。それぞれの学習時間の平均は平常時が5.97（$SD = 4.46$）時間，試験時が19.98（$SD = 17.41$）時間であった。調査実施に際して，精神衛生・健康やプライバシーを侵害しないよう配慮していること，研究成果を報告する際は個人・所属が特定できないようにして同意書と質問紙は切り離した上で厳重に保管・責任をもって破棄すると，参加は強制ではなく不参加の場合や途中棄権の場合も何ら不利益が生じないことを書面と口頭で伝えた。2回の調査ともに各クラスのホームルームの時間に実施された。調査の実施は各クラス担任の教員に依頼し，

それぞれの教員はマニュアルに沿って調査を実施した。上述の調査内容および実施手続きは法政大学文学部心理学科・心理学専攻倫理委員会の承認を得て実施されている。

3-1-4. 分析方法

個人間と個人内の分散をそれぞれ分けて推定するために，マルチレベル構造方程式モデリング（ML-SEM）を用いた。Mplus version 7.11（Muthén & Muthén, 1998-2012）を用いて，多変量正規性の逸脱に頑健性をもって標準誤差を求めることができる最尤法により推定された。ML-SEM は測定値から二つのレベルの分散を潜在変数として導入する。なお，学習方略項目の欠損値はそのままに，完全情報最尤法によって観測されたデータを全て用いて尤度関数を定義した。

本研究で検討するモデルは（Figure 4-3 を参考），研究4を参考に，平常時と試験時それぞれの測定時点において学習方略の使用に対して恒常的な有効性の認知と適宜的な有効性の認知のパスを想定した。平常時においては，研究1を参考に，学習方略の使用を加えた各変数がもつ学習方略の使用意志に対するパスを設けた。また，対応する各変数は平常時から試験時にパスを想定し（e.g., 平常時の学習方略の使用から試験時の学習方略の使用へのパス），平常時の学習方略の使用意志から試験時の各変数（方略知識を除く）へのパスも設けられた。方略知識に関しては，2値変数であること，平常時の調査を受講した際にその方略について知ることができることなどから，平常時から試験時へのパスは考慮しなかった。時期ごとに，各変数には方略知識からのパスが設けられ，その影響が統制された。

個人差として平常時の達成目標4変数と自己効力感の調整効果を検討するために，各変数の値が高い群と低い群に分けて多母集団同時分析を行った。等値制約をしないモデル，個人内のモデルに等値制約を課すモデル，個人間のモデルに等値制約を課すモデルの3つを比較した。本研究ではモデル比較

の指標として，サンプルサイズを考慮したベイズ情報量規準（BIC）を用いた。

3-2. 結果

　以下の検討では Figure 4-3 のように個人間と個人内の分散成分を分けた検討を行うが，参考のために個人内と個人間の相関係数を Table 4-6 に示す。個人間レベルでの相関係数について，各参加者で観点ごとに 8 項目の平均値を求め，その平均値を用いて算出した。個人内レベルでの相関係数は，各観点で参加者ごとに 8 項目の素点から 8 項目の平均値（個人間相関を算出した際の値）を差し引き（i.e., 参加者内での中心化），項目を基準にデータを形成して算出した。個人間相関について（Table 4-6 右上三角），平常時と試験時のいずれにおいても 2 つの有効性の認知が高い学習者は学習方略の使用も高かった。平常時では，学習方略の使用意志とその他の変数との相関も高かった。平常時と試験時では，中程度の相関がみられた。個人内相関について（Table 4-6,

Table 4-6
平常時と試験時の個人間相関（右上三角）と個人内相関（左下三角）行列

変数	1	2	3	4	5	6	7	8	9	10
平常時										
1 学習方略の使用	—	.55	.57	-.23	.75	—	.55	.45	.34	-.33
2 恒常的な有効性の認知	.60	—	.74	-.15	.72	—	.38	.53	.50	-.20
3 適宜的な有効性の認知	.39	.55	—	-.03	.70	—	.45	.52	.54	-.25
4 コスト感	-.19	-.13	-.08	—	-.15	—	-.31	-.21	-.19	.55
5 学習方略の使用意志	.66	.67	.46	-.24	—	—	.50	.56	.45	-.31
6 方略知識	.50	.27	.16	-.12	.29	—	—	—	—	—
試験時										
7 学習方略の使用	.19	.16	.19	-.07	.18	.05	—	.69	.56	-.31
8 恒常的な有効性の認知	.12	.25	.17	-.07	.19	.03	.62	—	.80	-.27
9 適宜的な有効性の認知	.05	.13	.07	-.05	.10	-.02	.48	.60	—	-.19
10 コスト感	-.06	-.03	.04	.05	-.09	.01	.20	.08	.08	—
11 方略知識	.04	-.01	.09	-.09	.04	.15	.40	.22	.21	.04

注）個人間相関（右上三角）では方略知識がないため，該当する値はない。参加者ごとに欠損値があった方略項目は，全ての変数において削除している。

左下三角），個人間相関と同様に，平常時と試験時のいずれにおいても2つの有効性の認知が高い方略は学習方略の使用も高く，平常時では学習方略の使用意志とその他の変数との相関もみられた。平常時と試験時の各変数間に相関はみられなかった。

　分析の結果を Figure 4-3 に示す。パスにかかる係数は標準化された値である。モデルの適合度は良好であった（$\chi^2(41) = 81.04$，RMSEA = .03，CFI = .98，TLI = .96，SRMR$_{個人内}$ = .04，SRMR$_{個人間}$ = .09；Table 4-7 参照）。以下では，Figure 4-3 に示された結果を分けて記述する。

　平常時の学習方略の使用に対する各変数のパスにおいて，個人間レベルのモデルについて，個人間では使用することが場面によっては効果的であるという認知（i.e., 適宜的な有効性の認知）が高い学習者ほど，学習方略をよく使用しているということが示された（標準化係数 b^* = .48［標準誤差0.15］，$p<.01$）。個人内レベルについて，使用するのが常に効果的であるという認知（i.e., 恒常的な有効性の認知）が高い方略ほどよく使用するということが示された（b^* = .41［0.04］，$p<.01$）。

　平常時の学習方略の使用意志に対する各変数のパスにおいて，個人間レベルのモデルについて，学習方略の使用が高い学習者，および使用するのが常に効果的だという認知が高い学習者ほど，試験時においても使用するという意志が高かった（$b^*_{使用}$ = .48［0.12］，$b^*_{恒常的}$ = .30［0.12］，$ps<.01$）。個人内レベルのモデルについて，よく使用している方略，使用するのが常に効果的だという認知が高い方略，使用するのが場面によっては効果的であるという認知が高い方略ほど試験時においても使用するという意志が高かった（$b^*_{使用}$ = .41［0.05］，$p<.01$；$b^*_{恒常的}$ = .37［0.04］，$p<.01$；$b^*_{適宜的}$ = .10［0.05］，$p<.05$）。

　平常時から試験時への対応する変数間のパスにおいて，個人間レベルのパスについて，平常時に使用するのが場面によっては効果的だと感じた学習者ほど試験時においてもその傾向が高かった（b^* = .43［0.12］，$p<.01$）。個人内レベルのパスについて，平常時に使用していた方略ほど試験時でもよく使用

第 4 章　測定時期による違いの検討　141

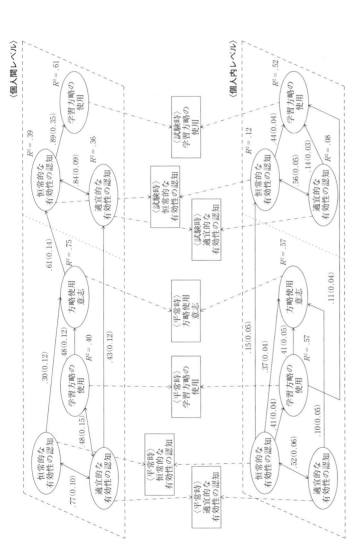

Figure 4-3. マルチレベル構造方程式モデリングによる個人間レベル（学習者間の違い）と個人内レベル（学習者個人内での違い）に分けられた平常時と試験時における学習方略の使用。恒常的および適宜的な有効性の認知、学習方略の使用意志のばらつき（浅野，2011を参考に作成）。適合度は良好であった（$\chi^2(41) = 81.04$, RMSEA = .03, CFI = .98, TLI = .96, SRMR 個人内 = .04, SRMR 個人間 = .09）。実践の矢印は有意であったパスであり，各パスにかかる係数は標準化解，カッコ内は標準誤差である。双方向のパスは 2 変数間の相関係数を示す。R^2 は決定係数である。

し（$b^* = .11$ [0.04]，$p < .01$），平常時に使用するのが常に効果的であるという認知が高い方略ほど試験時においてもその傾向が高い（$b^* = .15$ [0.05]，$p < .01$），ということが示された。

　平常時の学習方略の使用意志がもつ試験時の各変数へのパスにおいて，個人間レベルのパスについて，次の試験で使用するという意志が高い学習者ほど使用することが常に効果的であるという認知が高いということが示された（$b^* = .61$ [0.14]，$p < .01$）。個人内レベルのパスについて，平常時の学習方略の使用意志が説明する変数はみられなかった。

　試験時の学習方略の使用に対する各変数のパスにおいて，個人間レベルのモデルについて，使用することが常に効果的であるという認知が高い学習者ほど学習方略をよく使用しているということが示された（$b^* = .89$ [0.35]，$p < .01$）。個人内レベルのパスについて，2つの有効性の認知それぞれが高い方略ほどよく使用していた（$b_{恒常的} = .44$ [0.04]；$b_{適宜的} = .14$ [0.03]，$ps < .01$）。

　多母集団同時分析を行うために，達成目標の4変数と自己効力感のそれぞれ値によって参加者を高群と低群に分けた。各変数の人数の変遷も確認し，カットオフポイントは尺度得点の4とした。4点以上の参加者が高群，4点未満を低群とした。全ての変数を通して，高群が低群よりも有意に高く，意味的な中央値も隔てていた（$M_{range. 高群} = 4.42$-4.61；$M_{range. 低群} = 2.79$-3.25，$ps < .01$）。各群に割り振られたサンプルサイズは，習得接近目標は高群が68名，低群が37名であった。習得回避目標は高群が71名，低群が34名であった。遂行接近目標は高群が60名，低群が45名であった。遂行回避目標は高群が55名，低群が50名であった。自己効力感は高群が45名，低群が60名であった。

　各動機づけ変数における群間に等値制約を課さないモデル，個人内の分散に等値制約を課すモデル，個人間の分散に等値制約を課すモデル，の3つのモデルについて BIC とモデルの適合度を Table 4-7 に示す。BIC について，いずれの動機づけ変数においても，個人内の分散に等値制約を課したモデルの予測の良さが改善される傾向がみられた。一方で，動機づけ変数を考慮し

Table 4-7
個人差変数なしおよび個人差として達成目標 4 変数と自己効力感の高低を母集団とし
たモデルの BIC と各適合度指標

個人差変数	等値制約	χ^2	df	BIC	RMSEA	CFI	TLI	SRMR 個人内	個人間
なし		81.04	41	20269.26	.03	.98	.96	.04	.09
習得接近目標	なし	189.19	82	20572.58	.06	.95	.90	.05	.17
	個人内	231.22	111	20468.36	.05	.95	.92	.07	.17
	個人間	212.05	102	20465.99	.05	.95	.92	.06	.19
習得回避目標	なし	181.42	82	20623.73	.05	.96	.90	.06	.16
	個人内	188.48	111	20488.43	.04	.97	.94	.08	.16
	個人間	215.19	102	20528.33	.05	.95	.91	.06	.17
遂行接近目標	なし	154.81	82	20602.34	.05	.97	.93	.04	.12
	個人内	198.46	111	20471.41	.04	.96	.94	.06	.12
	個人間	167.93	102	20488.51	.04	.97	.95	.04	.14
遂行回避目標	なし	155.51	82	20617.63	.05	.97	.93	.04	.11
	個人内	173.73	111	20475.48	.04	.97	.95	.07	.11
	個人間	161.73	102	20497.87	.04	.97	.95	.04	.12
自己効力感	なし	170.98	82	20617.72	.05	.96	.91	.05	.11
	個人内	194.99	111	20484.99	.04	.96	.94	.05	.11
	個人間	189.13	102	20504.07	.05	.96	.93	.05	.13

注）BIC は bayesian information criterion であり，変数が入れ子構造の関係にある複数のモデル
について，値が小さいほど予測が良いモデルであると判断される。RMSEA は root mean square
error of approximation であり，取る値が 0 に近いほどデータとモデルの乖離が小さいと判断され
る。CFI は comparative fit index であり，取る値が 0 に近いほど独立モデル（パスを全く仮定し
ない当てはまりの悪いモデル）から乖離していると判断される。TLI は Tucker-Levis index であ
り，CFI と同じく，取る値が 0 に近いほど独立モデルから乖離していると判断される。SRMR は
standardized root mean square residual であり，取る値が 0 に近いほどモデルとデータの当ては
まりが良いと判断される。

ない当初のモデルよりも改善がみられなかった（BIC＞20269.26）。また，い
ずれの動機づけ変数を投入したモデルも適合度は許容できるものであったが，
考慮しないモデルの方が適合度はよかった。このことから，平常時および試
験時における学習方略の使用に対する有効性の認知の影響において，達成目
標および自己効力感による調整効果は研究 6 ではみられなかった。

3-3. 考察

本研究は学習方略の使用とその有効性の認知との個人間と個人内の関係性について，平常時と試験時といった測定時期を考慮した検討を行った。また，異なる2時点にかかる変数として学習方略の使用意志を取り上げた。結果として，条件は異なったが有効性の認知が学習方略の使用に影響しているという点では，先行研究と同様の傾向であった。また，個人間のレベルにおいてのみ，平常時の学習方略の使用意志が試験時の恒常的な有効性の認知に対して有意なパスがみられた。

各測定時期において個人間の単純相関については先行研究と同様の傾向がみられ（村山，2003b；研究6），個人内の単純相関も類似していた（いずれもTable 4-4を参照）。一方で，個人内相関に関しては単純相関の段階で関係性がみられなかった。このことから，少なくとも個人内の分散では平常時と試験時において学習方略の使用やその有効性の認知の関係性は異なる可能性が示唆された。

マルチレベル構造方程式モデリングの結果，平常時と試験時のそれぞれの測定時点で有効性の認知がもつ学習方略の使用に対する有意なパスがみられた。一方で，平常時と試験時に加え，個人間レベルと個人内レベルにおいて学習方略の使用との関係性が示された有効性の認知が異なった。

学習方略の使用における個人間レベルの結果について，研究5と同様に，平常時と試験時のいずれの時期においても有効性の認知が学習方略の使用に対して有意なパスを示していた。しかし，研究6では研究4を参考に有効性の認知に対して，使用することが「どのように効果的か」といった条件を加えて恒常的な有効性の認知と適宜的な有効性の認知に分けたことで，平常時と試験時で学習方略の使用に対して有意なパスを示す有効性の認知が異なった（i.e., 平常時は適宜的な有効性の認知，試験時は恒常的な有効性の認知）。平常時では，学習時間からも（$M = 5.97$），授業時間外に学習する機会が少ないと考

えられる。例えば予習や復習が必要だと感じた際に行うといった認知が反映されたと考えられる。試験時においては時間的切迫があるため，試験までの間に常に学習し続けることが効果的であるという認知が学習方略の使用に影響したのではないだろうか。ただし，恒常的な有効性の認知と適宜的な有効性の認知との相関は非常に高いため（$r_{平常時} = .77$，$r_{試験時} = .84$），解釈には留意が必要である。適宜的な有効性の認知か恒常的な有効性の認知のどちらか一方のみが学習方略の使用に影響をもつのではなく，認知的方略を使用することが効果的であると認知している学習者ほどよく使用していると解釈するのが妥当だろう。

　学習方略の使用における個人内レベルの結果について，平常時では恒常的な有効性の認知が，試験時では適宜的および恒常的な有効性の認知による学習方略の使用に対する有意なパスが示された。研究4では大学生を対象として，適宜的な有効性の認知が有意な説明力を持たないということを示唆した。大学生は同一の科目について繰り返し試験を受ける機会が少ないため，平常時と同様の評価基準であったことが考えられる。そのため，研究6のように定期試験までの時期を考慮したとき，適宜的な有効性の認知は平常時において学習方略の使用に対して説明力を持たない可能性が示唆された。

　学習方略の使用意志から学習方略の使用や有効性の認知へのパスについて（平常時のみ），個人間レベルでは，恒常的な有効性の認知と学習方略の使用から学習方略の使用意志に対して正の関係がみられた。これは試験時に測定していた研究1と同様の結果であり，さらに有効性の認知に「どのように」使用するかといった使用法の条件を考慮し，適宜的な有効性の認知と恒常的な有効性の認知に分けてより詳細に捉えた結果である。平常時において学習をしているという評価が高い学習者ほど，試験時でも学習するという方針をもつ可能性が示唆された。また，個人内レベルでは，学習方略の使用および適宜的および恒常的な有効性の認知から学習方略の使用意志への有意なパスがみられた。後述するように実際には試験時の変数への影響はみられないが，

個人内レベルにおいては，該当する時点での学習方略の使用程度や有効性の認知が学習方略の使用意志に反映されるといえるだろう。

　平常時の学習方略の使用意志から試験時の有効性の認知および学習方略の使用に対するパスについて，個人間レベルでは恒常的な有効性の認知に対して有意なパスを示した。一方で個人内レベルでは，平常時の学習方略の使用意志はいずれの試験時の変数に対しても有意な説明力はもたなかった。これにより，各学習方略に対して詳細に学習方略の使用意志が方針としてもたれるのではなく，「次の試験では学習をたくさんする」という全般的な意志が反映されたと考えられる。そのため，恒常的な有効性の認知という「使用することが常に効果的である」といった学習方略の条件的な効果に注目しない認知が高まり，そして試験時の学習方略の使用を高めていたのではないだろうか。

　本研究の特に個人内分散の結果に基づくと，測定時期ごとでは有効性の認知が学習方略の使用に対して影響を示したため，同様の介入が想定できる。まず，学習方略の使用に対する恒常的な有効性の認知を高める介入である。自己調整学習（Pintrich & De Groot, 1990）やテスト期待効果（村山，2003a）の知見を参考に，望ましいとされる深い処理の方略知識を教示して，その方略を使用することで好成績が得られる小テストを実施する。そこでの成功体験をフィードバックすることで，有効性の認知が高まることが期待できる。次に適宜的な有効性の認知を高める介入である。上述の介入を行った上で，先に教授した方略では点数を得ることが難しい課題を呈示し，失敗経験の後に適切な別の方略を教授する。ある方略のみを使用するのは適切ではなく，場面によって適切な方略が変わるという認知が高まる。これは特に平常時において重要である。以上2点の介入によって，自己調整学習の観点からも望ましい学習者となれる可能性があるといえる。そして，この介入には適性処遇交互作用がないことも示されている。

　平常時の学習方略の使用意志や有効性の認知が試験時の有効性の認知に規

第4章　測定時期による違いの検討　147

定し，結果として試験時の学習方略の使用を促進するといった過程を示唆する結果が得られた。そして，これらの知見は教育実践にも活かすことができる可能性があるために，本研究には一定の価値があると考えられる。

第4節　総合考察

　第2章では，学習方略の使用を規定する要因として有効性の認知が学習方略の使用に直接的に影響していることを示した。有効性の認知がもつ学習方略の使用に対する影響をより詳細に検討するために，第3章では学習方略に関するメタ認知的知識を取り上げた。そして，基礎となる方略知識の有無によって学習方略の使用そのものや学習方略の使用に対する有効性の認知の影響が異なることを明らかにした。しかし，第2，3章の各研究では学習者がどのような学習に取り組んでいるのか，その測定時期による学習の違いを考慮していなかった。そこで，第4章では研究5，6では定期試験に注目し，定期試験まで時間のある時期（平常時）か試験の一週間前か（試験時）によって，学習方略の使用を規定する要因（研究5），そして恒常的あるいは適宜的な有効性の認知と学習方略の使用との関係性が異なるかを明確にすることを目的とした。

4-1.　測定時期による学習方略の使用と有効性の認知との関係性の違い

　研究5は個人間レベルにおける検討であり，試験時では研究1と同様に有効性の認知のみの影響がみられた（Figure 4-1）。一方で，平常時では学習方略の使用に対して遂行目標の影響がみられた（Figure 4-2）。これは，測定時期によってみられた学習方略の使用を規定する要因の違いである。先行研究ではこのような測定時期を積極的に考慮されることはなかった。そして，平常時において学習方略の使用に対してみられた遂行目標の影響の解釈として，動機づけ要因は学習行動そのものの促進が考えられる。学習者は平常時にお

いて学習内容の測定を求められることはない。そのため，試験時と比較して学習の必要性や時間的切迫感は低いと考えられる。また，習得目標と遂行目標との間に中程度の正の相関関係がみられた。これより，「他者よりも良い成績を取りたい」という目標をもつ学習者に限らず，学習に対する動機づけが高い学習者が平常時においても学習を行っていると解釈すべきであろう。これは我々の直感とも合うのではないだろうか。

　研究6における個人内レベルのモデルでは，平常時や試験時といった測定時期にかかわらず，恒常的な有効性の認知の影響がみられた。第3章の研究4においても，達成目標の調整効果を考慮しない場合には，認知的方略の使用に対して恒常的な有効性の認知の影響がみられていた。メタ認知的方略においても同様のことがいえる。これにより，（短期的ー）恒常的な有効性の認知がもつ学習方略の使用に対する影響は一貫しているといえる。また，平常時の学習方略の使用意志がそうであったように，個人内レベルでは測定時期を隔てた変数の関係性はみられなかった。そのため，各時期で適切な学習方略の使用を促進するためには，定期試験までの時間間隔を考慮した時期ごとに用いるべき学習方略の効果を教授すべきである。

　上記でも触れたように，個人内レベルにおいて平常時の学習方略の使用意志は試験時のいかなる変数に対してもその説明力はみられなかった。一方で，個人間レベルでは試験時の恒常的な有効性の認知に対して学習方略の使用による影響がみられた。これにより，様々な学習方略ごとに，使用するつもりといった意志があるのではなく，とにかく試験時では学習をしようという学習行動そのものに対する意志が反映されていると考えられる。これは研究5でみられた遂行目標がもつ学習方略の使用に対する影響と類似した知見である。個人間レベルでは動機づけや学習方略の使用意志の影響がみられる可能性がある。

　上述のように，動機づけ要因の変数の役割について，研究5においては平常時では遂行目標も直接学習方略の使用に対して有意なパスがみられた。こ

第4章　測定時期による違いの検討　149

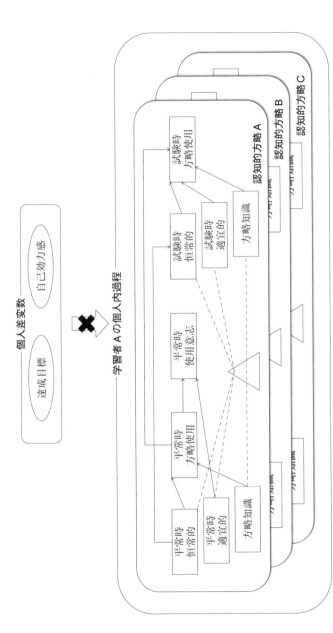

Figure 4-4. 平常時と試験時における認知的方略を使用するまでのある学習者個人内での過程。複数の学習方略の使用にはそれぞれ対応する方略知識と有効性の認知が影響している。達成目標や自己効力感といった学習者の個人差によって有効性の認知と学習方略の使用との関係性に違いはみられなかった。なお、コスト感は共変数として扱うため、ここでは省略している。

のことから，上述のように，平常時では学習行動そのものを起こすのに，動機づけが関与している可能性がある。一方で，研究6においては個人内レベルでの学習方略の使用と有効性の認知との関係を調整する効果はみられなかった。これまでにみられた学習方略の使用と有効性の認知との関係性をFigure 4-4に示す。このことから，達成目標などの動機づけ要因は，学習行動を起こす，学習行動を持続させる，学習時間を増やすなど，「学習行動そのものを促進あるいは抑制する効果」があるのではないだろうか。そして，ある学習方略を使用するのか否かを規定するのは，あくまで学習方略の使用に関する有効性の認知であると考えることができる。

4-2. 第4章の限界および課題と第5章の研究

第4章では，測定時期による学習方略の使用と有効性の認知との関係性の違いを検討した。そこで得られた知見として，個人内レベルにおける有効性の認知がもつ学習方略の使用への影響に対して，動機づけ要因の変数（達成目標，自己効力感）が調整効果をもたないというものがあった。そしてこれは，第3章の研究4-2aで示された習得接近目標の調整効果とは一致しない結果であった。この違いの理由として，対象とした科目や発達学齢の違いが関係しているかもしれない。一方で，発達学齢がもたらす一つの影響として，手続知識の有無が考えられる。中学生は小学校在学時と異なり，学習内容が抽象化され高度になり，適切な学習方略を用いる必要性が高まっている。研究6の対象は中学2年生であり，研究4の大学生と比較して方略知識に差はなくとも（Table 3-12, 4-3a, 4-3b），あまり多くの学習方略を使用した経験がない可能性が高い。また，本論文におけるその他の研究においても手続知識の影響は考慮してこなかった。

そこで，第5章の研究7では参加者に方略知識を与え，また練習試行を通して手続知識の有無を確認する。その際に，学習者は練習試行を通して，教授された方略の課題に対する有効性も認知することができる。つまり，研究

7ではいずれのメタ認知的知識、詳細には方略知識、手続知識、有効性の認知（条件）の知識を、個人内や個人間のばらつきではなく、統制することを試みる。そうすることで、動機づけ要因の変数がもつ学習方略の使用に対する影響や、有効性の認知と学習方略の使用との間にみられる関係性に対する調整効果をより詳細に検討することが可能となると考えられる。

第5章 有効性の認知を統制した達成目標の影響

第1節 目的

　研究1から6に示したように，学習方略の使用に対しては一貫して有効性の認知や方略知識といったメタ認知的知識が影響しているといった知見が示された。一方で，研究4-2aでは示された学習方略の使用と有効性の認知との間の関係性に対する達成目標の調整効果が，研究6ではみられなかった。この不一致について，手続知識による解釈をおこなった。研究4-2aでは調査対象が大学生であり，方略知識があった項目についても使用した経験があった可能性が相対的に高い。研究6では中学生を対象としたために，方略知識があってもその方略を使用することができなかった可能性がある。また，研究5，6の結果から，達成目標は学習行動そのものを促進あるいは抑制する可能性がある。このことから，方略知識，手続知識，条件知識（有効性の認知）をそれぞれ獲得していれば，つまりメタ認知的知識が十分にある場合には（Figure 1-7参照），後は学習行動が喚起されるか否かであるために，達成目標などの動機づけ要因の変数による学習方略の使用に対する説明力が生じるのではないだろうか。第5章の研究7では，実験場面を設けてメタ認知的知識を学習者に教授し学習方略の使用に対する影響を統制することで，達成目標や自己効力感といった動機づけ要因の変数が学習方略の使用に対して影響するかを明確にすることを目的とする。

1-1. 達成目標の方向付けが学習に与える影響[12]

　達成目標と学習との関係性を調査した研究の多くと異なり（e.g., Elliot et

al., 1999; Howell & Watson, 2007; 三木・山内，2005），実験室実験においてある課題に対して達成目標を方向付けた研究がある（Crouzevialle & Butera, 2013; Crouzevialle, Smeding, & Butera, 2015; Ikeda, Castel, & Murayama, 2015; Murayama & Elliot, 2011）。これらの研究は主に記憶研究の枠組みを用いて検討された。符号化過程について Murayama & Elliot（2011）は，Dweck（1986）や Nichols（1984）にみられる基本的な接近目標を取り上げ，偶発学習課題を用いて習得接近目標と遂行接近目標の教示による方向付けの効果を検討した。結果として，学習直後では遂行接近目標条件の方が，1週間後では習得接近目標条件の方が高い Remember 反応率を示した。Remember 反応率とは，学習の際に呈示されていて，学習したときの状況も伴って思い出すことができると判断した割合である。また Ikeda et al.（2015）は，検索練習パラダイムを用いて検索過程における習得接近目標と遂行接近目標の方向付けの効果について検討した。その結果，習得接近目標への方向付けが検索誘導性忘却を抑制するという可能性を示した。これより，習得接近目標の方向付けは特性的な習得接近目標と同様に，記銘する項目間の関係性に注目した処理を促進するということを示唆した。このように，達成目標に注目することで符号化の個人差が検討でき，特に方向付けは要因としての操作が可能である。

　一方で遂行接近目標が認知処理の遂行に与える影響に注目した研究もある。Crouzevialle & Butera（2013）は，遂行接近目標が遂行成績を低下させる仮説を提唱した。それは，他者よりもより高い遂行成績を求められる学習者は，その目標によって不安や焦燥感が生じ，そして作動記憶（working memory）における認知処理に用いることができる容量が減少してしまい，遂行成績が下がるという仮説である。その結果，遂行接近目標に方向付けられた学習者

---

12) ここで取り上げた実験室実験において方向付けた研究では，「方向付け」ではなく「誘導」という表現が用いられている。これは，前提として達成目標の操作を通して，参加者が実際にその達成目標に誘導されたと仮定しているためである。しかし，研究7では以下に示すように，達成目標の操作的な手続きによって参加者がその達成目標に誘導されるとは限らないとする。そのため，方向付けという表現を用いる。

は，方向付けられていない学習者（統制群）と比較して，解答をするのに高い処理資源が求められる計算課題において，その遂行成績が低下することが示された。上述の Ikeda et al.（2015）や Murayama & Elliot（2011）が検討した，符号化の過程においてもこのような遂行接近目標の方向付けによる遂行の抑制がみられる可能性がある。Ikeda et al.（2015）では，習得接近目標が単語間の関係性に注目した処理を促すという結果を示している。遂行接近目標が処理資源を減少するのであれば，複数の単語間の関係性を処理することが困難になるため，遂行接近目標はこのような単語間の関係性に注目した処理を阻害する役割があるのではないだろうか。

　このように，実験室実験にみられる符号化過程などの学習において，達成目標の方向付けの影響が示されているといえる。しかし，学習者がもつ課題に対する達成目標，符号化過程の測定，についてそれぞれ問題が挙げられる。まず，課題に対する達成目標について，達成目標は変わりにくいものであるため，ある課題への方向付けを行うことで，その学習者の達成目標がそのように変容するのは難しいと考えられる。Ikeda et al.（2015）や Murayama & Elliot（2011）では学習課題後に習得接近目標と遂行接近目標を表す 2 項目を用いて操作チェックを行い，それぞれ操作通りの達成目標に参加者は誘導されたとしている。しかし，各項目と対応する尺度（AGQ-R）との整合性は未検討であり，さらに Ikeda et al.（2015）ではいずれの条件も各目標の評定値が高かった。また，Tanaka & Murayama（2014）は達成目標が短期間では変わらないものとして，講義内容への認知や興味・退屈といった感情に対して，学期始めに測定されたある科目への達成目標が調整効果を示している。このように，教示などの方向付けによって，対象となる学習者の達成目標そのものを変容することは難しいと考えられる。そこで，研究 7 では課題終了後に実際にどのような達成目標をもったかを測定し，達成目標の方向付けとは別に，個人差として記憶成績との関連を検討する。このような課題終了後に測定した達成目標を，以降では「報告された達成目標」と表記する。

上述のように課題に対する達成目標を質問紙によって測定することで，方向付けを行う目標以外の目標による個人差の影響を検討することができる。研究においても方向付けを行う習得接近目標と遂行接近目標は，2 × 2 の達成目標（Elliot & McGregor, 2001; Elliot & Murayama, 2008）における接近的な目標にあたる。一方で，習得接近目標と遂行接近目標にそれぞれ対応した，習得回避目標と遂行回避目標といった回避的な目標がある。いずれも，「できないことを避ける」といった目標であり，習得接近目標や遂行接近目標と同様に，各目標が高い学習者は学習行動が喚起されると考えられる。しかし，これらの回避的な目標は，学業成績と正の関連がある学習方略の使用を促進するわけではない（Howell & Watson, 2007）。この結果に関しては，回避的な目標が遂行接近目標と同様に，最低限到達しなければならない基準を設けるために，処理資源の抑制がみられていると考えることができる。

　次に符号化の測定について，Ikeda et al.（2015）や Murayama & Elliot（2011）では習得接近目標が遂行成績に与える正の影響が示されており，単語間の関係性に注目した処理の自発的な使用がその理由であるとしている。しかし，そのような符号化の自発的な使用については直接測定されていない。そこで，研究 7 では単語間の関係性に注目した処理として，体制化を取り上げることとした。体制化を測定するために，学習リストを複数カテゴリーの単語から構成し，ブロックとランダムでそれぞれ参加者に呈示する。ブロックリストとは，カテゴリーや連想に関連する単語を連続して呈示するリストである。ランダムリストとは，カテゴリーや連想に関連する単語を連続しないように，擬似ランダムなどの手法を用いて呈示するリストである。このように，学習リストにカテゴリーや連想基準語などの共通性があるとき，体制化を用いるとブロックリストの再生率が高まることがわかっている（Kintsch, 1968）。研究 7 では参加者内要因としてブロックリストとランダムリストの再生成績を比較することで，符号化としての体制化の使用を測定できると考えられる。

1-2. 課題の難易度と自信

　上述のように，学習するリストの操作を行うことで，遂行成績によって体制化の使用を検討することができる。しかし，学習者が感じる課題に対する難易度によって，体制化の自発的な使用に違いが見られる可能性がある。課題に対する主観的な難易度は，特に遂行接近目標に方向付けられた参加者が行う符号化についてより抑制的な効果を示す可能性がある。以下では，ブロックリストとランダムリストの呈示順序，記銘する単語数にそれぞれ注目する。また，課題の遂行に関わる要因として，学習方略の使用を規定する要因の一つである動機づけ要因から，自己効力感がある。学習者がもつ自己効力感の高低といった個人差によって，学習者が感じる課題の難易度そのものや，用いる符号化の方法などが異なる可能性がある。そのため，以下では自己効力感についても取り上げる。

　まず，リストの呈示順序である。研究7では，参加者内要因としてブロックリストとランダムリストをそれぞれ呈示する。そのため，カウンターバランスの手続きから，どちらのリストが先に呈示されるかが参加者によってその順序が変わる。前半の学習に注目すると，ブロックリストが先に呈示される参加者は，ブロックリストを通した体制化の手続き的な練習試行のすぐ後に，学習が求められる本試行においてブロックリストの学習が始まる。一方で，ランダムリストが先に呈示される参加者は，ランダムリストに体制化を用いるには難しいため，学習するのが容易ではない課題として認識する可能性がある。後半の学習に注目すると，ブロックリストを先に学習した参加者は，その後に体制化を用いるのが難しいランダムリストの学習があり，その学習を経て再生が求められるため，ブロックリストの再生に時間的な不利益が生じる。ランダムリストを先に学習した参加者は，後半のブロックリストに体制化を用いることが可能であることに気がつければ，体制化を用いた時間的な優位性はある。このように，前半と後半でどちらのリストが呈示され

るかによって主観的な課題に対する難易度は変化する可能性があり，要因として検討する必要があるといえる。

次に，記銘する単語数である。メタ記憶の枠組みでは参加者を能動的な学習の主体として捉え，課題の分量によって学習の仕方を変えることが知られている（cf. Metcalfe, 2009）。課題の分量が少ない場合には，それらを覚えるために関連性に注目してまとめて覚える体制化が使いやすいかもしれない。一方で，課題の分量が多い場合には，学習者自身が使い慣れた方法を用いるかもしれないし，そもそも全てを学習しようとは思わないかもしれない。特に，課題の分量が多い場合には，より多くの単語間の関連性の処理が求められるため，体制化を用いるのにはより難しくなる。遂行接近目標に方向付けられる，あるいは報告された遂行接近目標が高かった学習者は処理資源が奪われるために，その傾向が顕著に表れると考えられる。このように，学習活動中の学習方略の使用を測定する際には，記銘を求める刺激の多さの影響を考慮すべきである。なお，課題の分量について，実際に記銘する単語数を変えると直接比較が難しくなるため，研究7では予期する学習する単語数を変える検討にとどめる。

次に，調査による研究の文脈では，達成目標と同様に自己効力感が高い学習者ほど遂行成績が高まる学習方略を用いることが知られている（Pintrich & De Groot, 1990）。自己効力感は，ある課題を上手く遂行するための行動を，学習者自身が上手くできるという自信として捉えられる（Zimmerman, 1989）。上述のように，課題に対する主観的な難易度は，課題に対する自信によって変わる可能性がある。例えば，課題の遂行に自信がある学習者は，主観的な難易度が高い課題においても，学習行動は喚起され続けるかもしれない。あるいは，そもそも難しいと感じないかもしれない。そこで，研究7においても学習における個人差として自己効力感を測定する。

1-3. 目的と仮説

第3章の研究4-2aと第4章の研究6において，認知的方略に関して学習方略の使用と有効性の認知との関係性に対する達成目標の調整効果について，結果が一貫しなかった。そこで，学習方略の使用に対するメタ認知的知識における方略知識や手続知識の欠如をその要因と考えた。そして，このようなメタ認知的知識の影響を統制することで，達成目標などの動機づけ要因の変数による学習方略の使用に対する影響がみられるかを検討する。その際に，達成目標の方向付けに注目することも上述の通りである。以下に，第5章における研究7の目的と仮説を述べる。仮説は，メタ認知的知識，達成目標の方向付け，報告された達成目標についてそれぞれ関連するものである。

1-3-1. 目的

研究7はブロックリストとランダムリストを用いて，習得接近目標と遂行接近目標の方向付けによって符号化としての体制化の使用が異なるかを明確にしようとする。また，学習者がもつ達成目標と方向付けを掛け合わせた結果として生じる，事後報告の達成目標の体制化の使用に対する影響についても検討する。その際に，全ての参加者に体制化に関する知識を教授し（方略知識の統制），練習試行を通して手続知識を確認し（手続知識の統制），練習試行で学習した10単語（二つの基準関連語による，Table 5-1参照）を再生することによって有効性を認知する。これにより，研究4-2aと研究6の達成目標の効果の有無といった不一致が解消されるかを明確にする。なお，Ikeda et al. (2015) や Murayama & Elliot (2011) は習得接近目標が自発的に単語間の関係処理を促進していると仮定しているため，研究7においても参加者には「いくつかあるうちの一つの学習方法を偶然教示する」と教示する。つまり，学習者は体制化を学習に適用することを求めるのではなく（Escribe & Huet, 2005），自発的に使用するか否かを決めるよう求められた。また，予期され

る学習単語数や呈示されるリストタイプの順序などの学習課題の質的な変化，
および記憶に対する自己効力感といった達成目標以外の個人差も考慮する。

1-3-2. 仮説

　第2章から第4章までの研究によって，学習方略の使用に対するメタ認知
的知識における方略知識の有無と有効性の認知の程度がもつ，学習方略の使
用に対する影響が示された。また，メタ認知的知識にはこれまでに取り上げ
なかった手続知識があり，これらの知識を学習者に教授することで，その方
略の使用が促されると考えられる。これより，以下の仮説1が導出される。

　　1．いずれの参加者も，方略知識と手続知識，そして学習課題に対する体
　　　　制化の有効性を認知しているのであれば，体制化を使用する。

仮説1が支持された場合，ランダムリストよりもブロックリストの項目をよ
く再生するという主効果が示される。この結果は，以下に示す仮説の前提条
件となる。そして，研究7では，ランダムリストよりもブロックリストの項
目をよく再生するという結果がみられなくなった際に，それが単語数やリス
トの呈示順序などの課題に関する要因であるかも明確にすることができる。

　一方で，単語数や課題にかかわらず，体制化を使用する可能性もある。そ
の要因の一つとして習得接近目標がある。習得接近目標に方向付けられた学
習者は記銘する単語間の関連性に注目して処理する可能性があるという報告
(Ikeda et al., 2015; Murayama & Elliot, 2011)，報告された達成目標において，習
得接近目標が高い学習者ほど適切な学習方略をよく使用するという知見
(e.g., Elliot et al., 1999; Howell & Watson, 2007; 三木・山内，2005) から，以下の仮
説2が導出される。

　　2．習得接近目標に方向付けられた学習者は，遂行接近目標に方向付けら
　　　　れた学習者と比較して，単語数やリストの呈示順序などの課題の難易
　　　　度にかかわらず，体制化をよく使用する。

また，遂行接近目標は作動記憶における処理資源を低下させるため（Crouzeville & Butera, 2013; Crouzeville, Smeding, & Butera, 2015)，体制化の使用が容易ではなくなる。これには，課題への主観的な難易度によって変わる可能性がある。これにより，以下の仮説3が導出される。

3．遂行接近目標に方向付けられた学習者は，単語数が多い，あるいはランダムリストが先に呈示されるなどの課題がより難しいと感じられる場合に，体制化の使用がみられなくなる。

仮説2，3がそれぞれ支持された場合，習得接近目標に方向付けられた参加者は体制化を自発的に使用するので，ランダムリストよりもブロックリストの項目をよく再生するという結果が示される。遂行接近目標に方向付けられた学習者に関しても，仮説1にあるように，体制化をよく使用するが，それは課題の難易度によって変化する。それは，単語数が200単語と予期された場合は課題の分量が多いので，記銘する単語の関連性に注目してまとめて覚えようとしないかもしれない。また，ランダムリストが先に呈示された場合は，その後ブロックリストになっても，自発的に利用しないと予測される。一方で，習得接近目標に方向付けられた学習者は体制化の自発的な利用が促進され，課題の難易度とは関係なく，ブロックリストにおいて体制化を用いることが期待される。

　上述のような方向付けの手続きとは別に，学習者が学習課題に対して実際にもった，報告された達成目標の影響も考えられる。例えば，遂行接近目標に方向付けられた場合でも，学習する単語をできる限り身につけようと取り組む（i.e., 習得接近目標が高い）ということはありえる。質問紙によって尺度項目から測定された，報告された達成目標による研究においては，習得接近目標が高い学習者ほど学習項目間の関連に注目した学習方略がよく使用されていることが示されている（e.g., Elliot et al., 1999; Howell & Watson, 2007；三木・山内，2005）。これより，以下の仮説4が導出される。

4a．方向付けられた達成目標にかかわらず，報告された習得接近目標が高かった場合には，体制化を使用する。報告された習得接近目標が低い

場合には，方向付けられた達成目標によって変わる。

仮説 4a が支持された場合，報告された達成目標における習得接近目標による調整効果がみられる。この習得接近目標が高かった参加者は，達成目標の方向付けにかかわらず，ランダムリストよりもブロックリストの項目を良く再生すると予測される。一方で，習得接近目標が低かった場合には，習得接近目標が方向付けられた参加者は体制化をよく使用し，遂行接近目標に方向付けられた参加者は主観的な難易度によって体制化を使用しなくなる。

4b. 報告された習得接近目標が高かったとしても，遂行接近目標の方向付けによって処理資源が低下するため，体制化の使用がみられなくなる。

仮説 4b が支持された場合，達成目標の方向付けに対する報告された習得接近目標による調整効果がみられなくなると考えられる。

報告された達成目標における習得接近目標以外の目標は，到達すべき基準が存在するために，その基準に達することができるかといった不安が生じる。そして，処理資源が奪われ，遂行成績が下がる（遂行接近目標は Crouzeville & Butera, 2013）。符号化に関しても，記銘する単語間の関連性に注目して処理をするために，処理資源が低下した場合は体制化を用いることが難しくなると考えられる。これより，以下の仮説 5a が導出される。

5a. 方向付けられた達成目標にかかわらず，報告された遂行接近目標，あるいは習得回避目標，遂行回避目標が高かった場合には，体制化の使用が抑制される。それは課題の主観的な難易度によって変わる。

仮説 5a が支持された場合，報告された達成目標における習得回避目標，遂行接近目標，遂行回避目標による調整効果がみられる。各目標が高かった参加者は，ランダムリストよりもブロックリストの項目を良く再生すると予測される。一方で，習得接近目標が低かった場合には，習得接近目標が方向付けられた参加者は体制化をよく使用し，遂行接近目標に方向付けられた参加者は主観的な難易度によって体制化を使用しなくなる。ただし，研究 7 では習得接近目標に方向付ける操作がある。仮に，報告された達成目標における

習得回避目標，遂行接近目標，遂行回避目標が高かったとしても，習得接近目標の方向付けによる体制化の使用が促進される場合は，以下の仮説 5b が支持されると考えられる。

　5b. 報告された遂行接近目標，あるいは習得回避目標，遂行回避目標が高かったとしても，習得接近目標に方向付けられた参加者は，課題の主観的な難易度にかかわらず，体制化を使用する。

仮説 5b が支持された場合，達成目標の方向付けに対する報告された習得回避目標，遂行接近目標，遂行回避目標による調整効果がみられなくなると考えられる。

第 2 節　研究 7：単語の体制化に対する達成目標の影響[13]

　研究 7 では，課題に対する達成目標の方向付けや，課題に対してもっていた達成目標（報告された達成目標）による学習方略の使用の違いを明確にする。記憶研究の枠組みから体制化（研究 1, 2, 5 において測定）に注目し，体制化を用いることで遂行成績の向上が見込める課題を設定し，達成目標の効果を検討した。以下は，第 1 節より導出された仮説である。

　1．いずれの参加者も，方略知識と手続知識，そして学習課題に対する体制化の有効性を認知しているのであれば，体制化を使用する。

　2．習得接近目標に方向付けられた学習者は，遂行接近目標に方向付けられた学習者と比較して，単語数やリストの呈示順序などの課題の難易度にかかわらず，体制化をよく使用する。

　3．遂行接近目標に方向付けられた学習者は，単語数が多い，あるいはラ

---

13) 以下の学会大会発表に加筆・修正をしている。
　・Yamaguchi, T. (2016). Relationship among organization as a learning strategy, recall performance, and learning motivation. International Congress of Psychology 2016（Yokohama, Kanagawa, Japan），117.

ンダムリストが先に呈示されるなどの課題がより難しいと感じられる
場合に，体制化の使用がみられなくなる。

4a. 方向付けられた達成目標にかかわらず，報告された習得接近目標が高
かった場合には，体制化を使用する。報告された習得接近目標が低い
場合には，方向付けられた達成目標によって変わる。

4b. 報告された習得接近目標が高かったとしても，遂行接近目標の方向付
けによって処理資源が低下するため，体制化の使用がみられなくなる。

5a. 方向付けられた達成目標にかかわらず，報告された遂行接近目標，あ
るいは習得回避目標，遂行回避目標が高かった場合には，体制化の使
用が抑制される。それは課題の主観的な難易度によって変わる。

5b. 報告された遂行接近目標，あるいは習得回避目標，遂行回避目標が高
かったとしても，習得接近目標に方向付けられた参加者は，課題の主
観的な難易度にかかわらず，体制化を使用する。

2-1. 方法

実験計画と参加者

達成目標の方向付け2（習得接近目標，遂行接近目標）×予期された単語数2
（100単語，200単語）×リストの呈示順序2（ブロックからランダム，ランダムから
ブロック）×リストタイプ2（ブロック呈示，ランダム呈示：この要因のみ参加者
内）の4要因混合計画であった。参加者は大学生64名であり，参加者間計画
の各条件に8名ずつ無作為に割り振られた。実験実施に際して，精神衛生・
健康やプライバシーを侵害しないよう配慮していること，研究成果を報告す
る際は個人・所属が特定できないようにし，同意書と記録用紙は切り離した
上で厳重に保管・責任をもって破棄すると，参加は強制ではなく不参加の場
合や途中棄権の場合も何ら不利益が生じないことを書面と口頭で伝えた。以
下に示す実験の内容および実施手続きは法政大学文学部心理学科・心理学専
攻倫理委員会の承認を得て実施されている。

学習項目と測定尺度

単語とリスト　宮地・山（2002，実験2）の単語およびリストを用いた。実験に使用した項目とその連想基準語を Table 5-1 に示す。これは実際には経験，学習をしていない虚記憶の再生・再認を検討するためのリストであり，学習していない単語を学習した単語として思い出してしまう現象を検討する DRM（Deese-Roediger-McDermott）パラダイムに用いられる。それぞれのリストはある単語を基準とした連想によって生起された単語で形成されている。研究7において，学習者は1単語ずつ呈示される各単語に共通する単語を想起することで，体制化可能なリストとなる。

研究7では，同一カテゴリーから12単語を用いて1リストとし，8リストを作成した。4リストずつ2つのグループを形成し（Table 5-1 のセットAとセットB），各グループは各リストの単語がそのまま呈示されるブロック呈示条件，グループ内4リストの単語が3回以上連続で呈示されないように擬似ランダム化されたランダム呈示条件に参加者内で割り振られた。また，各呈示条件の順番は，参加者間でカウンターバランスの手続きがとられた。その他に，練習段階で用いる10単語と学習段階で用いる前後フィラー2単語ずつ

Table 5-1
実験で使用された単語のリスト

セットA				セットB				フィラー	
聞く	希望	改良	階段	電波	走る	平和	礼儀	単語	参照リスト
ハナス	ショウライ	キカイ	ノボル	ラジオ	アルク	ハト	アイサツ	ホケン	災害
ヨム	ユメ	ノウギョウ	ハシゴ	ハチョウ	ハヤイ	センソウ	オジギ	カワ	汚い
コウギ	オオキイ	ヨクナル	ナガイ	テレビ	イヌ	ヒロシマ	エチケット	キケン	警告
オンガク	ミライ	ヒンシュ	イシダン	デンキ	ランナー	セカイ	タダシイ	クロ	悪魔
ミミ	タイシ	ハツメイ	アガル	デンシン	ジドウシャ	アイ	マモル		
ウワサ	ノゾミ	カイアク	シンドイ	ムセン	リクジョウ	ケンポウ	タイセツ	練習	
コウエン	アカルイ	ヒンシツ	スベル	ミエナイ	ニゲル	ミドリ	ドウトク	選挙	りんご
タズネル	ヒカリ	トチ	テスリ	タンパ	ジテンシャ	コクレン	サドウ	サンギイン	マルイ
カク	フクラム	クフウ	ツカレル	デンシ	キョウソウ	ノドカ	ヒツヨウ	オショク	ミカン
イウ	タカイ	シンポ	ニカイ	ホウソウ	マラソン	アンゼン	サホウ	セイジ	クダモノ
ミル	タノシイ	カイゼン	オリル	アンテナ	デンシャ	ノゾム	シッケ	エンゼツ	ジュース
オト	リソウ	カイセイ	サカ	デンポウ	リレー	ジユウ	テイネイ	トウヒョウ	アマイ

を，学習リストとは別のカテゴリーから用いた。

測定尺度 体制化の教授の前に自己効力感を，学習段階の後に達成目標（以下，報告された達成目標とする）を測定した。いずれも6件法によって回答が求められた。自己効力感は，Pintrich & De Groot (1990) の MSLQ における自己効力感を日本語訳した中西 (2004) の6項目の表現を変更して使用した。これは研究6で用いた項目の記述を記憶に変更したものである。項目を Table 5-2 に示す。教示は，「これからあなたが，普段の生活の中での記憶について，どのようなことに対して自信を持っているかをお聞きします。それぞれの文の内容に対して，自信を持っているかどうかについて，6（非常に当てはまる（自信を持っている））から1（全く当てはまらない（自信を持っていない））の6段階でお聞きしますので，当てはまる程度のところ一つに丸（○）をつけて回答してください　正しい回答や間違った回答はないので，自分の思ったままの回答をしてください。」であった。

達成目標は，Elliot & Murayama (2008) の AGQ-R の日本語版である Murayama et al. (2011) の表現の変更をした山口 (2015) の表現を記憶に関する記載に変更して使用した。これは研究4と研究6で用いた尺度項目の記述を記憶に変更したことになる。下位尺度は，習得接近目標，習得回避目標，遂行接近目標，遂行回避目標であり，各下位尺度は3項目から構成された。項目を Table 5-3 に示す。教示は，「以下の質問項目は，あなたがつい先ほどまで行っていた課題に対して持っていた，もしくは持っていなかったかもしれない目標の種類を示しています。それぞれの項目が，あなたの目標にどれくらい当てはまるか，6（非常に当てはまる）から1（全く当てはまらない）の数字に丸をしてください。正しい回答や間違った回答はないので，自分の思ったままの回答をしてください。」であった。

手続き

自己効力感測定と体制化教授 実験は1名ずつ実施された。参加者は実験

Table 5-2
普段の記憶に関する自己効力感の項目

項目
その気になれば，物事はよく覚えられると思う
教えられたことをすぐに覚えることができると思う
覚えようとしたときはきちんと覚えられていると思う
よりたくさんのことを覚えることができると思う
上手いやり方で物事を覚えていると思う
これから先，覚えなければならないことはきちんと覚えられると思う

Table 5-3
直前に実施された学習課題に対してもっていた，報告された達成目標の項目

項目
習得接近目標
私の目的はこの課題でより多く覚えることであった
私の目標はできるだけしっかりと覚えることであった
私はできるだけよく思い出せるようにつとめた
習得回避目標
私の目的は覚えられない単語をできるだけ減らすことであった
私の目標は思い出せない単語を減らすことであった
私は思い出せない単語が減るようにつとめた
遂行接近目標
私は他の学生と比較してできるだけ覚えられるようにつとめた
私の目的は他の学生と比べてたくさん思い出せるようにすることであった
私の目標は他の学生よりもたくさん思い出すことであった
遂行回避目標
私の目標は他の人と比較して思い出せない単語を減らすことであった
私は他の学生よりも思い出せない単語を減らすようにつとめた
私の目的は他の学生よりも思い出せない単語を減らすことであった

室に来ると同意書の書面と実験実施者の口頭より実験の趣旨と倫理的配慮の説明を受けた。単語の学習の前に，参加者は普段の記憶に対する自己効力感の測定をした。

　次に，全ての参加者は体制化の方略知識を教示された。教示は，「これから単語を覚えていただきますが，いくつか覚え方があります。今回はその中から例として，体制化という方法をご紹介します。読み終えたら実験実施者

にお声かけください。（以下，箇条書きで）同じ意味の単語を取り上げてまとめて覚える。同一場面で使えそうな関連性のある単語をまとめて覚える。似ていると思った単語は一緒に覚える。」であった。

方向付けと学習　その後，参加者はこれから行う学習課題に対する説明を受けた。これは課題に対する方向付けである。達成目標の方向付けは Murayama & Elliot（2011）を参考にした。習得接近目標の教示は，「近年，脳科学の進展によって，一度に単語をたくさん覚えることが，人の認知能力を高めるということが分かりつつあります。この課題は，そのような脳科学の知見を生かして，作成したものです。この課題では，いくつかの単語が次々と呈示されます。それを集中して覚えることによって，その人の認知能力が高まるということが明らかになっています。認知能力を高めることができるよう，集中して取り組んでください。ただし，決められた手続きを守って頂かないと，その効果も薄れてしまいます。実施者の教示には，必ず従うようにしてください。」であった。遂行接近目標の教示は，「このテストは，あなたの一度に単語をたくさん覚える能力を測定するためのテストです。このテストによって，あなたの一度に単語をたくさん覚える能力が，全国の大学生に比べてどれくらいであるのかが分かります。他の大学生よりもたくさん覚えられるように，集中して取り組んでください。ただし，決められた手続きを守って頂かないと，あなたの一度に単語をたくさん覚える能力が正確に測定できません。実施者の教示には，必ず従うようにしてください。」であった。

　次に，課題の練習として2カテゴリーから5単語ずつ，合計10単語の学習と再生の練習試行を行った（Table 5-1参照）。単語は本試行と同様に，まず画面中央に注視点が呈示され（0.5秒），注視点消失直後に画面中央に1単語が呈示された（2.5秒）。

　単語数の操作においては，教示と学習中の視覚的な情報によって操作された。教示について，参加者は練習試行後に100単語と200単語の条件があるこ

第5章　有効性の認知を統制した達成目標の影響　169

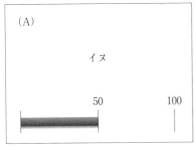 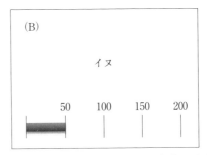

Figure 5-1. 第51番目の単語の呈示例。(A)が100単語条件，(B)が200単語条件の画面。

とを知らされ，自身が学習する単語数を伝えられた。この手続きは，学習に対するコストを明示するために実施された。なお，いずれの群も実際に学習する単語は共通して100単語である。学習中に参加者に呈示された視覚的な情報について，例を Figure 5-1 に示す。学習中に画面下に呈示される，それまでに呈示された単語数のバーは10単語ごとに更新された。100単語群はバーの最大値が100単語であった。200単語群はバーの最大値が200単語であり，100単語は中間点に記載された。なお，呈示された単語数のバーは練習試行においても呈示され，1単語ごとに更新された。この際に，本試行では10単語ずつ更新されることが伝えられた。

　次に学習を行う本試行である。本試行では，ブロック呈示とランダム呈示の4リストずつ，合計8リスト96単語が練習試行と同様の手続きで呈示された。前後に2単語ずつフィラー項目が入れられたため，全ての参加者は100単語学習した。

　達成目標測定と再生　学習の本試行後，学習者は短期記憶を阻害する目的で質問紙への回答が求められた。質問紙の内容は，学習課題に対する達成目標の尺度と，学習の前半と後半それぞれに用いた記銘方法の項目であった。ここでの達成目標尺度に対する回答が，報告された達成目標として調整変数として投入される。記銘方法の項目に関しては，学習時に用いられる一般的な符号化の方法を取り上げた。あくまで時間間隔を設けることが目的であっ

たため，以降の分析では用いられない。回答時間は参加者によってその所要時間は異なったが，短い参加者でも5分間，長い参加者でも7分間で回答するように促し，調整した。最後に筆記によって再生テストが行われた。所要時間は全ての参加者に共通して10分間であった。

分析方針

　分析に用いたモデルやその手続きは，基本的に研究4と同様であった。達成目標の方向付け2×単語数2×リストの呈示順序2×リストタイプ2（参加者内）の4要因を独立変数とする。従属変数はブロック呈示とランダム呈示における再生率であるが，各条件で再生率を算出した際に，学習された単語とそれによって形成されたリストの変量効果が再生成績に影響する。研究7では，全ての参加者に対して同一の項目が使用されている。そのため，符号化や検索がしやすい項目，体制化が用いられやすい項目など，ある項目の特徴が再生成績に影響する。実験に用いられる単語は単語の無限母集団から無作為に抽出されたと仮定するため，従来の分析では項目やリストがもつ再生成績への影響は考慮されない。これにより，第一種の過誤の確率が不当に増加すると言うことが指摘されている（cf. Murayama et al., 2014）。そのため研究7ではMurayama et al. (2014) に従い，各項目に対する再生の有無（1，0）を従属変数とし，参加者・リスト・項目の変量効果を考慮した一般化混合効果モデルを用いる（generalized mixed-effects model）。

　各独立変数はダミー変数として，各条件に1と−1の値を与えた。交互作用効果がみられた場合，単純主効果を検討するために，該当する要因の各条件にのみ1と0および0と1の値を与えた分析をそれぞれ行った。自己効力感と達成目標の各変数に関しては，参加者全体の平均値を用いてセンタリングの手続きをとり（centering at the grand mean），1変数ずつ交互作用項を投入した。動機づけに関する変数との交互作用効果がみられた場合，±1標準偏差（−1SD，＋1SD）ごとに単純傾斜分析を行った。

研究7では上述のように，従属変数を再生の有無とするため，ベルヌーイ分布を仮定する。その際に，一般化混合効果モデルで用いられる最尤推定法では，その推定結果が定まらない可能性がある（久保，2012）。また，動機づけ変数の調整効果の検討において繰り返し分析を行うため，第一種の過誤の確率が増加する。そのため研究7では，ベイズ推定を用いた（階層ベイズモデル；cf. 久保，2012）。ベイズ推定による結果においても，信頼区間と似た概念である確信区間（credible interval）を事後分布において求めることで，母数が含まれる範囲を算出できる。研究7では，確信区間に0（無相関）を含まなかった場合に，「効果があった」と記述する。

分析にはフリーソフトウェアR（ver. 3.2.2）上でベイズ推定が可能なソフトウェア Stan を利用できるパッケージ rstan ver. 2.8.0を用いた。事前分布は，Stan マニュアル（2015）と Sorensen et al.（2016）に従い，固定効果には分散の大きい正規分布，変量効果には期待値のない Cauchy 分布など設定した。シード値は225とした。各独立変数の交互作用効果や自己効力感や達成目標の調整効果を検討するために，階層的重回帰モデルによって段階的に交互作用項を投入した。その際にモデルの改善について，指標としてモデルの予測の良さを評価する leave-one-out cross-validation（LOO; Vehtari et al., 2016）を用いた。LOO の算出には，R パッケージの loo を用いた（Vehtari et al., 2016）。

2-2. 結果

各条件の正再生率の平均と標準偏差を Table 5-4 に示す[14]。ここでは項目ごとの再生の有無を従属変数とするが，その結果は Table 5-4 の記述統計に

---

14) 自己効力感と達成目標の記述的指標は Table 5-6 に示される。また，達成目標について，習得接近目標に方向付けられた条件における平均値（標準偏差）は，習得接近目標4.71（0.75），習得回避目標3.66（1.21），遂行接近目標3.45（1.27），遂行回避目標2.84（1.20）であった。遂行接近目標に方向付けられた条件では，習得接近目標4.46（0.64），習得回避目標3.51（0.94），遂行接近目標4.21（1.01），遂行回避目標3.44（1.09）であった。

Table 5-4
条件ごとの正再生率の平均値と標準偏差

達成目標の方向付け	単語数	呈示順序		リストタイプ	
				ブロック	ランダム
習得接近	100	ブロック先	M	0.28	0.17
			SD	0.12	0.07
		ランダム先	M	0.22	0.21
			SD	0.04	0.06
	200	ブロック先	M	0.25	0.15
			SD	0.13	0.08
		ランダム先	M	0.26	0.18
			SD	0.15	0.08
遂行接近	100	ブロック先	M	0.25	0.12
			SD	0.07	0.03
		ランダム先	M	0.29	0.22
			SD	0.10	0.11
	200	ブロック先	M	0.21	0.17
			SD	0.08	0.09
		ランダム先	M	0.23	0.21
			SD	0.09	0.04

従うものである。以下では体制化の使用を検討するために，主にリストタイプの違いについて検討を行う。

目標の方向付け，単語数，呈示順序の効果

　分析の結果と予測の良さの指標を Table 5-5 に示す。ここで取り上げるモデルの分析は，仮説1から仮説3に対応する。モデル比較の結果，2次の交互作用モデルが最も予測が良かった（LOO＝5779.3）。2次の交互作用を投入したモデルの分析結果では，リストタイプの主効果（$b=0.25$ [0.18, 0.31]，この範囲は95％確信区間の上限と下限であり，この区間に0が含まれない場合に効果があったとみなす；ブロック呈示条件>ランダム呈示条件），呈示順序×リストタイプの交互作用効果（$b=0.11$ [0.04, 0.17]），目標の方向付け×単語数×リストタイプの交互作用効果（$b=-0.09$ [-0.16, -0.03]）があった。

Table 5-5

階層ベイズモデリングによる再生 (1, 0) に対する各条件の効果と各モデルの leave-one-out cross-validation (LOO)

変数	主効果	交互作用効果 1次	交互作用効果 2次	交互作用効果 3次
固定効果				
0 切片	-1.50(-2.06, -0.90)	-1.54(-2.12, -0.96)	-1.55(-2.21, -0.90)	-1.55(-2.16, -0.96)
1 方向付け	0.01(-0.11, 0.12)	0.00(-0.12, 0.13)	0.00(-0.12, 0.12)	0.01(-0.12, 0.12)
2 単語数	0.05(-0.07, 0.17)	0.04(-0.08, 0.17)	0.04(-0.08, 0.16)	0.04(-0.08, 0.17)
3 呈示順序	-0.10(-0.22, 0.02)	-0.11(-0.23, 0.01)	-0.11(-0.24, 0.01)	-0.11(-0.23, 0.01)
4 リストタイプ	0.24(0.17, 0.30)	0.24(0.18, 0.31)	0.25(0.18, 0.31)	0.25(0.18, 0.32)
1 × 2		0.00(-0.12, 0.12)	0.01(-0.11, 0.13)	0.01(-0.11, 0.13)
1 × 3		0.07(-0.05, 0.19)	0.07(-0.06, 0.19)	0.07(-0.05, 0.20)
1 × 4		0.01(-0.05, 0.08)	0.01(-0.05, 0.08)	0.01(-0.05, 0.08)
2 × 3		0.00(-0.13, 0.11)	-0.01(-0.13, 0.12)	-0.01(-0.13, 0.11)
2 × 4		0.03(-0.04, 0.09)	0.03(-0.03, 0.10)	0.03(-0.03, 0.10)
3 × 4		0.10(0.04, 0.17)	0.11(0.04, 0.17)	0.11(0.04, 0.18)
1 × 2 × 3			0.05(-0.07, 0.18)	0.05(-0.07, 0.17)
1 × 2 × 4			-0.09(-0.16, -0.03)	-0.09(-0.16, -0.03)
1 × 3 × 4			0.01(-0.05, 0.08)	0.01(-0.05, 0.08)
2 × 3 × 4			0.06(-0.01, 0.12)	0.06(-0.01, 0.12)
1 × 2 × 3 × 4				0.00(-0.06, 0.07)
変量効果				
参加者	0.39(0.29, 0.51)	0.40(0.29, 0.53)	0.41(0.30, 0.54)	0.41(0.30, 0.54)
リスト	0.76(0.40, 1.45)	0.77(0.40, 1.45)	0.78(0.41, 1.55)	0.77(0.41, 1.44)
項目	0.59(0.48, 0.72)	0.59(0.48, 0.72)	0.59(0.48, 0.72)	0.60(0.48, 0.73)
LOO	5786.1(87.2)	5783.9(87.4)	5779.3(87.7)	5780.9(87.8)

注）固定効果は独立変数がもつ従属変数に対する効果である。参加者による変量効果，リストの変量効果，項目による変量効果。項目による変量効果はそれぞれ固定効果の分散であり，その値が大きいほど効果が分散することを示す。カッコ内の値は確信区間の95%下限と上限であり，この範囲内に母数を含むと解釈される。LOOはその値が小さいモデルほど従属変数に対する予測が良いことを示す。

呈示順序×リストタイプの交互作用効果について，ブロックリストを先に呈示する条件およびランダムリストを先に呈示する条件ごとのリストタイプの単純傾斜分析を行った。その結果，いずれの呈示順序においてもブロック呈示条件の方がランダム呈示条件の再生数が多かったが，その傾向はランダムリストからブロックリストの条件（$b=0.14$ [0.05, 0.23]）よりも，ブロックリストからランダムリストの条件（$b=0.35$ [0.25, 0.45]）に強くみられた。

目標の方向付け×単語数×リストタイプの交互作用効果について，習得接近目標条件および遂行接近目標条件ごとにリストタイプの単純傾斜分析を行った。分析の結果，遂行接近目標に方向付けられた条件において，単語数×リストタイプの単純交互作用効果がみられた（$b=0.13$ [0.03, 0.22]）。そこで，100単語条件および200単語条件ごとにリストタイプの単純傾斜分析を行った。その結果，100単語条件においてランダム呈示条件よりもブロック呈示条件の再生数が多かった（$b=0.36$ [0.22, 0.49]）。200単語条件ではブロック呈示条件とランダム呈示条件の間に差はみられなかった（$b=0.11$ [-0.02, 0.24]）。一方で，習得接近目標に方向付けられた条件では条件差がみられなかった（$b=-0.06$ [-0.16, 0.03]）。習得接近目標条件における単純主効果として，単語数による違いはなく（$b=0.06$ [-0.12, 0.23]），ランダム呈示条件よりもブロック呈示条件の方が良く再生していた（$b=0.26$ [0.17, 0.35]）。

報告された達成目標と自己効力感の調整効果

上述の各条件がもつ再生の有無への影響に対する，普段の記憶への自己効力感や，課題に対してもった（報告された）達成目標の調整効果を検討した。このモデルによる分析は，仮説4と仮説5を検証するものである。結果として，2次の交互作用モデルの予測が良かったが，動機づけ変数の調整効果によって3次の交互作用がみられる可能性があるため，ここでは3次の交互作用モデルに動機づけ変数を一つずつ投入した。各動機づけ変数の平均値，標準偏差，α係数，相関行列をTable 5-6に示す。まずモデル比較の結果，自

第5章　有効性の認知を統制した達成目標の影響　175

Table 5-6
報告された達成目標と自己効力感の平均値（M），標準偏差（SD），
a 係数と個人間相関（$n = 64$）

変数	M	SD	a	1	2	3	4
1 自己効力感	3.61	0.58	.76	—			
2 習得接近目標	4.58	0.72	.68	.23	—		
3 習得回避目標	3.58	1.10	.90	− .06	.46	—	
4 遂行接近目標	3.83	1.22	.93	.16	.25	.00	—
5 遂行回避目標	3.14	1.19	.96	− .08	− .08	.54	.63

注）尺度得点の得点可能範囲は1から6点であり，理論的な中央値は3.5点である。

己効力感を除いた達成目標の4変数を投入することでモデルの改善がみられた（LOO$_{自己効力感}$＝5795.4，LOO$_{習得接近目標}$＝5768.4，LOO$_{習得回避目標}$＝5769.6，LOO$_{遂行接近目標}$＝5775.5，LOO$_{遂行回避目標}$＝5774.3）。以下では各目標を投入することでみられた効果について示す。

　習得接近目標　単語数×リストタイプ（$b = 0.23 [0.11, 0.34]$），達成目標の方向付け×呈示順序×リストタイプ（$b = 0.14 [0.03, 0.26]$）の交互作用に対して調整効果がみられた。単語数×リストタイプについて，習得接近目標が低い場合（−1SD）と高い場合（＋1SD）において，単語数×リストタイプの交互作用の傾向が異なった（$b_{-1sd} = -0.13 [-0.23, -0.02]$, $b_{+1sd} = 0.20 [0.08, 0.31]$）。100単語と予期され，習得接近目標が低かった場合，ブロック呈示条件とランダム呈示条件に違いはなかった（$b = 0.06 [-0.10, 0.23]$）。一方で，200単語と予期され，習得接近目標が高かった場合，ブロック呈示条件の方がランダム呈示条件よりも多く再生された（$b = 0.32 [0.18, 0.45]$）。次に，100単語および200単語で予期された場合のいずれにおいても，習得接近目標が高かった場合にはブロック呈示条件の方がランダム呈示条件よりも多く再生されたが，100単語条件の方が200単語条件よりもその傾向が強かった（$b_{100} = 0.54 [0.38, 0.71]$, $b_{200} = 0.15 [0.01, 0.30]$）。

　達成目標の方向付け×呈示順序×リストタイプについて，習得接近目標が低い場合には交互作用効果はないが（$b = -0.08 [-0.19, 0.03]$），高い場合に

は交互作用があった（$b=0.13$ [0.02, 0.25]）。習得接近目標に方向付けられ，習得接近目標が高かった場合，呈示順序×リストタイプの交互作用があった（$b=0.19$ [0.05, 0.34]）。一方で，遂行接近目標に方向付けられ，習得接近目標が高かった場合はこのような交互作用はなかった（$b=-0.07$ [-0.23, 0.10]）。習得接近目標に方向付けられ，習得接近目標が高く，ブロックリストが先に呈示された場合，ブロック呈示条件の方がランダム呈示条件よりも多く再生した（$b=0.54$ [0.29, 0.77]）。一方で，ランダムリストが先に呈示された場合，ブロック呈示条件とランダム呈示条件に違いはなかった（$b=0.14$ [-0.02, 0.31]）。遂行接近目標に方向付けられ，習得接近目標が高かった場合，呈示順序の効果はなく（$b=-0.11$ [-0.44, 0.21]），ブロック呈示条件の方がランダム呈示条件よりも多く再生した（$b=0.35$ [0.19, 0.52]）。なお，習得目標に方向付けられて習得接近目標が低かった場合，呈示順序で違いはなく（$b=0.00$ [-0.30, 0.29]），ブロック呈示条件の方がランダム呈示条件よりも多く再生した（$b=0.24$ [0.09, 0.39]）。遂行接近目標に方向付けられて習得接近目標が低かった場合，呈示順序とリストの効果はみられなかった（$b_{呈示順序}=-0.22$ [-0.51, 0.06]，$b_{リストタイプ}=0.14$ [-0.02, 0.29]）。

　習得回避目標　達成目標の方向付け×リストタイプ（$b=-0.15$ [-0.22, -0.07]），単語数×呈示順序×リストタイプ（$b=-0.09$ [-0.16, -0.01]）の交互作用に対して調整効果がみられた。達成目標の方向付け×リストタイプについて，習得回避目標が低い場合（-1SD）と高い場合（+1SD）において，達成目標の方向付け×リストタイプの交互作用の傾向が異なった（$b_{-1sd}=0.20$ [0.09, 0.31]，$b_{+1sd}=-0.13$ [-0.24, -0.01]）。習得接近目標に方向付けられ，習得回避目標が低かった場合，ブロック呈示条件の方がランダム呈示条件よりも多くの項目を再生した（$b=0.46$ [0.31, 0.62]）。一方で，遂行接近目標に方向付けられ，習得回避目標が低かった場合はブロック呈示とランダム呈示に違いはみられなかった（$b=0.06$ [-0.09, 0.21]）。次に，習得回避目標が高かった場合では習得接近目標および遂行接近目標のいずれに方向付けら

れた場合においても，ブロック呈示条件の方がランダム呈示条件よりも多く再生された。しかし，その傾向は遂行接近目標に方向付けられた条件において強くみられた（$b_{習得接近目標}=0.19\,[0.03,\ 0.35]$，$b_{遂行接近目標}=0.44\,[0.27,\ 0.61]$）。

単語数×呈示順序×リストタイプについて，習得回避目標が低い場合には交互作用効果はあったが（$b=0.17\,[0.06,\ 0.28]$），高い場合には交互作用がなかった（$b=-0.02\,[-0.14,\ 0.10]$）。100単語と予期され，習得回避目標が低かった場合，呈示順序×リストタイプの交互作用があった（$b=0.24\,[0.11,\ 0.38]$）。一方で，200単語と予期された場合は交互作用がなかった（$b=-0.11\,[-0.26,\ 0.05]$）。100単語と予期され，習得回避目標が低く，ブロックリストを先に呈示された場合，ブロック呈示条件の方がランダム呈示条件よりも多くの項目を再生していた（$b=0.49\,[0.27,\ 0.71]$）。一方で，ランダムリストが先に呈示された場合，ブロック呈示条件とランダム呈示条件の間に違いはなかった（$b=0.00\,[-0.14,\ 0.15]$）。200単語と予期され，習得回避目標が低かった場合，呈示順序の効果はなく（$b=0.02\,[-0.26,\ 0.32]$），ブロック呈示条件の方がランダム呈示条件よりも多く再生した（$b=0.28\,[0.12,\ 0.45]$）。なお，100単語と予期されて習得回避目標が高かった場合，呈示順序の効果はなく（$b=-0.18\,[-0.46,\ 0.11]$），ブロック呈示条件の方がランダム呈示条件よりも多く再生した（$b=0.37\,[0.20,\ 0.53]$）。200単語と予期されて習得回避目標が高かった場合，ブロック条件が先の条件よりもランダム条件が先の条件の方がより多く再生した（$b=-0.31\,[-0.61,\ -0.02]$）。また，ブロック呈示条件の方がランダム呈示条件よりも多く再生した（$b=0.26\,[0.09,\ 0.43]$）。

遂行接近目標　達成目標の方向付け×単語数×リストタイプ（$b=-0.12\,[-0.20,\ -0.04]$），達成目標の方向付け×呈示順序×リストタイプ（$b=0.09\,[0.01,\ 0.17]$）の交互作用に対して調整効果がみられた。達成目標の方向付け×単語数×リストタイプについて，遂行接近目標が低い場合には交互作用効果はないが（$b=0.08\,[-0.05,\ 0.21]$），高い場合には交互作用があった（$b=-0.22\,[-0.34,\ -0.10]$）。習得接近目標に方向付けられ，遂行接近目標が

高かった場合，単語数×リストタイプの交互作用はなかったが（$b=0.08$ ［$-$0.05，0.21］），遂行接近目標に方向付けられた場合は交互作用があった（$b=$0.32 ［0.17，0.48］）。遂行接近目標に方向付けられ，100単語と予期され，遂行接近目標が高かった場合，ブロック呈示条件の方がランダム呈示条件よりも多く再生した（$b=0.55$ ［0.32，0.77］）。一方で，200単語と予期された場合はブロック呈示条件とランダム呈示条件に差はなかった（$b=-0.10$ ［-0.31，0.10］）。習得接近目標に方向付けられ，遂行接近目標が高かった場合，予期される単語数による違いはなかった（$b=-0.17$ ［-0.17，0.54］）。なお，習得接近目標に方向付けられて遂行接近目標が低かった場合，単語数による違いはなく（$b=0.05$ ［-0.18，0.28］），ランダム呈示条件よりもブロック呈示条件の方が良く再生していた（$b=0.34$ ［0.21，0.46］）。遂行接近目標に方向付けられて遂行接近目標が低かった場合，単語数や呈示条件の主効果はみられなかった（$b_{単語数}=0.20$ ［-0.23，0.64］，$b_{リストタイプ}=0.22$ ［-0.01，0.45］）。

　達成目標の方向付け×呈示順序×リストタイプについて，遂行接近目標が低い場合には交互作用効果はあったが（$b=-0.15$ ［-0.28，-0.03］），高い場合には交互作用がなかった（$b=0.06$ ［-0.06，0.18］）。いずれの達成目標に方向付けられた場合においても，遂行接近目標が低い場合は呈示順序×リストタイプの交互作用がみられた（$b_{習得接近目標}=0.14$ ［0.02，0.26］，$b_{遂行接近目標}=0.44$ ［0.21，0.67］）。習得接近目標に方向付けられ，遂行接近目標が低い場合，いずれのリストが先に呈示されてもブロック呈示条件の方がランダム呈示条件よりも項目を多く再生したが，その傾向はブロックリストが先に提示された条件の方が強かった（$b_{ブロック先}=0.47$ ［0.30，0.66］，$b_{ランダム先}=0.20$ ［0.04，0.37］）。遂行接近目標に方向付けられ，遂行接近目標が高く，ブロックリストが先に呈示された場合，ブロック呈示条件の方がランダム呈示条件よりも多く再生した（$b=0.67$ ［0.31，1.05］）。一方で，ランダムリストが先に呈示された場合はブロック呈示条件とランダム呈示条件の間に差はみられなかった（$b=-$0.22 ［-0.49，0.03］）。また，習得接近目標に方向付けられ，遂行接近目標が

高かった場合は，呈示順序およびリストタイプのいずれにおいても差はなかった（$b_{呈示順序}=-0.01$ [-0.35, 0.33]，$b_{リストタイプ}=0.16$ [-0.02, 0.34]）。遂行接近目標に方向付けられ，遂行接近目標が高かった場合は，呈示順序の効果はなく（$b=-0.15$ [-0.44, 0.15]），ブロック呈示条件の方がランダム呈示条件よりも多く再生した（$b=0.22$ [0.07, 0.37]）。なお，習得接近目標に方向付けられて遂行接近目標が高かった場合，呈示順序や呈示条件の主効果はみられなかった（$b_{呈示順序}=-0.01$ [-0.35, 0.33]，$b_{リストタイプ}=0.16$ [-0.02, 0.34]）。

　なお，単語数×リストタイプに対する調整効果がみられた（$b=0.09$ [0.01, 0.17]）。しかし，単純傾斜分析の結果，遂行接近目標の高低にかかわらず（$b_{-1sd}=-0.12$ [-0.25, 0.01]，$b_{+1sd}=0.10$ [-0.02, 0.22]），単語数×リストタイプの単純交互作用はみられなかった。

　遂行回避目標　達成目標の方向付け×リストタイプ（$b=-0.11$ [-0.18, -0.05]）の交互作用に対して調整効果がみられた。遂行回避目標が低い場合（$-1SD$）と高い場合（$+1SD$）で，この交互作用の傾向が異なった（$b_{-1sd}=0.16$ [0.06, 0.26]，$b_{+1sd}=-0.12$ [-0.22, -0.01]）。習得接近目標に方向付けられ，遂行回避目標が低かった場合，ブロック呈示条件の方がランダム呈示条件よりも多く再生された（$b=0.36$ [0.24, 0.48]）。一方で遂行接近目標に方向付けられ，遂行回避目標が低かった場合，ブロック呈示条件とランダム呈示条件に違いはなかった（$b=0.04$ [-0.12, 0.21]）。次に，習得接近目標に方向付けられ，遂行回避目標が高かった場合，ブロック呈示条件とランダム呈示条件に違いはなかった（$b=0.13$ [-0.05, 0.30]）。一方で遂行接近目標に方向付けられ，遂行回避目標が高かった場合，ブロック呈示条件の方がランダム呈示条件よりも多く再生された（$b=0.36$ [0.23, 0.50]）。

2-3. 考察

　研究7はブロックリストとランダムリストを用いて，方向付けされた達成目標，および報告された達成目標によって体制化の使用が異なるかを明確に

しようとした。分析の結果，リストタイプの主効果があり，ランダムリストよりもブロックリストの単語をよく思い出していたが，ブロックリストが先に呈示されて記銘から想起までの時間間隔がある場合でも，この効果はみられた。研究 7 では参加者の全てに体制化の知識を教授して練習も行ったため，ブロックリストにおいて全体的に高い再生率がみられたと考えられる。これにより，研究 7 における仮説 1 が支持されたといえる。また，達成目標の方向付けと単語数の交互作用がみられた。習得接近目標に方向付けられた学習者は単語数に関わりなくブロックリストをよく思い出していた。これより，研究 7 における仮説 2 が支持された。Ikeda et al. (2015) が提案したように，習得接近目標へ方向付けられることによって，学習者は学習刺激間の関係性に注目した処理を行うということが示されたといえるだろう。一方で，遂行接近目標に方向付けられた参加者は，100単語と予期された場合は，習得接近目標に方向付けられた参加者と同様に，体制化を使用したと考えられる。しかし，200単語の場合はブロックリストとランダムリストでは差がみられなくなった。この結果は仮説 3 を支持するものである。これは Crouzeville & Butera (2013) が仮定した遂行接近目標による処理容量の低下による，符号化による新たな知見であると考えられる。Crouzeville & Butera (2013) は，他者よりも優れた成績を示すという目標 (i.e., 遂行接近目標) が圧力となり，作動記憶のリソースを減少させ，認知的な課題の遂行成績を低下させるという仮説を立て，演算課題を用いてこれを支持した。研究 7 においては，体制化を用いるにあたって一つの単語が2.5秒で呈示される間にその他の単語との関連づけをする必要があるため，作動記憶に負荷のかかる学習課題であった可能性がある。そして，遂行接近目標を方向付けで強調したことによって作動記憶の処理資源を消費させたために，体制化を十分に行うことができなかったと考えることができる。

　上述のように，習得接近目標の方向付けには体制化を促進し，遂行接近目標の方向付けには体制化を抑制する可能性がある。しかし，方向付けだけで

なく，参加者が実際に抱いた目標（報告された達成目標）の強度との交互作用によっても体制化の使用（ブロックリストとランダムリストの差）が異なった。一貫して，報告された習得（接近－回避）目標が高かった学習者はランダムリストよりもブロックリストをよく再生した。また，習得接近目標に方向付けられた場合，遂行（接近－回避）目標が低かった学習者は同じく体制化を使用していた。このように，たとえ遂行接近目標に方向付けられたとしても，習得目標が高い学習者は記銘する項目間の関係性に注目した符号化を行うということが示された。これより，習得接近目標に関しては仮説4a が支持されたといえる。一方で，習得回避目標においても習得接近目標と同様の傾向を示したため，回避的な目標よりも習得目標としての役割が強い可能性が示された。習得回避目標における仮説5a は支持されなかった。また，どちらか一方の影響によって規定されるのではなく，習得接近目標に方向付けと遂行（接近－回避）目標に関する交互作用であり，仮説5に関しては今後の検討が必要である。ある授業に対する達成目標や，課題に対する方向付けの効果は示されてきた。研究7 ではそれに加えて，実際にもった達成目標を考慮することで符号化が異なることを示した。研究7 では，達成目標の方向付けと課題に対して実際に抱いた達成目標（報告された達成目標）からその結果を示したため，より直接的で妥当な測定であるといえるだろう。

　達成目標の方向付けや報告された達成目標によって体制化の使用程度は異なりそうである。しかし，達成目標の方向付けや報告された達成目標では予測できなかった効果もみられた（e.g., 習得接近目標に方向付けられ，習得接近目標が高い場合にランダムリストが先に呈示されると体制化の使用がみられない）。ここでは，達成目標の方向付けによる再生テストのフィードバックの予期とその感情，および体制化の知識教授と練習試行による有効性の認知について考慮することで説明を試みる。まずフィードバック予期について，Pekrun, Aisling, Murayama, Elliot, & Thomas（2014）は2回のテストにおいて，2回目のテスト結果を1回目と比較する絶対的な評価のフィードバックと，同

じテストを受けている学生と比較する相対的な評価のフィードバックでは，相対的なフィードバックが遂行接近－回避目標を促進し，ネガティブな感情を促進する可能性を示した。研究7における遂行接近目標の方向付けには，他者と比較されるという旨の教示があり，相対的フィードバックにあたると考えられる。Pekrun et al.（2014）は，ネガティブな感情である授業に対する退屈さとテスト成績に負の循環を伴った相関関係があることを示した。このことから，研究7においても遂行接近目標の方向付けによって習得接近目標の方向付けでは生じない負の感情が生じ，再生成績そのものに影響を与えていた可能性がある。

　次に有効性の認知について，研究1は英単語学習において，体制化方略が効果的だと認知した学習者ほど体制化方略をよく使用していることを示した。研究7において，いずれの参加者も体制化の知識があったために使用することは可能であり，さらに練習試行によって実際に使用して再生まで経験している（手続知識の獲得と確認）。そのため，研究7の学習課題に対する体制化の有効性の認知が高まり，予測ではブロックリストとランダムリストに差のなかった条件においても（e.g., 遂行接近目標に方向付けられ，100単語と予期され，遂行接近目標が高い），体制化が使用された可能性がある。今後は，課題に対する感情や体制化に対する認知について，統制や操作を行う必要がある。

第3節　総合考察

　研究4-2aと研究6では認知的方略における学習方略の使用と有効性の認知との関係に対する達成目標の調整効果が一致しなかった。その要因の一つとして，学習方略の使用に対するメタ認知的知識における手続知識の有無，学習方略の使用経験について注目した。そこで，第5章では，実験を通して学習方略の使用に対する方略知識や手続知識，有効性の認知などのメタ認知的知識，および達成目標の方向付けや報告された達成目標の影響について検

第5章　有効性の認知を統制した達成目標の影響　183

討した。研究7では参加者の全てに体制化の方略知識を教授し，また練習課
題をもって手続知識および有効性も教授した。その結果，リストタイプの主
効果がみられ，ブロックリストの方がランダムリストよりも再生をしていた
ため，参加者のほとんどが体制化を用いたと考えられる。そのため，研究7
において課題に適切な方略の各メタ認知的知識を教授したことによって体制
化の使用が確認できたことは，本論文の主な目的である学習方略の使用にお
ける有効性の認知をはじめとしたメタ認知的知識の役割を明確にした点で有
益である。

3-1.　メタ認知的知識の教授

　学習方略の使用に対するメタ認知的知識について，本論文では研究1から
研究6までに，調査研究を通して学習方略の使用と有効性の認知との関係性
を示した。その関係は，ある学習方略における有効性の認知が高い学習者ほ
どその方略をよく使用するという個人間レベルの関係，あるいは，有効性の
認知が高い方略ほどよく使用するという個人内レベルでの関係であった。ま
たそれには，方略知識の有無やどのような条件かによって，有効性の認知が
もつ学習方略の使用に対する影響が異なった。そこで，研究7ではメタ認知
的知識における手続知識も加え，方略知識と有効性の認知を教授した介入を
行った。結果として，ランダムリストが先に呈示され，課題に対して体制化
を用いることが難しい課題の群においても，ブロックリストをよく再生して
いたために，体制化が使用されたと考えられた。研究7で示された結果を，
学習方略の使用に対するメタ認知的知識の階層性（Figure 1-7）と合わせて表
現したモデルを Figure 5-2 に示す。この結果は，これまでの本論文におけ
る調査研究で示された相関関係を操作および介入によって再現した結果であ
る。これにより，学習方略の使用に対するメタ認知的知識における方略知識，
手続知識，有効性の認知がもつ，学習方略の使用を促進する効果がみられる
と考えられる。

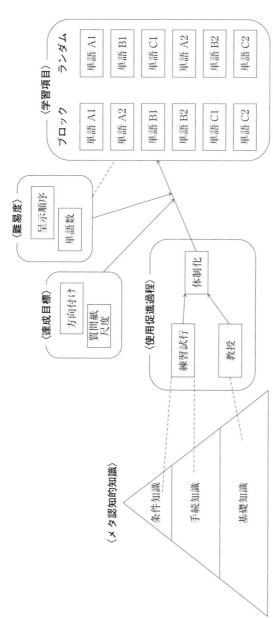

Figure 5-2. 研究7における課題に対する体制化の使用とその促進過程。学習項目に対する体制化は課題に対する主観的な難易度, 達成目標の方向付けや個人差によって変わる。

3-2. 課題遂行に対する達成目標の影響

　研究7の主な目的は，上述のように，研究7では有効性の認知をはじめとした学習方略の使用に対するメタ認知的知識がもつ学習方略の使用への影響を統制し，達成目標がもつ学習方略の使用に対する影響を明確にすることであった。分析の結果，達成目標がもつ学習方略の使用への効果が，課題への主観的な難易度との交互作用効果として示された。その中でも，習得接近目標の方向付けや報告された習得接近目標によって，単語数やリストの呈示順序といった課題に対する主観的な難易度に影響されずに，体制化が使用されるといった効果がみられた。

　これまでは達成目標といった動機づけ要因ではなく，有効性の認知に個人内レベルや個人間レベルでの分散によって学習方略の使用は説明されてきた。しかし，研究7のように学習者に適切な方略を教授することで，達成目標による方略使用の違いがみられた。つまり，教育実践において学習方略の使用に対するメタ認知的知識に介入した後には，やはり動機づけ要因の変数にも配慮すべきであると考えられる。その点，研究7において取り組む課題について達成目標に方向付けることで，学習方略の使用を操作できる可能性を示したことは有益である。研究7の課題に関しては，第6章において第2章から第5章までの研究と同様に，それぞれの課題と今後の展望も示す。

第6章　総合考察

第1節　本論文のまとめ

本論文では学習に関する教育実践において，学業成績の向上が期待できる
学習方略の使用に注目した。そして，自己調整学習の観点から適切な学習方
略（e.g., 深い処理の方略，メタ認知的方略）を用いることができるように，学習
方略の使用を規定する要因を検討することとした。

1-1.　先行研究にみられる学習方略の使用を規定する要因

学習方略の使用を規定する要因として，動機づけ要因と認知的要因がある
（Alexander et al., 1998; Nolen, 1996; Renkl et al., 1996; 佐藤，1998）。学習方略の使
用を取り上げた先行研究の多くが動機づけ要因の変数を取り上げており，一
貫して学習について向自的な動機づけをもつ学習者ほど，適切な学習方略を
用いるということが示されている（e.g., Elliot et al., 1999; 堀野・市川，1998; 西
村他，2011; Pintrich & De Goot, 1990）。その中でも，本論文では達成目標理論
（Dweck, 1986; Elliot, 1999; Nicholls, 1984）が，達成行動に対する目標を概念とし
て取り上げており，学習行動の喚起を予測するといった予測的妥当性が高い
ため，学習行動との関係性を検討するのに優れているとした。代表的な目標
として，習得接近目標がある。習得接近目標が高い学習者は，適切な学習方
略をよく使用するといったことが示されている（Elliot et al., 1999; Howell &
Watson, 2007; 三木・山内，2005）。一方で，学習そのものや学習方略の使用に
対する認知的要因もある。学習そのものの認知的要因として学習観と認識論
的信念がある。学習観では上手く勉強すれば成績が上がるといった志向が高

い学習者ほど（植木，2002），認識論的信念では学習内容を批判的に評価すべきであるという信念が高い学習者ほど（Muis et al., 2015），適切な方略をよく使用していた。また，学習方略の使用に対する認知的要因には有効性の認知がある。ある学習方略の使用について効果的であると認知している学習者ほどその方略をよく使用するということが示されている（森，2004；村山，2003b；佐藤，1998）。このように，学習方略の使用には，それぞれその使用を促進する要因が提案されている。

　その中でもどちらの要因も取り上げ，学習方略の使用を従属変数としたモデルに同時に投入してその影響を検討した研究もある。Beger & Karabenick（2011）は認知的要因として学習に関する価値を取り上げた。結果として，動機づけ要因の変数である自己効力感の影響を考慮すると，学習に関する価値は適切な方略に影響がみられなかったことを示した。また，Nolen（1988）は有効性の認知を取り上げた。結果として，動機づけ変数である課題関与志向性を考慮すると有効性の認知と学習方略の使用との間に有意なパスがみられないことが報告した。一方で，村山（2003b）は学習方略と有効性の認知との正の相関関係を示した上で，動機づけ要因の変数よりも認知的要因（有効性の認知）は変容しやすく，教育実践において介入しやすいとしている。

　このような学習方略の使用を規定する要因における知見の不一致については，有効性の認知を学習方略の使用に対するメタ認知的知識として捉えることで，考慮すべき重要な変数が見出される。学習方略の使用に対するメタ認知的知識は，宣言的知識，手続知識，条件知識に分けられる（Schraw & Moshman, 1995; Figure 1-7 参照）。宣言的知識は方略そのものの知識なので，本論文では方略知識と記述した。学習者は必ずしも適切な方略を用いていないことが多いことが報告されており（Hartwig & Dunlosky, 2012; Kornell & Bjork, 2007），その理由として方略知識の欠如がその可能性として示されている（McCabe, 2011）。また，有効性の認知はメタ認知的知識における条件知識

として捉えられる。条件知識はある学習方略をいつ，どのように使用できるかといった知識である。メタ記憶の枠組みでは，学習者は再学習の機会にもう少しで習得できそうだと判断した項目により時間を割くことが示されている（Metcalfe, 2009; Kornell & Metcalfe, 2006）。これは，学習者が自身の学習を効率化するために最も効果的だと思う取り組み方を反映しており，有効性の認知が高い方法を用いているといえる。有効性の認知が条件知識である特徴として，村山（2003b）は「いつ」効果的なのかといった条件に注目した。そして，将来の学習よりも次の試験に向けた学習において効果的であると認知した学習者ほど，その学習方略をよく使用することを示している。

　このように，学習方略の使用を規定する要因としては動機づけと認知のそれぞれの変数から検討されており，特に認知的要因では学習方略の使用に対するメタ認知的知識が学習方略の使用との関係性が様々な分野で示されている。しかし，いくつかの不明な点があり，検討すべき課題が挙げられる。本論文では以下に示すように，第2章から第4章までに，学習方略を直接規定する要因（第2章），方略知識と条件知識としての有効性の認知（第3章），学習方略を使用する測定時期（第4章），学習方略の使用に対するメタ認知的知識への介入と動機づけの影響（第5章）について，新たな検討を行った。本論文の目的は，学習方略の使用を規定する要因として動機づけ要因と認知的要因の変数のどちらがより直接的に学習方略の使用を促進するか明確にすること（第2章），学習方略の使用と有効性の認知との関係に対する方略知識の影響を明確にすること（第3章の研究3），「いつ」「どのように」使用するのが効果的かといった条件を分けた有効性の認知がもつ学習方略の使用に対する影響の違いを明確にすること（第3章の研究4），平常時や試験時といった定期試験まで期間とその期間における学習方略の使用を規定する要因の違いを明確にすること（第4章），学習方略の使用に対するメタ認知的知識の影響を統制した上で学習方略の使用と達成目標の影響を明確にすること（第5章）であった。以下では，各章のまとめを述べる。

1-2. 第2章から第5章の各研究のまとめ

　第2章では，学習方略の使用を規定する要因として，動機づけ要因と認知的要因のどちらがより直接的に学習方略の使用に影響するかを明確にしようとした。第2章は研究1と研究2から構成され，主に研究1によって上記の目的について検討した。研究1では動機づけ要因の変数として達成目標を，学習そのものの認知的要因として学習観を，学習方略の使用に対する認知的要因として有効性の認知および共変数としてコスト感を取り上げた。認知的方略（体制化，精緻化），メタ認知的方略，学業的援助要請（自律的，依存的）の各方略に対してそれぞれ規定要因の変数を投入したパス解析を行った。結果として，有効性の認知がいずれの学習方略の使用に対しても，直接影響することを示した。

　研究2では研究1のデータをもとにクラスター分析を行い，使用する学習方略の傾向によってそのタイプを分類した（Figure 2-2参照）。結果として，体制化や精緻化，自律的援助要請を相対的によく使用するタイプの学習者は，メタ認知的方略をよく使用し，習得（接近）目標も高いということが示された。これにより，学習者はそれぞれの学習方略について効果的であると認知した方略をよく使用しているが，その使用傾向は動機づけ要因の変数である達成目標によって変わる可能性が示された。つまり，ある学習方略の使用を直接規定する要因は有効性の認知であるが，ある学習者個人が複数の学習方略からどのような学習方略を用いるかは，個人差である動機づけによって変わると考えられる（Figure 2-4）。第2章では学習方略の使用を規定する要因として有効性の認知が直接影響することを示した。一方で，複数の学習方略から使用する方略を選択して使用するといった個人内の過程が不明確であり，研究2の結果からその過程に達成目標といった動機づけ要因の変数が影響している可能性がある。この点については，第3章において検討することとした。

第6章　総合考察　191

　第3章では，ある学習方略の使用における有効性の認知を，学習方略の使用に対するメタ認知的知識として捉え，個人内での学習方略の使用と有効性の認知との関係性を明確にすることを目的とした。また，個人差として動機づけ要因から引き続き達成目標を取り上げ，有効性の認知と学習方略の使用との個人内での相関関係の個人差の説明を試みた。研究3では，学習方略そのものの基礎的な知識である方略知識を取り上げ，方略知識の有無によって学習方略の使用が異なるか，そして学習方略の使用と有効性の認知との関係性が方略知識の有無によって異なるかを明確にしようとした。結果として，方略知識のあった方略はよく使用し，そして学習方略の使用と有効性の認知との正の関係がより強くなった。これにより，これまでに考慮されてこなかった方略知識の有無による学習方略の使用や有効性の認知による学習方略の使用への影響が示唆された。また，3×2の達成目標の調整効果はみられなかった。

　研究4は，三つの調査によって構成された。研究4-1では，村山（2003b）が示唆した，長期的な有効性の認知が，短期的な有効性の認知を媒介して，学習方略の使用を促進するという媒介モデルを検証した。短期的あるいは長期的といった区別は学習方略の使用における条件知識であり，ある学習方略を使用することが次のテストで点を取るのに効果的（短期的），あるいは将来学習を続けていく上で効果的（長期的）かといった「いつ使用するか」について注目している。結果として，村山（2003b）が示唆したように，短期的な有効性の認知による，長期的な有効性の認知と学習方略の使用との間の媒介効果がみられた。研究4-2では「いつ使用するか」に加えて，どんなときでも使用することがどれくらい効果的（恒常的），あるいは状況に合わせて使用することがどれくらい効果的（適宜的）かといった「どのように使用するか」の条件を加えて検討を行った。研究4-2はさらに認知的方略（4-2a）とメタ認知的方略（4-2b）の二つの調査に分けられた。結果として，いずれの方略においても短期的あるいは長期的―恒常的な有効性の認知が高い方略ほ

どその学習方略をよく使用していた。一方で，認知的方略（4-2a）において
のみ達成目標による調整効果があった。それは習得接近目標によるもので，
習得接近目標が高い学習者は学習方略の使用に対して長期的—恒常的な有効
性の認知が強く，習得接近目標が低い学習者は短期的—恒常的な有効性の認
知が強くなった。メタ認知的方略においては達成目標による調整効果はなか
った。このように，第3章では学習方略の使用に対するメタ認知的知識に注
目し，学習方略の基礎となる方略知識と，有効性の認知がもつ学習方略の使
用に対する影響が変わりうる条件に注目した。そして，方略知識がなければ
その学習方略を用いることはできず，有効性の認知の影響も期待できないこ
と，恒常的な有効性の認知が学習方略の使用に影響すること，そのような恒
常的な有効性の認知の影響が習得接近目標の高低によって長期的あるいは短
期的といった条件によって異なることが示された（Figure 3-2参照）。しかし，
これらの知見がどのような課題や試験に向けてのものなのかが不明確であっ
た。

　第4章では定期試験の学習に注目し，その定期試験までの期間によって学
習方略の使用とそのメタ認知的知識や達成目標との関係が異なるかを検討し
た。研究5は研究1のデータとその追試によって，定期試験の1週間前の学
習（試験時）と，定期試験まで1ヶ月以上の間隔がある1週間前の学習（平
常時）を取り上げた。そして，各測定時期によって学習方略の使用を規定す
る要因が異なるかを明確にしようとした。結果として，試験時では研究1と
同様に有効性の認知のみが学習方略の使用に対して直接影響していたが，平
常時ではそれに加えて遂行目標も正の影響を示した。平常時は学習に関する
時間的切迫感が比較的少ないため，学習行動そのものがあまり喚起されず，
学習行動の喚起に関係すると考えられる動機づけ要因の変数によるパスが示
されたと考えられる。

　研究6では認知的方略において，第3章の知見を反映して，学習方略の使
用に対するメタ認知的知識を取り上げ，個人内と個人間のレベルから学習方

略の使用と有効性の認知との関係を検討した。結果として，個人内レベルで
は測定時期にかかわらず恒常的な有効性の認知が一貫して学習方略の使用に
対して正のパスを示した（Figure 4-3 参照）。これは，研究 4-2a と一致する
結果である。そのため，使い続けることが効果的であるという認知が高い学
習方略ほど，よく使用するといった恒常的な有効性の認知と学習方略の使用
との間に頑健な関係性があるといえるだろう。しかし，達成目標の調整効果
は研究 4-2a と異なり，みられなかった（Figure 4-4）。これには，本論文で
は検討してこなかった手続知識の有無が介在している可能性が挙げられた。

　第 5 章では，第 4 章までにみられた有効性の認知をはじめとする学習方略
の使用に対するメタ認知的知識に実験室実験の文脈で統制した。この操作に
よって参加者は方略知識と手続知識を獲得することができ，手続知識を得る
練習試行において体制化の有効性も認知することができた。そのため，いず
れの参加者も学習方略の使用に対するメタ認知的知識の知見からは体制化を
使用することができる状態であった。つまり，この状態で体制化の使用につ
いて個人差が生じた場合は，動機づけによるものである可能性が示された。
学習方略の使用を促進する動機づけ要因として，本論文では達成目標を取り
上げてきた。達成目標は方向付けによる検討も重ねられており（Crozeville &
Butera, 2013; Ikeda et al., 2015; Murayama & Elliot, 2011），教育実践においてもそ
の介入効果を明確にすべきであるといえる。

　研究 7 では，学習方略の使用に対するメタ認知的知識に対する介入の効果
と達成目標の方向付けおよび課題に対して実際にもった達成目標（報告され
た達成目標）による体制化の使用促進の効果を明確にすることを目的とした。
結果として，方略知識，手続知識，有効性の認知といった学習方略の使用に
対するメタ認知的知識を教授されると体制化を使用すること示された。そし
て，その傾向が課題に対する主観的な難易度によってみられなくなることが
あるが，習得接近目標に方向付けられた学習者や報告された習得接近目標が
高かった学習者は，課題に対する主観的な難易度とは無関係に，体制化をよ

く使用することが示された（Figure 5-2参照）。これにより，学習者が学習方略の使用に対するメタ認知的知識を十分に持ち合わせた場合には，学習行動の喚起や維持と関係すると考えられる動機づけ要因が，学習方略の使用促進と関わると考えられる。以下では，学習方略の使用と有効性の認知との関係，および動機づけの影響とその役割についてそれぞれまとめる。

1-3. 学習方略の使用に対する有効性の認知の影響と動機づけの役割

　これまでに Nolen（1988）をはじめとして，認知的要因よりも動機づけ要因の方が学習方略の使用を促進すると考えられてきた。一方で，符号化の取り組みに注目した記憶研究やメタ記憶の枠組みでは，遂行成績を高めるに必要な学習方略の方略知識の欠如や（Hartwig & Dunlosky, 2012; Kornell & Bjork, 2007; McCabe, 2011），学習者自身が効果的だと思う学習計画を立てる（Kornell & Metcalfe, 2006）ということが報告されている。本論文ではこのような記憶研究の知見を裏付けとして，学習方略の使用に対するメタ認知的知識に注目した（Schraw & Moshman, 1995）。そして，個人内レベルの調査によって，学習方略の使用が方略知識の有無によって規定されうること，方略知識がある方略において有効性の認知が高いときに使用することが研究3で示された。一方で，学習方略は学習者が置かれた状況によってその効果が異なるが（藤田，2007b），研究4，6では個人内レベルにおいて常に使い続けることが効果的であるといった有効性の認知が学習方略の使用との相関関係がみられた。学習方略の使用に対する恒常的な有効性の認知の影響は一貫性があり，介入することで学習方略の使用促進が期待できるが，これは自己調整学習の観点からは望ましいとはいえない。

　この結果に関しても，記憶研究の知見が役に立つ。上述で紹介した一連の調査では，学習者は理論的に適切な方略をそもそも知らないといった問題が明らかとなっている（Hartwig & Dunlosky, 2012; Kornell & Bjork, 2007; McCabe, 2011）。学習方略の使用に対するメタ認知的知識の階層性（i.e., 宣言的知識，手

続知識，条件知識）を考慮すると，方略知識（宣言的知識）がないということは手続知識もないので，使用することができない。もちろんどのような状況で効果的かといった条件知識もないため，「知っているものをとりあえず使用すればいいのだろう」といった認知が反映されたのかもしれない。つまり，学習者は理論的に適切かどうかとは別に，他の方略を知らない，あるいは使用したことがないために，経験的に効果的であると感じた学習方略をとにかく使用し続けていると考えられる。また，このような知見は平常時や試験時といった測定時期に依存しない可能性が高い（研究6）。方略知識と有効性の認知の交互作用に関しては質の異なるサンプルによっても再現されているため（研究3），再現性も高いといえるだろう。

本論文では，先行研究で取り上げられることの多かった動機づけ要因の変数について，学習方略の使用に対する影響と（研究1，2，5），学習方略の使用とメタ認知的知識との個人内レベルでの検討の際には生じうる個人差の説明として達成目標を取り上げて検討した（研究3，4，6）。それぞれの結果を参照すると，学習方略の使用に対しては直接規定する可能性は低いこと，学習方略の使用とメタ認知的知識との個人内プロセスを調整する可能性が低いことが示された。

一方で，上述のような動機づけ要因の変数（i.e., 達成目標）がもつ学習方略の使用に対する影響は，学習方略の使用に対するメタ認知的知識の影響を統制することで生じる可能性も示されている（研究7）。つまり，動機づけのような学習に対する姿勢や態度による個人差は，方略知識や手続知識，そして有効性の認知といった学習方略の使用に対するメタ認知的知識を教授した後に，学習方略の使用に対して説明力が生じると考えられる。また，先行研究（e.g., Elliot et al., 1999）や研究1，5では，学習方略の使用と達成目標の各変数との間に個人間レベルの相関関係がみられている。これより，動機づけ要因はあくまで，学習者の「学習行動そのものを喚起する，促進・抑制する，変化させる」ことを説明することができる変数なのではないだろうか。使用

する学習方略は個人内の過程を経て決定され，学習行動の持続は動機づけに
よるといった解釈ができる（Figure 4-4, 5-2参照）。ある個人は何かを選択す
る際には，個人内で利益や損失を照らし合わせて一つの選択肢を選ぶ
(Kahneman, 2011)。学習方略は種々あり，課題によってその適切性も変化す
る。このことからも，上述の解釈は妥当であると思われる。

　本論文を通して，学習方略の使用を規定する要因として，動機づけ要因と
認知的要因の新たな知見としての役割が明確となった。認知的要因では学習
方略の使用に対するメタ認知的知識として，有効性の認知を中心に取り上げ
た。そして，課題や自身の学習状況に関係なく，とにかく使い続けることが
効果的であるという恒常的な有効性の認知から学習方略の使用に対して正の
影響がみられた。これは，学習者自身が自律的に自身の学習状況を把握し，
学習行動を調整するという自己調整学習の観点では決して望ましいとはいえ
ない条件での有効性の認知である。しかし，あくまで学習方略の使用を促進
することを目的とした場合には，このようにどのような条件で学習方略の使
用に対して有効性を認知して使用するのかといった個人内の過程を示したこ
とは価値があるといえるだろう。学習者に対する初期的な介入にはこのよう
な恒常的な有効性の認知に注目し，徐々に適宜的な使用に関してもその効果
を教授していくべきであろう。

　本論文の知見をまとめると，学習者がある学習方略を使用するには，必要
条件として方略知識があり，手続知識もあり，有効性を認知していることが
挙げられる。そして，上記のような学習方略の使用に対するメタ認知的知識
が十分にある学習者において，どのように学習に取り組むのかについては個
人差が生じ，そのような個人差は動機づけによって説明される。また，動機
づけによる個人差は，特に達成目標に注目することで，方向付けによって望
ましい学習方略の使用を促進できる可能性もみられた。これまで学習方略の
使用を規定する要因として動機づけ要因が主として取り上げられてきたこと
を鑑みると，本論文が示した学習方略の使用に対するメタ認知的知識の影響

第6章　総合考察　197

や，その際にみられる動機づけ要因の変数の役割は，貴重な知見と新たな視座を与えるといえるだろう。

第2節　教育実践への示唆

　本論文で得られた知見と先行研究の結果を合わせて教育実践における介入のあり方を検討する。本論文では様々な検討課題に取り組む形で研究を重ねたために，基本的には研究7で得られた知見をもとに構成される。まずは，比較的に介入のコストが低いと思われる短期的な介入について取り上げる。その際に，本論文で取り上げた中等教育や高等教育をはじめ，初等教育にも適用できるように，1学期（1セメスター）を想定した介入法を考察する。次に，より多くの学習者が適切な学習者となれるように，プロジェクトのような長期的な介入を取り上げる。

2-1.　短期的な介入方法

　まず定期試験までは時間に余裕のある平常時に注目する。研究3や研究7で示したように，使用すべき学習方略の方略知識の教授をすべきである。こういった方略知識の教授は学期の始めにだけ行うのではなく，毎回の授業や少なくとも単元が変わるたびに明確に伝えるべきであろう。ここで，どのような方略を指導するかも重要である。課題によって適切な学習方略は変化するため，どのような課題やテスト形式にするかに配慮すべきである。いずれの発達学齢においても，学習内容の意味を理解することが理想である。村山（2003a）は記述式のテストを予期させることで深い情報処理が伴う方略の使用が促進されることを示唆している。平常時においても，当然のことながら実際にも，深い処理の方略を教授した上で，記述式のテストを用いることを学習者には明確に伝えることが，意味理解を伴う方略の使用を促進することが期待される。

ただし，これだけでは学習方略の使用に至ることは難しいかもしれない。それは手続知識が考慮されていないからである。また，実際に用いてその成果を感じることで，有効性を認知すると考えられるのもその一因である。対処としては，定期試験で初めて記述試験を実施するのではなく，学期の途中に何回かミニテストを実施すると良いだろう。はじめはほとんど全ての参加者が，そのミニテストに向けて深い情報処理の方略を使用すれば，高得点を取れるような難易度を設定することで，手続知識の確認と有効性を認知することができるだろう。

　一方で，学習方略は一つだけではなく，また課題によってその効果は異なることは既に述べている（藤田，2007b）。つまり，意味理解だけではなく，精緻化や体制化といったその他の深い処理の方略や，期限が著しく切迫しているなどの場合によっては浅い処理の方略も効果的であることがある。そのため，様々な学習方略の方略知識や手続知識，そして有効性を教授すべきである。特に有効性については研究4や研究6の結果から，常に使い続けることが効果的であるという恒常的な有効性の認知に働きかけると良いだろう。これは，教示だけでも上述のようなテスト形式と組み合わせるだけで，その効果を実感させることが可能であると考えられる。自己調整学習の観点からすると，このような恒常的な使用を強調するのは望ましくないと考えられる。しかし，学習方略を全く使用しないという状況を避けるには，まず恒常的な有効性の認知から学習方略の使用を促進し，後に学習方略の適切な使い分けなどの指導を行うといった介入が考えられる。

　最後に，動機づけ要因についてである。研究7の知見を参照すると，学習者に対して学習内容を身につけるような目標をもつような試みを促進することの学習方略の使用を促進する効果も期待できる。一方で，他者と比較することを強調してしまうことによる，抑制効果が生じる可能性も指摘されている（Crouzevialle & Butera, 2013）。そのため，テストはあくまで到達度を測定するための機会であることを同時に伝えるべきである。

2-2. 長期的な介入方法

長期的な介入においては，目指すべき学習者の像を明確にする必要がある。そしてそれは，自己調整学習に観られるような，自律的に学習するだけではなく，自身の学習状況も的確に把握し，それに合わせて適切な学習方略を使用することができる学習者であろう。また，動機づけ要因における達成目標についても無視することはできない。たとえ適切な学習方略を課題に合わせて用いることができる状態にあっても，研究7で示されたように，習得接近目標が高い学習者でなければ，課題に対する主観的な難易度によって適切な学習方略を使用しない可能性がある。これより，複数の学習方略の方略知識と手続知識をもち合わせており，各方略がどのような場面や課題に効果的かを把握し（適宜的な有効性の認知），状況に合わせて適切な学習方略を使用することができる学習者になることを介入の目標とすべきであろう。

中等教育では，教科を横断した学年全体での協力や，学校全体での取り組みが理想的である。教科に関係なく用いるのが望ましいと考えられるメタ認知的方略におけるモニタリングとコントロールについて，文系科目で共通して用いることができそうな精緻化や体制化など，教科に特定的になるのではなく，複数の教科で用いることが可能であるということを強調すべきである。それによって，それぞれの学習方略について使用することの経験が蓄積され，使用することの抵抗が軽減されることが期待される。あとは短期的な介入において示した有効性の認知の向上などをテスト形式などで行い，学習方略の使用に対するメタ認知的知識を十分に獲得させることが重要である。留意すべき点として，遂行成績の評価がある。どうしても学習者は他者と自身の成績を比較してしまうかもしれないが，学年や学校の方針として，その課題についてどれくらい到達することができたか，前回や過去の自分の成績と比べて向上したか，のように絶対的な基準で成績を評価することを強調すべきである。学年や学校などのように大きな単位で介入できる際は，定期試験のよ

うにして，学習方略の使用やそのメタ認知知的知識について，実際に使用さ
せてその知識や技能について評価する機会を設けることも，効果的な介入の
一つであるかもしれない。

　大学などの高等教育においては，初年次教育の機会を通して，できるだけ
多くの科目で用いることが可能な複数の方略について教授すべきである。ま
た，初等教育では，より長期には経年による学習内容の抽象化や認知発達の
影響もある。例えば，小学校低学年であれば，認知機能や学習内容の容易さ
から，深い処理の方略を用いることはかえって難しいと考えられる。そこで，
浅い処理の方略でもよいので，選択肢として複数の学習方略に関する知識を
教授し，学習するにはいくつも選択肢があるということだけでも伝えること
が重要であると思われる。そして，学習者の発達学齢が上がるにつれて，知
識として与える学習方略の種類を増やし，また用いる方略を明確に自己判断
させる機会を増やしていくことが，自律的な学習者になる介入の一つである
と考えられる。

第3節　本論文の限界と今後の展望

　上述のように，本論文では学習方略の使用とそのメタ認知的知識の関係か
ら，学習方略の使用を促進するための介入方法が考えられた。一方で，本論
文を構成した各研究にはいくつか共通している限界がある。以下では，発達
学齢や学校種別，地域などのサンプリングについて，学習の対象とした科目
や教科，刺激について，調査や考慮する測定時期について，そして，学習に
関わるその他の要因について，それぞれ言及する。最後に，今後の展望とし
て，学習中の活動に注目した研究の必要性について，課題に対する主観的な
難易度の判断と学習方略の使い分けについて，それぞれ取り上げる。最後に，
本論文の知見が生涯学習や教員養成課程に寄与する点について述べる。

3-1. 本論文の限界と改善点

3-1-1. サンプルにおける限界と改善点

　まず，参加者の発達学齢についてである。本論文では研究1, 2, 5 では高校生を，研究6 では中学生を，研究3, 4, 7 では大学生を対象者として検討を行った。第2章と第4章では，学習者の現状を把握するために調査を実施したために，より学習の機会を強いられる中学生と高校生を対象とした。第3章と第5章では仮説をもった検討や理論的な検討，さらには実験計画であったために，複雑な教示でも理解することが比較的に容易な大学生を対象とした。また，大学生は相対的に学習経験が豊富であると考えられるため，多様な学習方略や詳細に分けられたメタ認知的知識についても回答が可能である。このように各研究では対象をその発達学齢にしたことに意味がある。しかし，現状では各研究で得られた知見について，発達学齢を超えた一般化可能性が低い。今後は尺度として学習方略の使用とそのメタ認知的知識の測定について整理をして，様々な発達学齢を対象とした調査が必要である。また，各研究のいずれにおいても，入試難易度のような学習者の一般的な学力のような影響を考慮していなかった。適切な学習方略を使用することで学業成績は向上することは知られているが（堀野・市川，1997; Pintrich & De Groot, 1990），学業成績が高かったためにその学校に入学することができたため，その学校での調査では適切な学習方略を使用している学習者が多い，といったことも起こりえる。また，都道府県やその地域によって，教育制度や教育への考え方も変わる可能性がある（苅谷・志水，2004）。そのため，今後はこのような社会の影響も考慮すべきである。このような検討課題に加え，いくつかの研究ではそのサンプルサイズが十分ではなかった可能性がある。本論文においては，特に学習者個人内で生じる学習方略の使用と有効性の認知との関係性に注目したが，その関係性には個人差が生じていた（階層ベイズの結果における変量効果）。また，その個人差が達成目標などの動機づけ要因の

変数で説明できるかについても検討した。今後は，このような個人差をより十分に精査できるように，類似した母集団からより大きなサンプルサイズを確保し，なおかつ社会的な影響も考慮できるような研究計画が理想的であり，実施すべきである。

3-1-2. 教科や科目の限界と改善点

次に，測定対象とする科目や教科である。本論文では研究1，2，5では（同一のデータであったため）英単語学習について，研究3では大学での説明文読解，研究4では大学での測定した授業での学習について，研究6では社会科学習についてであった。それに伴い，測定する学習方略も研究によって異なっていた。これにより，各研究で示された知見が測定する科目や学習方略によって示された可能性もある。各科目特有の学習方略もある可能性があるため，各科目で広く普及している学習方略尺度を用いて，メタ認知的知識の影響を検討するのが現実的であると考えられる。

また，研究7では目的として体制化の使用をブロックリストとランダムリストから検討しようとしたが，その指標となる再生成績が全体的に低かった。これには二つの理由が挙げられる。一つ目は呈示時間である。呈示時間を短く設定した意図として，体制化以外の記銘方法（e.g., 反復，精緻化，物語化）の使用を抑制することがあった。本研究では単語の呈示時間を2.5秒（注視点0.5秒）としたため，記銘するのに十分な時間がなかったと考えられる。しかし，先述のようにブロックリストとランダムリストには差があるため，床効果はなかったといえるだろう。二つ目は使用したリストである。本研究は体制化のためのリストとして虚再生や虚再認を誘発するための枠組みであるDRMパラダイムのリストを用いた。そのため，ブロックリストにおいても連想の基準となる単語に気がつく必要があり，学習中の作業負担が大きかった可能性がある。今後は意味的なカテゴリーなど，その他の体制化のリストを用いての検討が必要であろう。また，本研究では目標の方向付けを行わな

い群を設けなかった。そのため，習得接近目標の方向付けが体制化を促進したのか，遂行接近目標の方向付けが体制化を抑制したのかが不明である。今後は回避目標の方向付けも含め，方向付けない群と比較することで，方向付けの効果についてより詳細な知見が提供できるだろう。

3-1-3. 測定時期に関わる限界と改善点

調査研究における調査時期についてである。研究6を除いて，本論文を構成する研究は測定が1時点の横断的調査であった。また第4章の研究5，6を除いて，それが学習者にとってどのような時期なのかも考慮していなかった。各研究では学習方略の使用を従属変数としたモデルを想定していたが，時系列的な順序がないために，そのモデルが妥当か否かの判断は慎重になるべきである。今後は，少なくとも2時点での測定を行い，交差遅延効果モデルなどを用いた学習方略の使用を規定する要因の検討を行うべきである。その際に，平常時と試験時では同一の変数であっても相関が低い場合があるため（研究6），同一の測定時点から2時点測定すべきである（e.g., 平常時から平常時）。より長い期間での測定について，Murayama, Pekurn, Lichtenfeld, & vom Hoff（2013）では学習者の発達学齢によって学業成績を説明する変数が変わることを示している。このように，年齢の変化によって学習方略の使用を規定する要因が変化する可能性や，使用する学習方略そのものが変化する可能性もある。学習方略の使用に関しても縦断的な調査を実施する価値があるだろう。

3-1-4. 学習に関わるその他の要因の影響

最後に，学習に関わるその他の要因についてである。まず，学習方略の使用に対するメタ認知的知識の変数である，コスト感についてである。本論文では基本的に学習方略の使用に影響する共変数として測定し，その影響を統制してきた。そのため，有効性の認知や方略知識と学習方略の使用との関係

を積極的に考察することができた。ただし，教育実践での介入に注目した際には，ある学習方略を使用することへのコスト感は介入の効果を阻害する可能性がある。どのようなときにコストを感じるのかなど，有効性の認知と同様に，条件知識としてコスト感を取り上げる必要があるだろう。実際に，コスト感に関しては適宜的な使用における条件のコスト感が高い学習方略ほど使用しないという結果も報告されている（Yamaguchi, 2014）。また，「面倒である」といったコスト感だけではなく，消費時間，疲労感，使用の難しさなど，コストをより詳細に分けた検討も行われている（山口，2015）。また，教育実践においてその介入方法を提案したように，実際のテスト形式の影響である。本論文においては，調査協力校の出題されるテスト形式について把握することができなかったため，どのような方略が試験に際して適切であったかは不明である。複数回試験を経験することによるテスト期待効果も想定されるため（村山，2003a），テスト形式の影響も考慮した検討をすべきである。それに伴い，学業成績にどのような影響を示すかも検討すべきであろう。最後に，試験範囲の単元ごとに学習者が抱く感情の影響である。Pekurun et al.（2014）は授業内容に対してもつ退屈さと遂行成績の悪循環の可能性を示した。興味・関心や退屈といった授業に関する感情も取り上げるべきであろう。

3-2. 今後の展望

　本論文では上述のような改善点が挙げられるが，第1章で述べたように学習方略の使用を規定する要因は動機づけ要因が主流であり，その介入が容易ではなかった。本論文では有効性の認知に注目し，メタ認知的知識として捉え直した。その結果，特に個人内レベルにおいて学習方略の使用を説明することができた。これは新たな知見であり，研究7では実験的に方略知識と有効性の認知の介入効果が示された。その点で本論文の独自性が示され，有益な点であるといえるだろう。

今後の期待される研究としては，学習中の活動に注目した検討である。本論文における研究 1 から研究 6 は，いずれも調査研究であった。そのため，学習者が実際に学習中にどのようにして学習に取り組んでいるかは不明確である。また，課題に取り組む場面では，その課題の難易度も学習には関係がある。メタ記憶の枠組みでは，学習中のモニタリングやコントロールについて盛んに研究が行われている（Bjork, Dunlosky, & Kornell, 2013）。より良い遂行成績が得られるような再学習をするといった有効性の認知の知見も，このメタ記憶の枠組みの知見である（Kornell & Metcalfe, 2006; Metcalfe, 2009）。Yamaguchi（2015, 2016）は学習者に単語一つずつの学習を求め，その際に用いることができる方略を口頭での単純反復方略のみとした。そして，報告された達成目標や達成目標の方向付けによって，再生成績が異なることを示している。また，符号化の取り組みを特定しない場合では，課題に対する主観的な難易度判断によって，用いる方法が異なることも示されている（山口，2016）。このように，調査研究だけではなくメタ記憶の枠組みのようなその他のアプローチに注目することで，一方のアプローチでは検討できなかったことに取り組み，より詳細な知見を得ることが期待される。

　生涯学習と本論文が示した知見との関係について，学習方略の使用に対する短期的な介入方法が特に適用されやすい。人が生涯にわたり学習をしていく中で，学習方略の使用に対するメタ認知的知識や，動機づけによる個人差の知見は役立つと考えられる。児童，生徒，学生と異なるのは，自律的かつ自発的に学習を行うことである。仮に遂行の機会がない，あるいはその期間に時間的な余裕がある場合は，意味理解を伴う深い処理の方略を用いるべきである。理解確認に関しては，要約や他者への説明などを通して行い，あくまでも丸暗記は避けるように実施すべきである。そして，本論文の知見（主に研究 3, 4）から最も留意すべき点は，様々な方略の知識を獲得し，実際に用いてみるということである。そして，それはすぐに目に見える結果が示されることにその効果性を評価するのではなく，中長期的に忘れにくいといっ

た長期的な有効性の認知の視点ももつべきであろう。このように，就学生の
みならず，学習を行うといった行動そのものに本論文の知見は活かすことが
できる。

　最後に，本論文で示された学習方略の使用と有効性の認知を中心とした学
習方略の使用に対するメタ認知的知識との関係における知見が，教員養成課
程での教育に活かされることを期待する。第2節において提案した教育実践
における介入は，いずれも現場の教員が実践することを想定している。教員
養成課程では，授業の展開や学習者について心理学的な知見を学ぶ機会はあ
る。しかし，本論文で示したように，学習方略の詳細な区分や，それぞれの
方略がどのようにしても使用されているのか，学習者はなぜ使用することが
できないのか，といったことを知る機会はまれである。本論文における調査
の結果からも，学習者が適切な学習方略を使用するために必要なメタ認知的
知識があるとはいえない。すでに教育心理学の知見が教育実践にどのように
活かされるか（藤田，2007a），教職課程における心理学の役割とは何か（藤澤，
2013），高等教育における初年次教育にいかに心理学の知見を運用できるか
（藤田，2006）など，教育実践に対して様々な取り組みが伺える。本論文で示
された知見もこれらの先行する試みに続き，教育実践に活かされることを望
む。

引 用 文 献

Abramson, L. Y., Seligman, M. E. P., & Teasdale, J. D. (1978). Learned helplessness in humans: Critique and reformulation. *Journal of Abnormal Psychology, 87,* 49-74.

秋田 喜代美 (1988). 質問作りが説明文の理解に及ぼす効果 教育心理学研究, *36,* 307-315.

Alexander, P. A., Graham, S., & Harris, K. R. (1998). A perspective on strategy research: Progress and prospective. *Educational Psychology Review, 10,* 129-154.

Ames, C. (1992). Classroom: Goals, structures, and student motivation. *Journal of Educational Psychology, 84,* 261-271.

Ames, C., & Ames, R. (1984). Systems of student and teacher motivation: Toward a qualitative definition. *Journal of Educational Psychology, 76,* 535-556.

Ames, C., & Archer, J. (1987). Mothers' beliefs about the role of ability and effort in school learning. *Journal of Educational Psychology, 79,* 409-414.

Ames, C., & Archer, J. (1988). Achievement goals in the classroom: Students' learning strategies and motivation process. *Journal of Educational Psychology, 80,* 260-267.

浅川 希洋志 (2012). 楽しさと最適発達の現象学－フロー理論－ 鹿毛 雅治 (編) モティベーションをまなぶ12の理論 (pp. 161-193) 金剛出版

浅野 良輔 (2011). 恋愛関係における関係効力性が感情体験に及ぼす影響－二者の間主観的な効力期待の導入－ 社会心理学研究, *27,* 41-46.

Baayen, R. H., Davidson, D. J., & Bates, D. M. (2008). Mixed-effects modeling with crossed random effects for subjects and items. *Journal of Memory and Language, 59,* 390-412.

Baker, M. (2015). First results from psychology's largest reproducibility test: Crowd-sourced effort raises nuanced questions about what counts as replication. *Nature.* doi: 10.1038/nature.2015.17433

Bandura, A. (1977). Self-efficacy: Toward a unifying theory of behavioral change. *Psychological Review, 84,* 191-215.

Berger, J.-L., & Karabenick, S. A. (2011). Motivation and students' use of learning strategies: Evidence of unidirectional effects in mathematics classrooms. *Learning and Instruction, 21,* 416-428.

Bjork, R. A., Dunlosky, J., & Kornell, N. (2013). Self-regulated learning: Beliefs, techniques, and illusions. *Annual Review of Psychology, 64,* 417-444.

Craik, F. I. M., & Lockhart, R. S. (1972). Levels of processing: A framework for memory research. *Journal of Verbal Learning and Verbal Behavior, 11,* 671-684.

Crouzevialle, M., & Butera, F. (2013). Performance-approach goals deplete working memory and impair cognitive performance. *Journal of Experimental Psychology: General, 142,* 666-678.

Crouzevialle, M., Smeding, A., & Butera, F. (2015). Striving for excellence sometimes hinders high achievers: Performance-approach goals deplete arithmetical performance in students with high working memory capacity. *PLoS ONE, 10* (9): e0137629. doi: 10.1371/journal.pone.0137629

Deci, E. L. (1971). Effects of externally mediated rewards on intrinsic motivation. *Journal of Personality and Social Psychology, 18,* 105-115.

Dweck, C. S. (1986). Motivational processes affecting learning. *American Psychologist, 41,* 1040-1048.

Dweck, C. S., & Leggett, E. L. (1988). A social-cognitive approach to motivation and personality. *Psychological Review, 95,* 256-273.

Dweck, C. S., & Master, A. (2008). Self-theories motivate self-regulated learning. In D. H. Schunk & B. J. Zimmerman (Eds.) *Motivation and Self-Regulated Learning: Theory, Research, and Applications.* NJ: Lawrence Erlbaum Associates, Pp. 31-51.

Elliot, A. J. (1999). Approach and avoidance motivation and achievement goals. *Educational Psychologist, 34,* 169-189.

Elliot, A. J., & Church, M. A. (1997). A hierarchical model of approach and avoidance achievement motivation. *Journal of Personality and Social Psychology, 71,* 218-232.

Elliot, A. J., & Harackiewicz, J. M. (1996). Approach and avoidance achievement goals and intrinsic motivation: A mediational analysis. *Journal of Personality and Social Psychology, 70,* 461-475.

Elliot, A. J., & McGregor, H. A. (2001). A 2×2 achievement goal framework. *Journal of Personality and Social Psychology, 80*, 501-519.

Elliot, A. J., McGregor, H. A., & Gable, S. (1999). Achievement goals, study strategies, and exam performance. *Journal of Educational Psychology, 91*, 549-563.

Elliot, A. J., & Murayama, K. (2008). On the measurement of achievement goals: Critique, illustration, and application. *Journal of Educational Psychology, 100*, 613-628.

Elliot, A. J., Murayama, K., & Pekrun, R. (2011). A 3×2 achievement goal model. *Journal of Educational Psychology, 103*, 632-648.

Elliot, A. J., & Thrash, T. M. (2001). Achievement goals and the hierarchical model of achievement motivation. *Educational Psychology Review, 13*, 139-156.

Elliott, E. S., & Dweck, C. S. (1988). Goals: An Approach to motivation and achievement. *Journal of Personality and Social Psychology, 54*, 5-12.

Escribe, C., & Huet, N. (2005). Knowledge accessibility, achievement goals, and memory strategy maintenance. *British Journal of Educational Psychology, 75*, 87-104.

Flavell, J. H. (1979). Metacognition and cognitive monitoring: A new area of cognitive-developmental inquiry. *American Psychologist, 34*, 906-911.

藤澤 文（編著）（2013）．教職のための心理学　ナカニシヤ出版

藤田 哲也（編著）（2006）．大学基礎講座［改増版］－充実した大学生活をおくるために－　北大路書房

藤田 哲也（編著）（2007a）．絶対役立つ教育心理学　ミネルヴァ書房

藤田 哲也（2007b）．記憶の理論を活かす－効果的な「覚え方＝思い出し方」－　藤田 哲也（編）絶対役立つ教育心理学－実践の理論，理論を実践－（pp. 71-84）ミネルヴァ書房

藤田 哲也・受田 恵理（2010）．目標志向と学習方略の測定方法をめぐる問題 II－学習方略の認知面と行動面の違いについて－　日本教育心理学会第52回総会発表論文集，711.

Garner, R. (1990). When children and adults do not use learning strategies: Toward a theory of settings. *Review of Educational Research, 60*, 517-529.

Greene, D., & Lepper, M. R. (1974). Effects of extrinsic rewards on children's subsequent intrinsic interest. *Child Development, 45*, 1141-1145.

Hacker, D. J., Bol, L., Horgan, D. D., & Rakow, E. A. (2000). Test prediction and performance in a classroom context. *Journal of Educational Psychology, 92,* 160-170.

南風原 朝和 (2002a). モデル適合度の目標適合度－観測変数の数を減らすことの是非を中心に－ 行動計量学, *29,* 160-166.

南風原 朝和 (2002b). 心理統計学の基礎－統合的理解のために－ 有斐閣

Harackiewicz, J. M., Barron, K. E., & Elliot, A. J. (1998). Rethinking achievement goals: When are they adaptive for college students and why? *Educational Psychologist, 33,* 1-21.

Hartwig, M. K., & Dunlosky, J. (2012). Study strategies of college students: Are self-testing and scheduling related to achievement? *Psychonomic Bulletin & Review, 19,* 126-134.

堀野 緑・市川 伸一 (1997). 高校生の英語学習における学習動機と学習方略 教育心理学研究, *45,* 140-147.

Howell, A. J., & Watson, D. C. (2007). Procrastination: Associations with achievement goal orientation and learning strategies. *Personality and Individual Differences, 43,* 167-178.

Hulleman, C. S., Schrager, S. M., Bodmann, S. M., & Harackiewicz, J. M. (2010). A meta-analytic review of achievement goal measures: Different labels for the same constructs or different constructs with similar labels? *Psychological Bulletin, 136,* 422-449.

市原 学・新井 邦二郎 (2006). 数学学習場面における動機づけモデルの検討－メタ認知の調整効果－ 教育心理学研究, *54,* 199-210.

市川 伸一 (2002). 学力低下論争 筑摩書房

Ikeda, K., Castel, A. D., & Murayama, K. (2015). Mastery-approach goals eliminate retrieval-induced forgetting: The role of achievement goals in memory inhibition. *Personality and Social Psychology Bulletin, 41,* 687-695.

犬塚 美輪 (2002). 説明文における読解方略の構造 教育心理学研究, *50,* 152-162.

鹿毛 雅治 (1995). 内発的動機づけ 宮本 美沙子・奈須 正裕 (編) 達成動機の理論と展開－続・達成動機の心理学－ (pp. 71-84) 金子書房

鹿毛 雅治 (2004). 「動機づけ研究」へのいざない 上淵 寿 (編) 動機づけ研究の最前線 (pp. 1-28) 北大路書房

Kahneman, D. (2011). *Thinking, Fast and Slow.* Farrar, Straus and Giroux: NY, US.

引 用 文 献　　211

Kahneman, D., & Tversky, A. (1979). Prospect theory: An analysis of decision under risk. *Econometrica, 47,* 263-292.

苅谷 剛彦・志水 宏吉（編）(2004). 学力の社会学－調査が示す学力の変化と学習の課題－　岩波書店

川端 一光（2007). 多母集団分析　豊田 秀樹（編）共分散構造分析（Amos 編）－構造方程式モデリング－　東京図書　pp. 74-87.

Kintsch, W. (1968). Recognition and free recall of organized lists. *Journal of Experimental Psychology, 78,* 481-487.

Kornell, N., & Bjork, R. A. (2007). The promise and perils of self-regulated study. *Psychonomic Bulletin & Review, 14,* 219-224.

Kornell, N., & Metcalfe, L. (2006). Study efficacy and the region of proximal learning framework. *Journal of Experimental Psychology: Learning, Memory, and Cognition, 32,* 609-622.

久保 拓弥（2012). データ解析のための統計モデリング入門－一般化線形モデル・階層ベイズモデル・MCMC－　岩波書店

Lindsay, D. S. (2015). Replication in Psychological Science. *Psychological Science, 26,* 1827-1832.

McCabe, J. (2011). Metacognitive awareness of learning strategies in undergraduates. *Memory and Cognition, 39,* 462-476.

McCombs, B. L. (1986). The role of the self-system in self-regulated learning. *Contemporary Educational Psychology, 11,* 314-332.

McDonald, R. P. (1999). *Test Theory: A Unified Treatment.* Mahwah, NJ: Lawrence Erlbaum.

Metcalfe, J. (2009). Metacognitive judgments and control of study. *Current Directions in Psychological Science, 18,* 159-163.

Midgley, C., Kaplan, A., & Middleton, M. (2001). Performance-approach goals: Good for what, for whom, under what circumstances, and at what cost? *Journal of Educational Psychology, 93,* 77-86.

三木 かおり・山内 弘継（2005). 教室の目標構造の知覚，個人の達成目標志向，学習方略の関連　心理学研究, *76,* 260-268.

宮地 弥生・山 祐嗣（2002). 高い確率で虚記憶を生成する DRM パラダイムのための日本語リストの作成　基礎心理学研究, *21,* 21-26.

森 陽子（2004). 努力観，自己効力感，内発的価値及び自己制御学習方略に対する有

効性とコストの認知が自己制御学習方略の使用に及ぼす影響　日本教育工学会論文誌, *28*, 109-118.

Muis, K. R. (2007). The role of epistemic beliefs in self-regulated learning. *Educational Psychologist, 42*, 173-190.

Muis, K. R., Pekrun, R., Sinatra, G. M., Azevedo, R., Trevors, G., Meier, E., & Heddy, B. C. (2015). The curious case of climate change: Testing a theoretical model of epistemic beliefs, epistemic emotions, and complex learning. *Learning and Instruction, 39*, 168-183.

村山 航 (2003a). テスト形式が学習方略に与える影響　教育心理学研究, *51*, 1-12.

村山 航 (2003b). 学習方略の使用と短期的・長期的な有効性の認知との関係　教育心理学研究, *51*, 130-140.

村山 航 (2003c). 達成目標理論の変遷と展望－「緩い統合」という視座からのアプローチ－　心理学評論, *46*, 564-583.

村山 航 (2004). テスト形式の違いによる学習方略と有効性の認知の変容　心理学研究, *75*, 262-268.

村山 航 (2007). 学習方略－子どもの自律的な学習を目指して－　藤田 哲也 (編著) 絶対役立つ教育心理学－実践の理論, 理論を実践－　ミネルヴァ書房　pp. 85-100.

Murayama, K., & Elliot, A. J. (2011). Achievement motivation and memory: Achievement goals immediate and delayed remember-know recognition memory. *Personality and Social Psychology Bulletin, 37*, 1339-1348.

Murayama, K., Elliot, A. J., & Yamagata, S. (2011). Separation of performance-approach and performance-avoidance goals: A broader analysis. *Journal of Educational Psychology, 103*, 238-256.

Murayama, K., Pekrun, R., Lichtenfeld, S., & vom Hoff, R. (2013). Predicting long-term growth in students' mathematics achievement: The unique contributions of motivation and cognitive strategies. *Child Development, 84*, 1475-1490.

Murayama, K., Sakaki, M., Yan, V. X., & Smith, G. M. (2014). Type I error inflation in the traditional by-participant analysis to metamemory accuracy: A generalized mixed-effects model perspective. *Journal of Experimental Psychology: Learning, Memory, and Cognition, 40*, 1287-1306.

Muthén, L. K., & Muthén, B. O. (1998-2012). *Mplus User's Guide* (7th ed). Los Angels, CA: Muthén & Muthén.

長沼 君主（2004）．自律性と関係性からみた内発的動機づけ研究　上淵 寿（編）動機づけ研究の最前線（pp. 30-60）　北大路書房

中西 良文（2004）．成功／失敗の方略帰属が自己効力感に与える影響　教育心理学研究, 52, 127-139.

中山 晃（2005）．日本人大学生の英語学習における目標志向性と学習観および学習方略の関係のモデル化とその検討　教育心理学研究, 53, 320-330.

並木 博（1997）．個性と教育環境の交互作用－教育心理学の課題－　培風館

奈須 正裕（1995）．達成動機の理論－その現状と統合的理解の枠組み－　宮本 美沙子・奈須 正裕（編）達成動機の理論と展開－続・達成動機の心理学－（pp. 1-10）　金子書房

Nelson, T. O., & Narens, L. (1990). Metamemory: A theoretical framework and new findings. In G. H. Bower (Ed.), *The psychology of learning and motivation* (Vol. 26, pp. 125-173). New York: Academic Press.

Nicholls, J. G. (1984). Achievement motivation: Conceptions of ability, subjective experience, task choice, and performance. *Psychological Review, 91*, 328-346.

西村 多久磨・河村 茂雄・櫻井 茂男（2011）．自律的な学習動機づけとメタ認知的方略が学業成績を予測するプロセス－内発的な学習動機づけは学業成績を予測することができるのか？－　教育心理学研究, 59, 77-87.

Nolen, S. B. (1988). Reasons for studying: Motivational orientations and study strategies. *Cognition and Instruction, 5*, 269-287.

Nolen, S. B. (1996). Why study? How reasons for learning influence strategy selection. *Educational Psychology Review, 8*, 335-355.

野崎 優樹（2013）．定期試験期間の自他の情動調整行動が情動知能の変化に及ぼす影響　教育心理学研究, 61, 362-373.

岡田 いずみ（2007）．学習方略の教授と学習意欲－高校生を対象にした英単語学習において－　教育心理学研究, 55, 287-299.

岡田 涼・中谷 素之（2006）．動機づけスタイルが課題への興味に及ぼす影響－自己決定理論の枠組みから－　教育心理学研究, 54, 1-11.

Ozubko, J. D., Hourihan, K. L., & MacLeod, C. M. (2012). Production benefits learning: The production effect endures and improves memory for text. *Memory, 20*, 717-727.

Palinscar, A. S., & Brown, A. L. (1984). Reciprocal teaching of comprehension-fostering and comprehension-monitoring activities. *Cognition and Instruction, 1*,

117-175.

Paris, S. G., Lipson, M. Y., & Wixson, K. K. (1983). Becoming strategic reader. *Contemporary Educational Psychology, 8,* 293-316.

Pekrun, R., Aisling, C., Murayama, K., Elliot, A. J., & Thomas, K. (2014). The power of anticipated feedback: Effects on students' achievement goals and achievement emotions. *Learning and Instruction, 29,* 115-124.

Pekrun, R., Hall, N. C., Goetz, T., & Perry, R. P. (2014). Boredom and academic achievement: Testing a model of reciprocal causation. *Journal of Educational Psychology, 106,* 696-710.

Pereira-Laird, J. A., & Deane, F. P. (1997). Development and validation of a self-report measure of reading strategy use. *Reading Psychology, 18,* 185-235.

Pintrich, P. R., & De Groot, E. V. (1990). Motivational and self-regulated learning components of classroom academic performance. *Journal of Educational Psychology, 82,* 33-40.

Rawsthorne, L. J., & Elliot, A. J. (1999). Achievement goals and intrinsic motivation: A meta-analytic review. *Personality and Social Psychology Review, 3,* 326-344.

Renkl, A., Mandl, H., & Gruber, H. (1996). Inert knowledge: Analyses and remedies. *Educational Psychologist, 31,* 115-121.

Rotter, J. B. (1966). Generalized expectancies for internal versus external control of reinforcement. *Psychological Monographs: General and Applied, 80,* 1-28.

Rouder, J. N., & Lu, J. (2005). An introduction to Bayesian hierarchical models with an application in the theory of signal detection. *Psychonomic Bulletin & Review, 12,* 573-604.

Ryan, A. M., Pintrich, P. R., & Midgley, C. (2001). Avoiding seeking help in the classroom: Who and why? *Educational Psychology Review, 13,* 93-114.

Ryan, R. M., & Deci, E. L. (2000). Self-determination theory and the facilitation of intrinsic motivation, social development, and well-being. *American Psychologist, 55,* 68-78.

Ryan, R. M., & Deci, E. L. (2002). Overview of self-determination theory: An organismic dialectical perspective. In E. L. Deci & R. M. Ryan (Eds.) *Handbook of Self-Determination Research.* Rochester, NY: University Rochester Press. Pp. 3-33.

櫻井 茂男 (2009). 自ら学ぶ意欲の心理学―キャリア発達の視点を加えて― 有斐閣

櫻井 茂男（2012）．夢や目標をもって生きよう！－自己決定理論－　鹿毛雅治（編）　モティベーションをまなぶ12の理論（pp. 45-71）　金剛出版

佐藤 純（1998）．学習方略の有効性の認知・コストの認知・好みが学習方略使用に及ぼす影響　教育心理学研究, *46*, 367-376.

佐藤 純（2004）．学習方略に関する因果モデルの検討　日本教育工学会論文誌, *28 (suppl.)*, 29-32.

佐藤 純・新井 邦二郎（1998）．学習方略の使用と達成目標及び原因帰属との関係　筑波大学心理学研究, *20*, 115-124.

Schraw, G. & Moshman, D.（1995）. Metacognitive theories. *Educational Psychology Review, 7*, 351-371.

瀬尾 美紀子（2007）．自律的・依存的援助要請における学習観とつまづき明確化方略の役割－多母集団同時分析による中学・高校生の発達差の検討－　教育心理学研究, *55*, 170-183.

篠ヶ谷 圭太（2008）．予習が授業理解に与える影響とそのプロセスの検討－学習観の個人差に注目して－　教育心理学研究, *56*, 256-267.

Sorensen, T., Hohenstein, S., & Vasishth, S.（2015）. *Bayesian linear mixed models using Stan: A tutorial for psychologists, linguists, and cognitive scientists*. Retrieved March 22, 2016, from https://github.com/vasishth/BayesLMMTutorial/blob/master/doc/SorensenEtAl.pdf

鈴木 雅之・西村 多久磨・孫 媛（2015）．中学生の学習動機づけの変化とテスト観の関係　教育心理学研究, *63*, 372-385.

鈴木 高志・櫻井 茂男（2011）．内発的および外発的な利用価値が学習動機づけに与える影響の検討　教育心理学研究, *59*, 51-63.

Stan Development Team.（2015）. *Stan modeling language users guide and reference manual, version 2.9.0*. Retrieved March 22, 2016, from http://mc-stan.org/documentation/

Tanaka, A., & Murayama, K.（2014）. Within-person analyses of situational interest and boredom: Interactions between task-specific perceptions and achievement goals. *Journal of Educational Psychology, 106*, 1122-1134.

田中 あゆみ・山内 弘継（2000）．教室における達成動機，目標志向，内発的興味，学業成績の因果モデルの検討　心理学研究, *71*, 317-324.

辰野 千壽（1997）．学習方略の心理学－賢い学習者の育て方－　図書文化

上淵 寿（2003）．達成目標理論の展望－その初期理論の実際と理論的系譜－　心理学

評論, *46*, 640-654.

上淵 寿・川瀬 良美 (1995). 目標理論 宮本 美沙子・奈須 正裕 (編) 達成動機の理論と展開－続・達成動機の心理学－ (pp.187-215) 金子書房

植木 理恵 (2002). 高校生の学習観の構造 教育心理学研究, *50*, 301-310.

受田 恵理・藤田 哲也 (2010). 目標志向と学習方略の測定方法をめぐる問題 I －試験時と平常時という測定時期による目標志向の違いについて－ 日本教育心理学会第52回総会発表論文集, 710.

Vehtari, A., Gelman, A., & Gabry, J. (2016). *Efficient implementation of leave-one-out cross-validation and WAIC for evaluating fitted Bayesian models*. Retrieved March 22, 2016, from http://arxiv.org/abs/1507.04544v2

Weiner, B. (1985). An attributional theory of achievement motivation and emotion. *Psychological Review, 92*, 548-573.

Wolters, C. A. (2003). Understanding procrastination from a self-regulated learning perspective. *Journal of Educational Psychology, 95*, 179-187.

Yamaguchi, T. (2014). Examination of various perceived costs for learning strategies. *Poster Presentation at The 6th Biennial Meeting of the EARLI Special Interest Group 16* (Istanbul, Turkey), 153.

Yamaguchi, T. (2015). Influence of ease-of-learning judgment on rehearsal and recall performance: Including moderated effects of cost and motivation for learning. *Poster Presentation at The 27th Annual Association for Psychological Science Convention* (New York, NY, US).

山口 剛 (2015). 学習方略の使用に対する消費時間・疲労・難しさの認知 法政大学大学院紀要 (人文科学・社会科学系), (74), 17-39.

Yamaguchi, T. (2016). Influence of ease-of-learning (EOL) Judgment on rehearsal and recall performance: Manipulations of achievement goals. *Poster Presentation at The 17th Annual Convention of the Society for Personality and Social Psychology* (San Diego, CA, US), 62 (p.23 in *Poster Abstract*).

山口 剛 (2016). 自身の学習状態への判断がもつ学習方略の使用に対する影響の仮想的検討 法政大学大学院紀要 (人文科学・社会科学系), (76), 35-47.

Yong, E. (2013). Psychologists strike a blow for reproducibility: Thirty-six labs collaborate to check 13 earlier findings. *Nature*. doi: 10.1038/nature.2013.14232

吉田 寿夫・村山 航 (2013). なぜ学習者は専門家が学習に有効だと考えている方略を必ずしも使用しないのか－各学習者内での方略間変動に着目した検討－ 教育

心理学研究, *61*, 32–43.

Yue, C. L., & Storm, B. C., Kornell, N., & Bjork, E. L. (2015). Highlighting and its relation to distributed study and students' metacognitive beliefs. *Educational Psychology Review, 27,* 69–78.

Zimmerman, B. J. (1989). A social cognitive view of self-regulated academic learning. *Journal of Educational Psychology, 81,* 329–339.

Zimmerman, B. J., & Martinez-Pons, M. (1988). Construct validation of a strategy model of student self-regulated learning. *Journal of Educational Psychology, 80,* 284–290.

Appendix　分析の方法

第1節　個人間相関と個人内相関

　上述の研究3，4，6は個人内レベルでの相関関係（個人内相関）を検討するために，上述のモデルを用いている。ここでは，まず個人間相関と個人内相関の算出方法について取り上げる。そして，各指標がどのような解釈を伴うのかについて触れる。

1-1. 個人間相関

　本稿では個人間相関や個人間レベルの相関関係と称しているが，基本的には集団における相関関係（南風原，2002b）のことである。心理学の研究におけるそのほとんどが特に言及をしないかぎり，相関といった場合には，個人間の相関関係を指していると考えられる。また結果として，正の値がみられた場合には「変数 x が高い人ほど変数 y も高い（変数 x が低い人ほど変数 y も低い）」，負の値がみられた場合には「変数 x が低い人ほど変数 y も高い（変数 x が高い人ほど変数 y も低い）」，といった解釈となる。データセットの例を Table A-1 に示す。変数は「y, x_1, x_2」で構成されている。「id」がサンプルサイズにあたり，Table A-1 の例は「$N = 5$」である。各変数にかかる「-1，-2，-3」は項目番号を示す。つまり，「x_{1-1}」は「変数 x_1 の項目番号1」である。「y_m, x_{1m}, x_{2m}」は各変数の参加者ごとの平均値である。

　Figure A-1 に個人間相関の例を示す。各要素は各参加者（id）を指す。結果の解釈は「x_1 が高い参加者（id）ほど，y が低い」となる。参加者ごとにプロットされているため，各参加者がそれぞれに回答をした項目（i.e., -1，

Table A-1
個人間相関を算出する際に用いたデータセットの例

id	y_{-1}	y_{-2}	y_{-3}	y	x_{1-1}	x_{1-2}	x_{1-3}	x_1	x_{2-1}	x_{2-2}	x_{2-3}	x_2
1	3	4	4	3.67	3	3	1	2.33	1	2	4	2.33
2	5	6	4	5.00	5	5	4	4.67	2	4	1	2.33
3	2	1	3	2.00	5	4	6	5.00	3	4	5	4.00
4	4	2	6	4.00	1	4	4	3.00	4	3	4	3.67
5	6	1	1	2.67	3	4	5	4.00	6	3	6	5.00

-2, -3; Table A-2 の item) の特徴は参加者ごとに平均化されているために消えている。ここで指す「項目の特徴」とは，研究3，4，6では学習方略の項目であり，各方略項目そのものがもつ使いやすさや教育課程での取り上げられやすさなどである。このような各項目そのものの特徴が回答傾向に与える影響があるが，それが考慮されずに平均化されている。研究7の場合は，各項目の憶えやすさなどがそれにあたる。

1-2. 個人内相関

　本稿では個人内相関や個人内レベルの相関関係と称している。各方略項目や記銘項目がデータセットでは基準となり，項目間での相関とも捉えられるために，項目間相関ともいえる。結果の解釈は，正の値の場合には「変数 x が高い方略（項目）ほど変数 y も高い（変数 x が低い方略ほど変数 y も低い）」，負の値の場合には「変数 x が高い方略（項目）ほど変数 y も低い（変数 x が低い方略ほど変数 y も高い）」となる。

　個人内相関を算出する際に用いられるデータセットを Table A-2 に示す。Table A-2 の y は Table A-1 の「y_{-1}, y_{-2}, y_{-3}」に対応しており，「-1, -2, -3」は item に対応する。項目が基準となるために，各参加者（id）は3行にわたる。それに伴い，平均値である y_m も3行にわたる。例えば，研究3では item が28項目になる。

　個人内相関を算出するには，項目を基準としたデータセットにするだけで

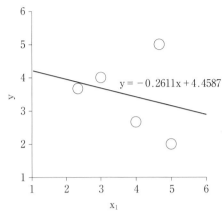

Figure A-1. Table A-1 中の y と x_1 の個人間相関を表した散布図。

Table A-2
個人内相関を算出する際に用いたデータセットの例

id	item	y	y_m	y_{cwc}	x_1	x_{1m}	x_{1cwc}	x_2	x_{2m}	x_{2cwc}
1	1	3	3.67	−0.67	3	2.33	0.67	1	2.33	−1.33
1	2	4	3.67	0.33	3	2.33	0.67	2	2.33	−0.33
1	3	4	3.67	0.33	1	2.33	−1.33	4	2.33	1.67
2	1	5	5.00	0.00	5	4.67	0.33	2	2.33	−0.33
2	2	6	5.00	1.00	5	4.67	0.33	4	2.33	1.67
2	3	4	5.00	−1.00	4	4.67	−0.67	1	2.33	−1.33
3	1	2	2.00	0.00	5	5.00	0.00	3	4.00	−1.00
3	2	1	2.00	−1.00	4	5.00	−1.00	4	4.00	0.00
3	3	3	2.00	1.00	6	5.00	1.00	5	4.00	1.00
4	1	4	4.00	0.00	1	3.00	−2.00	4	3.67	0.33
4	2	2	4.00	−2.00	4	3.00	1.00	3	3.67	−0.67
4	3	6	4.00	2.00	4	3.00	1.00	4	3.67	0.33
5	1	6	2.67	3.33	3	4.00	−1.00	6	5.00	1.00
5	2	1	2.67	−1.67	4	4.00	0.00	3	5.00	−2.00
5	3	1	2.67	−1.67	5	4.00	1.00	6	5.00	1.00

は不十分である。Table A-2 の y や x_1 には各参加者の回答傾向が反映されている。いずれの学習方略もよく使用している参加者は，項目にかかわらず評定値が高くなる。つまり，y と x_1 との相関を算出した場合，個人差の影響も含まれている。そのため，個人差を除く手続きが必要となる。例えば，id 1 の参加者の item 1 について以下(1)のような手続きを行う。

$$y_{cwc} = y - y_m \quad (-0.67 = 3\text{-}3.67) \tag{1}$$

この手続きはクラスター中心化（centering within cluster: CWC）といい，もとは各参加者が所属する集団の影響を取り除く手続きであった。本稿の研究 3, 4, 6 においても同様の手続きを施すことによって，各参加者の回答傾向の影響を取り除くことができる。例えば，研究 3 では各参加者が28項目について回答しているため，学習方略の使用，有効性の認知，コスト感に対して，それぞれの観点ごとに各参加者で28項目の平均値を算出し，その差分を算出した。そして，その差得点より個人内相関を算出した。

Figure A-2 に個人内相関の例を示す。散布図の各要素は参加者ごとの項目である。結果の解釈は「x_1 が高い項目（item）ほど，y が低い」となる。参加者ごとに獲得点から平均値を差し引いているために，CWC を行った変数は平均値が 0 になることが，近似直線の切片からもわかる。Figure A-1 と Figure A-2 では（項目数が少ないためか），その相関の傾向に大きな違いはみられない。しかしながら，データセットの形成の違い，変数の処理の違いなどから，個人間相関と個人内相関は必ずしも一致しないということがわかる。

なお，Table A-2 は以下に記述する混合効果モデルや ML-SEM にも用いる。特に，独立変数となる x_1 や x_2 から個人差の影響を取り除くために，混合効果モデルでは独立変数として x_{1cwc} や x_{2cwc} をもちいる。一方で，ML-SEM は潜在変数として個人間レベルや個人内レベルの分散を推定するため，このような手続き（i.e., CWC）は必要としない。

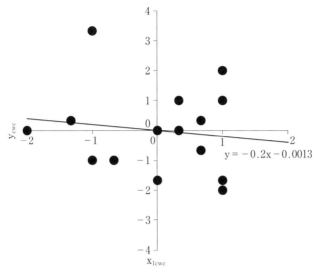

Figure A-2. Table A-2 中の y_{cwc} と x_{1cwc} の個人内相関を表した散布図。

第2節　混合効果モデル

　個人内のレベルでの変数間の関係性を適切に評価するために，研究3，4では混合効果モデルを用いた。研究7では実験計画として参加者間要因の変数が主となるが，項目による変量効果を結果から取り除くために混合効果モデルを用いた。用いるデータセットの形は Table A-2 と同様となる。

　以下に，混合効果モデルで検討されることが多く，本稿研究3，4および研究7でも用いたモデルをそれぞれ取り上げる。特徴的なモデルである「独立変数なしモデル」，「ランダム切片モデル」，「ランダム切片＋ランダム傾斜モデル」についてそれぞれ取り上げる。

2-1. 独立変数なしモデル

　このモデルは，従属変数を説明する独立変数を想定せず，従属変数の分散

を参加者や項目の変量効果によってのみ説明するといったモデルである。このモデルは，独立変数を投入したモデルと比較することによって，独立変数がもつ従属変数に対する説明力を検討することができる。以下に混合効果モデルの文脈による独立変数なしモデルの数式を示す。

$$y_{ij} = b_0 + \mu_{0j} + \omega_{0i} + e_{ij} \qquad (2)$$

y_{ij} は参加者番号 j の項目番号 i の従属変数 y の値を示す。b は推定値であり，b_{00} はいずれの独立変数にもかからないために切片である。μ_{0j} は参加者番号 j の切片に対する参加者の変量効果，ω_{0i} は項目番号 i 切片に対する項目の変量効果を示す。e_{ij} は残差である。

2-2. ランダム切片モデル

このモデルは「独立変数なしモデル」に独立変数を投入したモデルである。投入する独立変数についても個人差を取り除くために，参加者ごとの平均値で中心化した変数を用いる（i.e., x_{1cwc}, x_{2cwc}）。なお，従属変数 y については，参加者と項目の変量効果を推定しているので，中心化の手続きは不要である。以下に混合効果モデルの文脈によるランダム切片モデルの数式を示す。

$$y_{ij} = b_{00} + \mu_{0j} + \omega_{0i}$$
$$+ b_{10} \times x_{1cwc, ij} + b_{20} \times x_{2cwc, ij} + e_{ij} \qquad (3)$$

式(3)は「独立変数なしモデル」を現した式(2)に独立変数を二つ投入した。b_{10} と b_{20} は x_1 と x_2 それぞれの回帰係数の傾きを示す。つまり，従属変数 y に対する各独立変数の相関関係を現す。独立変数としてモデルに投入するのは $x_{1cwc, ij}$ であり，参加者番号 j，項目番号 i における参加者ごとの平均値で中心化を行った x_1 を指す。また，研究 3 のように独立変数間の交互作用効果を検討する際には，以下のように新たに b_{30} を設けて，交互作用項の効果を検討する。

$$y_{ij} = b_{00} + \mu_{0j} + \omega_{0i}$$
$$+ b_{10} \times x_{1cwc, ij} + b_{20} \times x_{2cwc, ij}$$

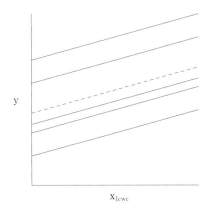

Figure A-3. ランダム切片モデルの回帰直線の表現。実線は各参加者の回帰直線であり，破線がその平均値である。破線が固定効果の推定値となり，各実線の幅はy軸と接している切片であるため，参加者による切片に対する変量効果に現される。

$$+ b_{30} \times x_{1cwc.ij} \times x_{2cwc.ij} + e_{ij} \quad (4)$$

研究7では独立変数として実験条件を用いた。この場合は実験条件ごとにダミーコーディング（1, 0）やエフェクトコーディング（1, -1）を行う。式(4)の b_{30} のように交互作用を検討する場合は，掛け合わせた際にほとんどの変数が0にならないように，エフェクトコーディングを用いる。

Figure A-3に，ランダム切片モデルが想定している結果の回帰直線を示す。分析結果として，x_1の固定効果には破線部分の平均値が示される。回帰直線の切片の違い（i.e., 参加者ごとのy得点のばらつき）は参加者の変量効果として示される。参加者の変量効果の他にも項目やリスト（研究7）の変量効果を想定することができる。なお，固定効果の切片は回帰直線のy軸切片である。

2-3. ランダム切片＋傾斜モデル

このモデルは切片に加え，独立変数の傾斜にも参加者や項目の変量効果を考慮したモデルである。Figure A-4に，ランダム切片＋傾斜モデルが想定

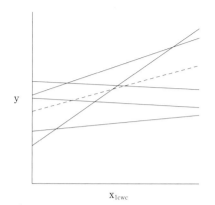

Figure A-4. ランダム切片＋傾斜モデルの回帰直線の表現。「ランダム切片モデル」とは異なり，参加者ごとの傾斜までランダムであることを想定している。つまり，変数 y に対する x_1 の効果が参加者ごとに異なるという，x_1 に対する参加者による変量効果を想定している。

している結果の回帰直線を示す。分析結果として，ランダム切片モデルと同様に，x_1 の固定効果には破線部分の平均値が示される。回帰直線の切片の違い（i.e., 参加者ごとの y 得点のばらつき）は参加者の変量効果として示される。回帰直線の傾斜の違い（i.e., 参加者ごとの y と x_1 の相関のばらつき）も同様である。

以下に混合効果モデルの文脈によるランダム切片＋傾斜モデルの数式を示す。

$$y_{ij} = b_{00} + \mu_{0j} + \omega_{0i}$$
$$+ (b_{10} + \mu_{1j}) \times x_{1cwc,ij} + (b_{20} + \mu_{2j}) \times x_{2cwc,ij} + e_{ij} \qquad (5)$$

式(5)は x_1 と x_2 の回帰直線の傾斜に参加者の変量効果を式(3)に投入した。μ_{1j} と μ_{2j} は各独立変数が従属変数 y に対してもつ効果（i.e., 回帰直線の傾斜）が，参加者ごとに異なる程度を示す。つまり，回帰直線の分散である。

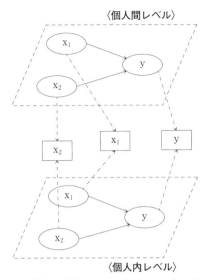

Figure A-5. マルチレベル構造方程式モデリングによる個人間レベルと個人内レベルの分析イメージ。観測変数の分散を個人間レベルのものと個人内レベルのものに分けて分析を行う。

第3節　マルチレベル構造方程式モデリング

　マルチレベル構造方程式モデリング（ML-SEM）はマルチレベルのデータについて用いることが可能な，あるいは各レベルを結果に反映することができる構造方程式モデルである。用いるデータセットの形は Table A-2 と同様である。混合効果モデルと異なるのは，複数の変数間の関係性を複数のレベルより検討できる点である。研究6では，平常時と試験時でそれぞれ変数間の相関関係を検討し，また時期をまたいだ変数間のパスも想定した。さらに研究3，4の個人内レベルに加え，個人間でも有効性の認知と学習方略の使用との関係性がみられるのかを検討する必要があった。

　分析に用いられるモデルのイメージを Figure A-5 に示す。個人間レベル

と個人内レベルのいずれの変数も，観測変数を予測する潜在変数（因子）として想定される。そのため，相関の希薄化の修正（cf. 南風原，2002b）も期待することができる。また，このように潜在変数として扱うため，分析に用いる変数に中心化のような処理を施す必要もない。分析の結果は，個人間レベルは個人間相関，個人内レベルは個人内相関と同様の解釈ができる。

　問題点としては，構造方程式モデリングとして潜在変数も扱うことから，サンプルサイズが小さい場合には（特に高次レベルの）推定が安定しない可能性がある。また，現状で混合効果モデルのように複数の変量効果を推定することができるソフトウェアはない。

謝　辞

本書は法政大学大学院人文科学研究科に提出した博士学位論文「学習方略の使用におけるメタ認知的知識と達成目標の役割」に一部加筆・修正したものです。「2018年度法政大学大学院博士論文出版助成金」の対象となり，刊行に至りました。以下の皆様のご指導やご支援のもと研究を推し進め，執筆することができました。ここに記して感謝致します。

藤田哲也先生におかれましては博士学位論文の審査過程において主査を務めていただくだけでなく，筆者が法政大学文学部在学時よりご指導いただきました。本論文の各研究はいずれも筆者単独の研究ではありましたが，そのいずれにおいても研究計画の段階からご助言やご指摘の数々を賜りました。また，藤田先生を通して数々の学術団体の大会や研究会などにも参加することができ，知見が深まると伴に視野が広がりました。そして，研究に対するご指導だけではなく，研究者としての心がけや振る舞いなどもご教授いただき，今日の筆者が在ると強く実感しております。

福田由紀先生におかれましては博士学位論文の審査過程において副査を勤めていただきました。本論文を執筆するにあたり，その構成など貴重なご助言をいただきました。また，筆者の福田先生のゼミ参加を快く受け入れてくださり，筆者の研究に新たな視点での理解を提供してくださいました。

田中あゆみ先生におかれましても博士学位論文の審査過程において副査を勤めていただきました。本論文の分かりにくい点等を中心に，重要なご指摘を数々いただきました。また，これまでに学術団体の大会や研究会を通して，本論文を構成する各研究にもご指摘やご提案をいただきました。

村山航先生には，本論文の各研究の一部尺度のご提供，統計モデルのご指導およびご指摘，また，本論文の一部の研究へのご助言やご提案など，数多

くのご支援をしていただきました。筆者の関心である学習に関わる認知心理学や教育心理学の最新の知見もご教授いただく貴重な機会も幾度となく賜りました。

篠ヶ谷圭太先生，深谷達史先生，鈴木雅之先生には，筆者が学部在学時より，学術団体の大会や研究会を通して様々なご指摘やご提案，ご助言をいただきました。皆様には親身に接していただき，より深い議論をもたせていただきました。

浅川希洋志先生，榎本淳子先生，藤澤文先生，木村文香先生，中道直子先生，杉山崇先生には，本書を構成する各研究だけだけではなく，それ以外の研究にも快く協力してくださいました。皆様のご理解やご協力があってこそ，本論文を構成することができました。また，お名前を公表することで参加者の所属が明らかになってしまうため，ここに記すことは憚られますが，ご協力いただきました中学校および高等学校の先生のご理解やご協力がなければ，本論文は構成できませんでした。

藤田哲也先生の大学院研究室および学部ゼミ，また他の研究室の皆様には普段から研究についてお話しする機会をもつことができ，筆者自身の研究計画がより深められました。また，調査や実験の補助も幾度となくしてくださいました。

法政大学文学部心理学科のこれまでの事務助手の皆様におかれましても，倫理申請や調査および実験準備の際にご支援いただきました。また，時には業務の範囲を超えて，実の親のように心身共に筆者の健康を気にかけてくださいました。

本書の出版元である風間書房の皆様には，本として出せることが決定する手続きと，そして本としての体裁をととのえるのにもたくさんのご迷惑をおかけしました。それにもかかわらず真摯にご対応くださり，本書を出版することができました。

最後に，家族・親戚や友人には，いつも自分のやりたいことを優先して行

ってきたため，数多くの迷惑をかけてきました。猫のように身勝手で，かといって猫のようには可愛らしくない私を，大学に入って研究に取り組むずっと前から，研究活動以外でとても重要な心身の健康を支えてくれました。

　上述のように謝意を述べさせていただきましたが，このように記しただけでは今までいただきました恩恵をお返しすることはとてもできません。本書を通して得た経験，これまでのご指導やご支援をもって，今後の研究活動や一人の人間として成長していき，このご恩をお返しすると，強く心に刻んでおります。

2018年11月30日

山口　剛

著者略歴

山口　剛（やまぐち　つよし）

1988年7月，東京に生まれる。
2017年3月，法政大学大学院人文科学研究科心理学専攻博士後期課程修了。
博士（心理学）。
現在，日本工業大学共通教育学群講師。
主に認知心理学や教育心理学を専門としている。研究の関心は学習方略，
記憶，メタ認知，意思決定，動機づけなど。

学習方略の使用におけるメタ認知的知識と達成目標の役割

2019年1月31日　初版第1刷発行

著　者　　山　口　　　剛

発行者　　風　間　敬　子

発行所　　株式会社風間書房
〒101-0051　東京都千代田区神田神保町1-34
電話 03（3291）5729　FAX 03（3291）5757
振替 00110-5-1853

印刷　太平印刷社　　製本　井上製本所

©2019　Tsuyoshi Yamaguchi　　　　　　　NDC分類：140
ISBN978-4-7599-2278-3　　Printed in Japan
JCOPY〈(社)出版者著作権管理機構　委託出版物〉
本書の無断複製は，著作権法上での例外を除き禁じられています。複製される場
合はそのつど事前に(社)出版者著作権管理機構（電話 03-5244-5088, FAX 03-
5244-5089, e-mail: info@jcopy.or.jp）の許諾を得てください。